「在超越是非對錯的遠方有片綠地，讓我們在那裡碰面。」

——魯米（Rumi）

十三世紀伊斯蘭教蘇菲派神祕主義詩人

目錄

contents

修復關係的
正向衝突

走進離婚、派系鬥爭與內戰，
找到擺脫困境的解方

AMANDA RIPLEY
亞曼達・瑞普立

Geraldine Lee——譯

HIGH CONFLICT

Why We Get Trapped and How We Get Out

目錄

contents

各界推薦

充滿啟發性。本書帶我們到世界各地，去瞭解人們如何學會停止妖魔化對方，並開始有效地接受不同的意見。我認為在政治和媒體圈中打滾的每個人，以及任何曾與同事或家人發生爭執的人，都應該閱讀這本書。

——亞當・格蘭特（Adam Grant）／華頓商學院教授、《給予》（*Give and Take*）作者

結合熟練的報導、深入的研究，以及引人入勝的故事，讓這本探討緊迫主題的作品顯得如此出色。在眾多美國人彼此扼殺的時刻，這本就是我們國家需要的書。

——丹尼爾・品克（Daniel H. Pink）／知名趨勢寫手、《未來在等待的人才》（*To Sell is Human*）作者

我很少讀到像本書一樣，徹頭徹尾充滿洞察力的作品。當我們多數人都滿懷衝突的怒氣生活在自身文化裡，作者卻為我們畫出一張清晰、可讀性強的路線圖，讓我們通往能夠再次一起生活的世界。

老實說，看完這本書，我再也不會以同樣的方式與人發生衝突了。

——歐逸文（Evan Osnos）／美國「國家圖書獎」得主、《野心時代》（*Age of Ambition*）作者

本書出色地闡明了一道力量，它既能驅使我們在自己和他人之間建造一道堅不可摧的牆，也可以幫助我們跨越這道牆，建立橋梁。這些教訓來得及時，也非常吸引人。

——羅伯特・席爾迪尼（Robert Cialdini）／談判領域的國際權威、《影響力》（*Influence*）作者

這是二〇二一年出版的重要書籍之一。新冠肺炎疫苗很快將幫助人類從疫情中解放。如果大家都能讀這本書，將可以使人類免於同樣致命的禍害——高衝突。

——強納森・海德特（Jonathan Haidt）／紐約大學史登商學院倫理領導教授、《好人總是自以為是》（*The Righteous Mind*）作者

這本書中令人難忘的故事告訴我們，即使意見分歧很大的人們，仍然可以相互聯繫並取得進步。一本讓你對未來充滿信心的書。

——奧馬爾・愛普斯（Omar Epps）／美國演員

一本精彩的作品。不僅點出問題，揭示高衝突中的最後一搏如何毒害彼此，還提供了解決方案。這本書不僅幫助我們的個人生活，也為這個兩極分化的時代提供了導航。

——約拿・博格（Jonah Berger）／華頓商學院教授、《如何改變一個人》（*The Catalyst*）作者

作者在本書中表明，讓我們陷入痛苦部落戰爭的想法，也可以幫助我們獲得自由。透過不同背景下，各個引人入勝的故事——城市黑幫、飽受戰爭蹂躪的中美洲國家、動盪的社區政治——這本書向我們證明，現實生活中可能出現幸福快樂的結局。

——羅伯・賴特（Robert Wright）／美國國家雜誌獎得主、《令人神往的靜坐開悟》（*Why Buddhism is True*）作者

富有洞察力又迷人，並罕見地結合趣味與嚴謹的科學證據。作者瑞普立還透過這本書，解釋頑固的軍事人員，如何擺脫曾經定義他們核心身分的衝突。

——《紐約時報書評》（*New York Times Book Review*）

作者透過引人入勝的故事、世界歷史，以及來自地方政治的對話，讓這本書顯得生氣勃勃。對於衝突管理、談判、決策過程感興趣的讀者，一定會很想知道作者怎麼深思熟慮地解釋衝突的強度和細

微差異，以及任何環境中的高衝突癥結點。

——書單（*Booklist*）

對「高衝突」具有啟發性的一項研究。這個棘手的問題似乎像病毒一樣在美國社會中蔓延……作者的觀察很具挑釁意味，但她也同時向讀者們介紹調解和解決問題的方法。如果我們能付諸實踐，將能擺脫悲慘的生活。學習調解、社會心理學和衝突解方的學生們，會發現這本書裡滿滿都是寶藏。

——科克斯書評（*Kirkus Reviews*）

詞彙參照

◎**二元對立的力量**（**power of the binary**）：將現實狀況或選項簡化為只有兩個（例如：黑與白、善與惡、民主黨與共和黨），這是一種危險的做法。

◎**白痴駕駛反射**（**idiot-driver reflex**）：人類傾向於將他人的行為，歸咎於其內在的性格缺陷，並將自己的行為歸因於受自己所處的環境影響。也稱為基本歸因謬誤（fundamental attribution error）。

◎**目測一下**（**telling**）：使用膚淺的捷徑（如衣服或頭髮顏色）快速在衝突中分別派系。這是北愛爾蘭經常使用的一個詞語。

◎**伏流**（**understory**）：衝突真正涉及的核心因素，往往隱藏於常規性言談涉及的要點之下（參見「慢燉鍋」一詞）。

◎**好衝突**（**good conflict**）：這種衝突中的摩擦可能又嚴重又激烈，但會將我們帶往較有利的方向，不會使衝突中的雙方被妖魔化，因此也稱為健康衝突。

◎**拉布雷亞瀝青坑**（**La Brea Tar Pits**）：洛杉磯的一處景點，自上一個冰河期以來，就有黏膩的天然瀝青不停從地表冒泡而出。作者用這個現象來比喻高衝突。

◎**神奇比例**（magic ratio）：當人們之間每天正向互動的數量顯著超過負面互動時，就會創造一個緩衝區，有助於衝突成為健康衝突（舉例來說，根據心理學家朱莉和約翰．高曼的研究，在婚姻中神奇的比例是五比一）。

◎**高衝突**（high conflict）：這場衝突會不斷地自我延續，並將所有人的精力消耗殆盡。衝突之後，幾乎所有參與者的境況都變得更糟。這通常是以一種「非此即彼」的分類方式所呈現的衝突。

◎**高衝突悖論之一**（paradox no.1 of high conflict）：我們受高衝突所驅動，同時也因其而困擾；我們既希望高衝突結束，又希望它繼續下去。

◎**高衝突悖論之二**（paradox no.2 of high conflict）：身處群體之中會帶給我們義務，包括傷害的義務；但在其他時候，群體也會帶給我們實現和平、盡量避免傷害的義務。

◎**高衝突悖論之三**（paradox no.3 of high conflict）：在相信你理解並接受對方當下的模樣之前，對方不會按照你所希望的方向去改變（有時即使你已經理解並接受他們當下的模樣，他們還是無法改變）。

◎**接觸理論**（contact theory）：此理論認為，來自不同群體的人相處一段時間後，彼此之間的偏見往往會減少。

◎**理解迴圈**（looping for understanding）：一種不斷重複的主動聆聽技巧。透過這種技巧，聆聽者會重複自己認為敘述者說過的話，並讓敘述者檢查其理解是否正確。這個技巧由蓋瑞．佛里曼（Gary Friedman）和傑克．亨默斯坦（Jack Himmelstein）開發，並在他們的著作《挑戰衝突》（*Challenging Conflict*，暫譯）一書中有詳細介紹。

◎**第四種方式**（fourth way）：一種解決衝突的方式，比逃跑、戰鬥或保持沉默這三種常見方式更令人滿意——挺身面對衝突。

◎**羞辱**（humiliation）：對他人強制且公開地貶抑，使他人在不合情理的狀況下損失尊嚴、自尊或地位。羞辱可能導致高衝突和暴力。

◎**溝通錯覺**（illusion of communication）：這是一種非常普遍發生的現象，即我們誤信已經傳達出某些訊息，實際上這些訊息卻沒有真的傳達開來。

◎**飽和點**（saturation point）：衝突中的損失似乎大於收益，是轉變的機會。

◎**慢燉鍋**（crock pot）：專業術語中用來代指表裡不一的衝突，這些衝突表面上可能是因為某個明顯的原因引發，實際上卻另有病灶。

◎**網路拋球**（cyberball）：由心理學者所創的簡單線上拋球遊戲，用於研究社會排斥現象。

◎**確認偏誤**（confirmation bias）：人類傾向以符合自己信念的方式去解釋新的訊息。

◎**衝突企業家**（conflict entrepreneurs）：利用高衝突達成自己目的的人。

◎**衝突陷阱**（**conflict trap**）：一種人們無論自己得利與否，都不由自主地被捲入其中的衝突形式。這是高衝突中的典型現象。

◎**衝突點火器**（**fire starters**）：導致衝突以暴力形式暴發的加速因子，其可能的形式包括群體中的身分認同、衝突企業家、羞辱和腐敗。

主要人物

■ **英國，牛津郡**

馬克・林納斯（Mark Lynas）：環保主義者、作家。曾是反對基因改造農作物的積極分子。

■ **美國加州，梅爾比奇**

蓋瑞・佛里曼（Gary Friedman）：衝突調解師、作家、前庭審律師。曾參與加州梅爾比奇當地社區理事會的選舉。

譚雅（Tanya）：勞工組織者、作家，同時也是蓋瑞的鄰居。在蓋瑞的競選活動中負責政治策略工作。

休（Hugh）：商人、現任和前任社區理事會成員、蓋瑞的鄰居。是蓋瑞捲入的衝突中的「舊衛隊」團體成員。

伊麗莎白（Elizabeth）：設計師、前理事會成員、蓋瑞的鄰居。衝突中的「新衛隊」成員。

■ **美國伊利諾州，芝加哥**

柯蒂斯・托勒（Curtis Toler）：暴力調解員、演員，曾是幫派「黑石幫」的頭目。

本吉・威爾森（Benji Wilson）：一九八〇年代芝加哥的明星高中籃球運動員。

比利・摩爾（Billy Moore）：暴力調解員、作家，同時也是「黑石」的敵對幫派「門徒幫」前成員。

■ 哥倫比亞，波哥大和麥德林

桑德拉・米萊娜・維拉・布斯托斯（Sandra Milena Vera Bustos）：社會正義倡導者和前游擊隊員，自願退出哥倫比亞內戰。

迪亞哥（Diego）：警官、桑德拉的一位老朋友，在她自首的那天陪伴著她。

胡安・帕布羅・阿帕里西奧（Juan Pablo Aparicio）：一名博士生，他的論文探討與足球有關的宣傳資訊，是否有助於人們脫離哥倫比亞的高衝突。

■ 美國，紐約市

荷西・羅蘭度・「羅利」・馬塔隆（José Rolando "Roly" Matalon）：曼哈頓猶太教堂耶書崙猶太會堂（B'nai Jeshurun）的資深拉比。此會堂被成員們暱稱為「BJ」。

卡列布・福萊特（Caleb Follett）：住在密西根州中部的基督教矯正人員，屬於保守派。

瑪莎・阿克斯伯格（Martha Ackelsberg）：住在紐約市的自由派猶太學者。

引言
高衝突正在焚燬這個時代

一般來說，馬克．林納斯[1]不喜歡去招惹別人。他的興趣是閱讀歷史學相關著作和玩終極飛盤[2]。他的工作是一個小型慈善機構的網站編輯。身為科學家的兒子，他熱衷於環境保護議題。但比起走上街頭激烈地大吼大叫，他更願意提筆寫下自己的論點。

然而，在一九九九年的某天晚上，馬克闖入位於英格蘭東部自己住家附近的一座農場。當時他穿著一身黑衣，手裡拿著一把大砍刀，覺得使勁揮刀把欣欣向榮的玉米一株接著一株砍倒，實在是一件再正確不過的事。

他有條不紊地進行所謂的「工作」，用手中的砍刀將玉米植株一排排摧毀，同時留意避免撞到他的激進分子夥伴。空氣中瀰漫著潮濕土壤和剛斷裂的植物根莖氣味，而馬克不時停下手邊動作，調整臉上的眼鏡。

1999 年，英國警方於牛津郡郊外農田中，逮捕了一群襲擊基因改良作物的抗議者。©Nick Cobbing

這件事情的起因，與其他事情一樣合理且平凡。幾年前，馬克在英格蘭一座海濱小鎮中，參加了一個年輕環保主義者的聚會，遇到很多像他這樣的人。他在聚會中學到一種叫做「基因工程」的東西，也聽說一間名為孟山都（Monsanto）的大型化學公司為了種植出更好的農作物，已經開始著手改變種子的DNA。對馬克來說，這聽起來相當毛骨悚然：為什麼他們要做這種事？

想當然耳，一切都是為了利益。經過孟山都生物工程改造的植物具有「超能力」，可以在其公司生產的有毒除草劑「嘉磷塞」（Roundup，一般稱為年年春）的使用下存活。

馬克傾身向前。他沒聽錯吧？他知道孟山都就是在越戰期間，幫助美軍製造有毒落葉劑混合物「橙劑」（Agent Orange）的公司。現在，這間公司顯然正在創建一個屬於自己的生態系統，只有他們製造的科幻種子，才能在即將到來的毒氣風暴中倖存。

聽到這裡，馬克辨認出一種模式。大約在同一時間，與狂牛病有關的巨大爭議席捲整個英國：數以千計的奶牛因致命的腦部感染而發病，但是多年來英國官員一直堅稱，沒有證據表明受汙染的牛肉會傷害人類，因此天下太平，我們繼續吃肉！然而，後來事實證明這些官員大錯特錯。這種疾病的其中一個變異株可以感染人類，且傳染途徑似乎確實與受汙染的牛肉產品有關。政府被迫撤回先前的言論。兩百多人可能因此死亡。

這件事證明政府是不可信的，尤其在保護公眾免受大公司侵害時更是如此。現在歷史似乎又要重演，一間大型跨國公司正在干預人類的糧食供應，企圖在自然界中扮演上帝的角色。

馬克知道得越多，就越是憤怒，並認為自己必須做點什麼。於是他發表了一篇長文——這篇投書是人類史上最早警告基因改造作物風險的文章之一。他在《企業觀察雜誌》（*Corporate Watch*）上寫道：

「跨國的化學和食品公司，為尋求更大利潤而進行的宏大全球基因實驗[3]中，我們這些消費者不過就是一隻隻白老鼠。」他也警告，如果這些企業「贏得這場戰爭，迫使人們接受基因工程產品（……）地球上的生命進程可能會被永遠改變」。

這件事緊迫地威脅到人類生存的根本，「未來我們將踏入危險的年代。」馬克的這篇文章很引人注目，並激起了廣泛的議論。於是他接著寫了一篇又一篇，並且開始參與所謂的「淨化活動」，就像本書開頭他跑到玉米田裡所做的那樣。

現在回過頭來重新思考，馬克想知道自己是從什麼時候開始走歪的。他知道事情不是一開始就這麼糟糕，他的確有充分理由懷疑孟山都的作為，但在行動過程中的某一個關鍵節點上，他似乎開始一步步犯下錯誤。後來回首往事，馬克心中很是震撼，但他真的不是一開始就錯得這麼離譜。

那天晚上，警察突然出現在田裡。馬克跌倒在地，心臟在胸膛裡猛烈跳動，他這輩子從來沒有被警察追捕過。警用手電筒的強烈光束在田裡反覆探照，還能聽到警用對講機裡的雜音和靜電聲，以及當警員走近時，身邊警犬的喘息和低吠。馬克躺在地上，想起自己曾經聽別人說，經過訓練的警犬一旦咬住目標就不會鬆口。他希望這不是真的。

此時此刻，他意識到這一切是多麼的荒誕。「你知道，我一向很守法[4]，而且我戴眼鏡，不會想被警棍打臉……我一點也不喜歡處於這種對抗性的情境中。」然而他當時卻身處自己剛破壞的農田中，眼鏡被踩斷在剛翻過的泥土裡，並遭到警犬追捕。

這本書旨在探討意識形態紛爭、長期政治仇恨或幫派仇殺中，煽動人們失去理智的那股神祕力量。它導致我們夜不能寐，沉浸在與同事、與兄弟姐妹，甚至是與從未謀面的政客之間的衝突。

「高衝突」與具備建設性意義的「健康衝突」不同。健康衝突是種好衝突，能推動我們成為更好的人。好的衝突並不等同於寬恕，亦與投降無關；一次健康的衝突可以緊張激烈，但依然無損於我們的尊嚴；好的衝突不會使雙方被嘲諷或遭到扁平化。我們必須接受一件事實：沒有人擁有所有問題的答案，你我之間是相互關聯的，而我們需要健康的衝突來保護自己、相互理解、彼此改進。尤其在今天的環境中，對健康衝突的需求只會多不會少。

相較之下，「高衝突」指的是一場衝突變質為善與惡之間的爭執，人們會劃分「我們」與「他們」兩種陣營。

在高衝突中，正常衝突時的交戰規則不再適用。當我們處於高衝突狀態時，無論在真實世界還是虛擬環境中，每一次與對方交手，都只會讓自己變得更加情緒化。我們的大腦將做出與平時不同的反應，我們會越來越確信自己的優越性，同時也越來越無法理解對方的思路與行為。與對方面對面、或在新聞頻道上看見對方時，我們可能會感到胸口發緊，恐懼中夾雜著憤怒，因為我們認為對方所說的話語都是瘋狂的、誤導的和危險的。

有趣的是，儘管彼此之間沒有相互交流，衝突雙方往往會感受到同樣的情緒。無論試圖做什麼來結束衝突——在社交媒體上呼朋引伴、向人事部門抱怨令人討厭的同事——都只會讓事情變得更糟。

有些人比其他人更容易受到高衝突的影響，這些人就是治療師所稱的「高衝突人格[6]」。他們傾向早早發出指責、確信自己的想法正確無誤，並總是抱持著防衛心。我們身邊都有這樣的例子：有些人心裡的「錯誤線」清晰無比，而且永遠離自己百步之遙。然而大多數人並非如此，也都盡可能避免造成高衝突，然而迴避也會帶來另一種問題，本書稍後將會探討這點。

整體而言，高衝突總是以某種方式影響著我們。我們不是深陷其中，就是看著自己關心的人或所屬的群體被高衝突困住，有時甚至歷經幾代人都難以脫身。

在跨越不同大洲的研究中，我們一次又一次發現，身陷高衝突的人，往往將自己的挫折解釋為：合理回應對方最初的侵略性行為。不管事實真相為何，衝突雙方都確信自己正在以某種方式防禦。他們發現自己一遍遍回到鬥爭中，逐項列出自己遭受的侮辱，並以烈火燎原之勢反撲。

高衝突是怎麼發生的？理論上，大多數人都能夠意識到，妖魔化自己的兄弟姐妹或鄰居是件危險的事。很少有人願意與其他人永遠處在劍拔弩張的氣氛中，那我們為什麼還要繼續陷溺在高衝突裡？為什麼即使我們有意願，卻依然無法回到良好的衝突模式中？

這就是本書將探討的第一個謎團。故事開始於北加州海岸邊一個天堂般的小鎮。我們會在這裡見到世界知名的衝突專家蓋瑞．佛里曼，他決定涉足地方政治，希望能改善自己的社區。

我們會從小處開始，分析在意想不到之處悄悄升級的衝突，以瞭解高衝突現象中的層次。這種喜歡劃分「我們」與「他們」的衝突，表面上很少直接涉及背後核心，是因為故事底下通常有道伏流，而這正是最有趣的部分。玉米田絕不僅僅是玉米田而已。

接著，我們將調查衝突是如何暴發的：為什麼有些衝突會被點燃、變得激烈並持續延燒幾代，另一些則慢慢減退甚至消失？我們將與柯蒂斯．托勒會面，他是前幫派頭目，多年來一直糾纏於一場芝加哥的幫派仇殺中。從他身上，我們可以深入瞭解引發衝突的四種助燃劑，而這些引燃衝突的因素在全世界一體適用。

我們的目標是更理解高衝突，以便預見它的到來。如果我們願意的話，甚至可以進一步幫助自己或他人擺脫高衝突——而「擺脫」是高衝突過程中最有趣的謎團。

人們確實能夠從高衝突中逃脫。個人或整個社群都可以找到辦法，讓衝突的反饋短路失效。人們不會突然同意原先否定的某件事，我們也必須認知到：人們同樣不會輕易放棄自己的信念，也不會瞬間背叛立場，將自己的意識形態切換到相反的另一端。

但人們可以做出一件更有趣的事：在不同意的狀況下，依然理解對立方的意見。這就像是學習第二語言，在不改變自己信念的情況下，聆聽對方的聲音。而這種心態會改變一切，讓好奇心重新歸位、使人們再度得到活力、合理運用理智去思考。在這種狀況下，衝突不再僅僅是種消耗，而能變得必要且有益。

從高衝突到健康衝突的轉變是怎麼發生的？有哪些線索可循？我們該如何規畫走出高衝突的第一步、第二步和第三步？我們有辦法促進這個過程嗎？

城鎮或國家能否有規模地預防或阻止高衝突的發生？為了找到答案，我們將前往哥倫比亞波哥大，與桑德拉．米萊娜．維拉．布斯托斯會面，她是一名游擊戰士，選擇以正式、合法的替代道路取代內戰，並且找到方法幫助成千上萬的人完成這一條旅程。

最後，我們將探討如何從一開始就進行預防性規畫，阻止高衝突的發生。我們會返回美國，前往紐約市中央公園外一座不尋常的猶太教堂。這座教堂裡的會眾們學會以不同方式處理衝突，願意忍受一段可能非常不舒服的過程，但仍然帶著好奇心並堅持著自己信念，深入調查衝突。我們將跟隨一群自由派猶太人，從這座猶太教堂前往密西根州的鄉下，在任職於當地監獄的保守派且同時是川普支持者的家中度過三天。這是一個令人混亂且容易引發事端的場景：兩個群體都接觸了違反自己信念的事物，試圖讓政治衝突恢復健康，而不是讓衝突「走高」。

高衝突呈現的現象令人著迷，但也容易被誤解。如果不學會如何識別高衝突，在其中為自己導航、甚至學會預防，我們遲早都會為其所困。我們可能會因激烈的衝突而迷惑，以至於沒有意識到自己站在錯誤的一邊，反對自己原本的立場，甚至最終犧牲掉自己最珍惜的東西。

看不見的手

我在大量衝突中長大成人，但這些衝突說不上極端。童年時代的我擁有許多食物、愛和犯錯後的第二次機會，但是我的母親時常在陣陣憂鬱和焦慮中掙扎，一感到威脅就變得易怒且喜歡責備人，而這個不幸的情況經常發生。

所以童年的我花了很多時間坐在紐澤西家中的樓梯上，一邊用食指在八〇年代苔綠色的地毯上塗塗畫畫，一邊聽父母吵架。我偶爾會聆聽吵架的內容，但其實最主要是聽雙方的語氣。我父親當然也有很多應該檢討的地方，但躲在樓上的我只能聽到母親的聲音。隨著她的嗓音越來越尖銳、越來越大聲，我會感覺到自己的胃漸漸被恐懼填滿。

發生這種情況時，我哥哥會關上房門，開始玩他的星際大戰公仔。這顯然是個明智的選擇，但當時的我比較想要聽他們吵架。出於某種原因，我認為監視正在發生的事情、觀察衝突是很重要的。也許我認為這可以幫助自己預測接下來可能發生的事情，甚至在某種程度上防止它發生。

隨著年齡增長，我找到一份以目睹衝突為生的職業。身為《時代雜誌》的一名記者，我報導過犯罪、災難、恐怖主義以及各種人類經受的苦難。而後我轉到教育線——儘管教育報導中有很多關於兒童和學習的正面消息，但在美國，教育本身就是一個高衝突議題（在我收到的所有仇恨郵件中，唯一叫我「婊子」的人是位教師，寫信回應我發表的教育改革故事）。

記者這個角色帶給我一種奇怪的安慰。潛意識裡，我還是那個孩子，相信自己可以透過記錄衝突、永遠不讓衝突離開我的視線，以保護自己和他人。

二〇一六年美國總統大選後，我不得不承認自己的總體計畫失敗了：我無法預測衝突，甚至無法理解存在於自己國家中的衝突。為何有這麼多人用和我完全不同的觀點看待世界，且如此徹底地非黑即白？在民主黨和共和黨的支持者中，一半以上的人認為對立政黨的支持者不僅愚蠢無知，還令人髮指[7]。儘管美國人持續在許多政策問題上抱有一致看法，卻已經開始基於政治傾向將對方妖魔化。根據估計，有三千八百萬美國民眾[8]因二〇一六年的總統選舉，不再與家人或朋友交談。

這樣的狀況讓我覺得大眾的好奇心早已死亡。在這樣的時代裡，講述故事還有什麼意義？煞費苦心去核實每一個細節後寫出報導，卻只能日復一日地面對一群日益萎縮、腦袋裡只有意識型態的群眾嗎？三分之二的美國人[9]表示，他們並不真的相信新聞媒體能夠進行全面、準確、公正的報導。許多人積極地逃避新聞，因為內容實在太令人沮喪了；另一些人則沉迷其中，因為它是如此令人憤怒。

有一段時間，我將此歸咎於美國社會獨特的病理狀態：大概是我們的種族主義歷史，加上極端的經濟不平等，創造了一場完美的政治兩極風暴吧。但這些元素僅僅是答案的一部分，因為環顧四周，很明顯的是，社會分裂的問題不僅限於美國。

在其他國家，由於對難民、英國脫歐或燃料價格等議題的意見分歧，人們開始在家庭聚餐中拂袖而去。在阿根廷，十人中有九個認為自己的國家非常分歧或相當分歧[10]；挪威和丹麥的社會在如何處理野狼問題上存在重大分歧；而在紐西蘭，分歧點是貓（是的，貓！）；半數歐洲人表示，自己所處的社會不像十年前那樣寬容[11]。「我們正在經歷一種常態性的憤慨，一種社會憤怒。」德國總統史坦麥爾（Frank-Walter Steinmeier）說：「德國不再理性地侃侃而談；德國失控地大吼大叫[12]。」

當然，YouTube、Facebook 和 Twitter 的興起，可以為這種現象做出部分解釋。這些社群網站的設計，從根本上助長了無休止的衝突循環，而媒體炒作在其中亦功不可沒，將群眾的憤怒轉化為利潤。所謂的「注意力經濟」大規模地煽動我們最糟糕的本能。在電視和網路上，無數人故意留下激怒他人的言論，並悄然慫恿著說：「你是對的。」以驅使我們繼續向前。

上述現象都在社會分裂中有重要的影響力，但沒有任何一個因素可以充分解釋問題。許多人沒有在社交媒體上花費太多時間，卻依然緊緊掐住對立者的喉嚨不放。因此我們可以得知，同時還有一些事情在發生，一些尚未被清楚界定、尚未被研究且命名的事情。

所以我試圖尋找自己錯過的東西：我花時間與曾經處理激烈衝突的人相處，他們經歷衝突的地點從盧安達到哥倫比亞再到以色列；我完成了八十小時的衝突調解培訓，課程內容包括離婚、工作場所衝突和監護權爭執等議題。我因此開始看到，人們在截然不同的衝突中，做出的行為竟如此相似。

經歷這一切的五年後，我寫了這本書，分享自己學到的事情。有許多不同的力量把我們帶到今天所處的位置，其中包括廣為人知的自動化、全球化、監管不力的市場，以及快速的社會變革。這些因素處處引起焦慮和懷疑的浪潮，而其中的恐懼讓領導人、意見領袖和社群平台，可以輕易地利用社會中清晰可見的裂痕與人們心中的各種偏見。

但還有另一種無形的力量，就像地心引力一樣，不知不覺間對其他一切施加拉力。當衝突升級到一定程度時，衝突本身就會占據主導地位，而最初導致爭議的事實和勢力，卻逐漸隱沒在衝突背後，被「我們」與「他們」的這種劃分機制接管。此時，人們對醫療保險政策或移民的實際意見分歧不再重要，衝突具象化成了現實。高衝突可說是我們這個時代的無形之手。

關門大吉

一九三〇年代，阿拉巴馬州蒙哥馬利市建造了一個名為「橡樹公園」的公共娛樂場所，配備具有現代過濾系統的大型游泳池、一個較小的兒童戲水池、六座紅土網球場和一個旋轉木馬。他們甚至還在公園中設立動物園，養著熊、鱷魚和猴子等動物。橡樹公園可說是一個由市政府打造的樂園。

但是在當時，無論是蒙哥馬利市或美國各地，都存在著所謂的「我們」和「他們」。這是一場可以溯源到數百年前的激烈衝突：橡樹公園僅供白人使用。

一九五七年秋天，一位名叫馬克・吉摩爾（Mark Gilmore）的年輕黑人男子下班後，通過橡樹公園走捷徑回家，便因違反種族隔離政策遭警方逮捕。當他在法庭上對該政策提出質疑時，一名聯邦法官裁定該市「只對白人開放橡樹公園」的政策違憲：所有公民都為公園的建造付費，包括黑人納稅人，因此公園必須向所有人開放。

這場庭審可說是平等與正義的巨大勝利，至少表面上看起來如此。但是讓我們看看接下來發生了什麼事：蒙哥馬利市在判決後並沒有進行族群整合，而是決定關閉所有公園。如果白人不願意與黑人共用泳池，卻迫於判決不得不分享空間，那麼乾脆讓所有人都不能游泳吧。橡樹公園泳池的水被排乾並以廢土填平，熊、鱷魚和猴子不是贈送就是出售。游泳池從未重新開放。這場遊戲裡所有人都是輸家[13]，無論黑白。

這是高衝突的明確特徵：讓事情變得更好的每個嘗試，似乎都只會讓事情變得更糟，種種損失不斷累積。

良好的衝突至關重要，如果缺了它，我們的生活品質會大為降低。良好衝突就像是火，人們生存的同時需要一些熱量、一些照明，讓我們看到自己做錯的事情，並保護自己免受獵食者的侵害。因此爭論不休的市議會、劍拔弩張的晚餐、街頭抗議和罷工、理事會中的針鋒相對、學校輔導室裡

一張老明信片，圖片內容是阿拉巴馬州蒙哥馬利市「橡樹公園」裡的泳池。©Alabama Department of Archives and History

的衝突等等，都是生活中不可或缺的。有些人試圖生活在沒有任何衝突的世界，從不爭論或後悔，但這樣遲早會導致自己情緒內爆，這是所有心理學家都同意的結論。沒有健康衝突的生活，就像沒有愛的生活：冰寒刺骨，令人難以忍受。然而一旦健康衝突轉變為高衝突，卻可能焚燬你擁有的一切，因此我們要學會明辨兩者。

我一生都在監視並觀察各種衝突，但和大多數記者一樣，我常錯過故事之下的伏流，而這往往是衝突中最有趣的部分。某日我靈光一現，開始看到政治上的兩極分化並不特殊，因為從鄰里爭執、離婚法庭，再到罷工，人們在各種激烈的衝突中都表現得非常相似。

高衝突具有磁鐵一般的吸引力，如果無法理解這一點，就會使我們與對方的分歧，看起來比實際上更大、更不可避免。世代之間糾纏的仇殺會引誘、驅使我們違背自己的最大利益。我們都在某種程度上感受到這一點：一旦陷入這種類型的衝突，視野就會變得狹窄，事情則變得涇渭分明，甚至太過於黑白分明了。我們總認為自己是出於自身意願行事，且有能力根據確鑿的事實、成熟的價值觀做出判斷，但我們真的有這麼厲害嗎？

捫心自問

英國牛津郡那個漆黑的夜晚，警犬並沒有發現臥倒在玉米田裡的馬克。他在警犬到達前及時找到生路，翻過帶刺鐵絲網，跳進附近的另一塊田地中，並躲藏在灌木叢裡直到天亮。

所以這次馬克並沒有學到教訓。他繼續以各種充滿創意的方式，反對基因改造作物。二〇〇一年，馬克走進牛津郡一家名叫「博德斯」（Borders）的連鎖書店中，將一塊從超市買來的海綿蛋糕砸在一位丹麥統計學教授臉上。當時這位教授正在店裡宣傳他的新書，書中詳細說明他為什麼放棄了對環境保護的某些極端看法，而馬克對此抱持不同意見。

「你提到關於環境的一切，完全是胡說八道！」馬克用一種歇斯底里的尖銳聲音喊道。

但整個場合的走向卻讓馬克非常尷尬，因為眾人的反應與他想像的完全不同。遭攻擊的統計學教授靜靜地擦掉臉上的鮮奶油，等待讀書會開始的觀眾們則充滿困惑地盯著馬克[14]。馬克在簽書桌前來回踱步，不知道為什麼沒有保全人員來把他拖走。在此之前，他並沒有打算發表演說，但此時他決定即興來上一段。

「這本書在氣候變化問題上撒謊，」馬克說，「像你這種喜歡自鳴得意，覺得自己對環境議題無所不知的人，活該被砸蛋糕。」

片刻之後，馬克終於被扭送出去，而這讓他鬆了一口氣。馬克先前感到非常窘迫，因為面對面衝突實在不是他的菜。即便如此，他仍然相信自己是在打一場正義的戰爭。

而這場戰爭是值得的！隨著歲月流逝，他的激進派同伴們取得了一系列驚人的勝利。歐洲、亞洲、非洲和澳大利亞的政府，紛紛被像他這樣的環保主義者論點說服，禁止了大多數基因改造作物，而這是馬克有生之年參加過最具有影響力的左翼反對派運動。

但在面對自己成功的同時，馬克依然會不時在心底深處感受到一絲懷疑。某天，他協助組織的倫敦抗議活動暴發了騷亂，砸碎許多玻璃窗且導致九名警察受傷。當馬克稍後與一群激進派同伴在酒吧裡慶祝勝利時，他突然反胃，感覺到一陣噁心。

這些懷疑的時刻就像眩暈症一樣，突然之間占據了馬克的身心。他是為了保護環境，並幫助最容易受傷害的弱者才投身這場鬥爭中。他站在大企業面前，據理力爭地要求他們承擔責任。然而在他進行這些活動的同時，其他事情也在世界的不同角落中靜靜上演。

二〇〇二年，嚴重的乾旱和飢荒席捲非洲，導致數百萬人陷入飢餓，但受災的尚比亞政府卻拒絕進口所有基因改造玉米，理由是該食品存在危險性。尚比亞人多年來一直在食用這種玉米，美國人也是。現在正是尚比亞最需要它的時刻，它卻被判定帶有風險。受到高衝突模式的支配，馬克和他的激進派同伴們使用少量的科學證據，促使世界上大部分的地區反對基因改造作物，而現在人們正因飢荒死亡[15]。

尚比亞總統利維．姆瓦納瓦薩（Levy Mwanawasa）說：「我們不能僅僅因為人民餓了，就給他們毒藥吃，或者提供對他們健康有害的食物。」與此同時，聯合國世界糧食計畫署開始取消其提供的糧食援助，這等於是在傷口上灑鹽。尚比亞領導人對外援的不信任有著長期且複雜的根源，但像馬克這樣的激進分子在意識形態上的討伐，更使原本悲慘的局勢雪上加霜。

多年來，馬克一直設法避免去深思自己心中的疑慮。事實上，人類非常擅長這麼做，當新的科學研究表明，基改食品可以是安全的，甚至可以挽救生命時，我們總有理由無視這些資訊。這麼做並不難。

直到某一天，我們開始良心不安。

世界的原貌

我們必須承認，高衝突可能是有用的，它使人們覺得爽快，甚至可以賦予生命意義。但如今高衝突已經達到其用處的上限。人類文明所面臨的問題，似乎一次又一次地因爲高衝突而火上加油，而不是得到解方。

我們這個時代的挑戰，是在不妖魔化彼此的情況下，動員廣大的民眾做出改變。我們必須選擇這種溫和的做法，不僅因為這在道德上是良善的，還因為唯有這種做法才能夠真的帶來實效。能夠深入人心的持久改變，都必須透過結合壓力和良好衝突才能實現，而兩者在此所占的分量相當。這也解釋了為什麼在歷史進程中，非暴力運動[16]成功的可能性，是暴力運動的兩倍。

高衝突並不總伴隨著暴力，但它極其易燃，很容易誘使人們採取暴力手段，並導致反對派以更多的暴力回應，進而造成不斷升級的傷害。在這種情形下，最有能力解決問題的人會快速逃離，讓極端分子接管現場。

任何提倡「我們」與「他們」這種對立思維的現代運動，無論是否牽涉暴力，都傾向從內部自我摧毀，因為高衝突無法容忍差異。一種將世界簡單劃分為善惡的文化，是封閉且狹隘的，而且會阻止人們進行大規模的合作，無法共同解決難題。

新型冠狀病毒在全球的大流行，就像一把發出巨大嘘嘘噪音的手提鑽頭，強迫我們面對這個問題。二〇一九年十二月三十一日，中國衛生官員向世界衛生組織報告了湖北省武漢市的一則肺炎群聚病例[17]。兩周後，一名華盛頓州居民從武漢返回美國，抵達機場時完全沒有任何症狀[18]。然而四天後，他被檢測確診新冠病毒而尋求醫療救助。與此同時，中國當局並未針對此病毒對公眾威脅的嚴重性做出及時警告[19]，而世界衛生組織也一再向世界保證，局勢已得到控制[20]。

在紐約，二〇二〇年三月一日宣布首起官方新冠病毒檢測陽性個案，但此時該病毒已經透過主要來自歐洲而非中國的旅客，在這座城市悄然傳播了數周甚至數月。在第一次採檢出確診個案前，估計有一・一萬名紐約人可能已經遭到感染[21]。

全球經濟在四月底驟然停止運轉，超過兩千六百萬名美國人申請失業救濟，此時全球已確認有超過三百萬人感染該病毒。

一夕之間，全人類受到一個共同敵人的威脅，得面對一種全新的、傳染性極強的病毒。這種新型病毒提供了一次前所未有的機會，讓我們可以跨越黨派、種族與國籍，攜手共同解決問題。

世界各地大多數人都這樣做了，即使是在許多政治嚴重兩極化的國家也是如此。二〇二〇年三月下旬，九〇％的美國人表示，他們相信「大家都在同一條船上[22]」。此數據高於二〇一八年秋季的六三％。美國參議院以九十六票對〇票，通過了一項大規模刺激經濟的聯邦法案，而這是一個月前還無法想像的共識。

人們傾向於將世界分為「我們」和「他們」，卻也傾向於在某些條件下，擴展對「我們」的定義。像新冠病毒大流行這樣的巨大衝擊，可以在一夜之間，讓「我們」涵括整個世界。

但高衝突同時具有磁鐵般的吸引力，對於那些過去曾在長久激烈衝突中發現偉大意義、友情和力量的人更是特別難以抗拒。在印度這個以印度教為主的國家，早期疫情的暴發追溯到伊斯蘭傳教士聚會後，新聞媒體開始指責穆斯林傳播冠狀病毒，而「病毒聖戰[23]」（Coronajihad）一詞開始在推特上流行起來。

在美國，川普總統指責中國，批評中國當局在疫情暴發之初，壓下有關該病毒的消息；然後他指責世界衛生組織，宣布美國將撤回資金，並切斷與該組織的聯繫[24]，因為他們對大流行反應遲緩。他這麼說是對的，世界衛生組織在應變時犯了錯誤，應該被追究責任。

但大流行是全球性的緊急事態，我們必須合作才能將其控制下來，相互責備只是自損兵力而已。在轟然作響的九級火災[25]警報聲中，削減投注在世界中央消防部門的資金，只是對已經很糟糕的情況火上加油。一時之間，世界衛生組織和白宮的重要工作人員都開始關心政治，而非提振公共衛生。

與此同時，數以千計的美國學校根據政治意識（而非科學證據），決定重新開放或維持關閉[26]，讓許多學童和家庭遭受不必要的痛苦，而社會上許多本來不必死的人卻死亡了。高衝突的慣性模式很難改變，但現代世界中，所謂「我們」和「他們」之間的界線不再像以往那麼清晰，因此更容易打破高衝突的慣性。在今天的世界裡，疫情可以在不到一天半的時間內，從一座偏遠的村莊傳播到世界上的任何一個主要城市[27]。一九八〇年至二〇一三年間，歷史上記錄了一萬兩千多次傳染病暴發[28]，影響了四千四百萬人和世界上幾乎每個國家。但這一切都發生在新型冠狀病毒大流行之前。現在，世界上超過一半以上的人口生活在稠密的城市中，使得病毒傳播變得容易。即使我們設法保護自己的身體健康，全球化經濟卻像蜘蛛網一樣困住我們，緊緊交織著你我的財務未來。

「群體之間存在競爭和仇恨，並不是什麼新鮮事。」心理學家戈登·阿爾波特（Gordon Allport）在他一九五四年出版的經典著作《偏見的本質》（*The Nature of Prejudice*，暫譯）的序言中寫道：「真正新鮮的是，現代科技使這些群體靠得太近，以至於彼此無法保有舒適的空間……而我們還沒有學會如何應對精神和道德上的近距離接觸[29]。」

人們是彼此相互聯繫的，因此我們必須學會適應，這正是這個時代的核心挑戰。我們應該創建一個能提倡健康衝突而非高衝突的機構和社會，以便確實應對問題，不陷入妖魔化的陷阱中。這麼做雖然不容易，但並非不可能。正如我們即將探討的那些例子，人們已經在地球上以不同的方式，在大大小小的事件中成功做到了。

二〇二〇年五月二十五日，名叫喬治．佛洛伊德（George Floyd）的四十六歲黑人男子，在美國明尼蘇達州的明尼亞波利斯遭一名白人警察擊斃[30]。這名執法人員跪壓在佛洛伊德的脖子上將近九分鐘，儘管佛洛伊德反覆陳述自己無法呼吸，警察卻不為所動。有人錄下這起殺戮事件的大部分過程，引發明尼亞波利斯和世界各地的抗議活動。其大規模的響應，更為種族、正義及重大政策變化相關議題，創造了嚴肅對話的歷史性開端。

佛洛依德事件在許多地方引起激烈但健康的衝突，但並非每起衝突都保有這樣的特質。在某些地方，人們對警察、對彼此暴力相對；在某些城市，警察和聯邦調查員對和平示威者使用催淚瓦斯和武器；某些政客曾妖魔化抗議者；某些激進分子則以粗暴、不公平的論述詆毀警察，企圖一竿子打翻一條船。有十餘名美國人在佛洛依德事件的後續騷亂中喪生，其中大部分死於槍傷[31]。暴力會導致人們合理化以暴制暴的應對方式，而這是高衝突中常見的場景。

接著，另一場高衝突是二〇二〇年美國總統大選，及二〇二一年一月六日川普支持者襲擊國會大廈。我們現在很難預測，這個飽受分裂和疾病折磨的國家，是否會在新政府的領導下團結起來，還是會讓激烈的衝突延續下去。衝突中，每一個暴力和妖魔化的循環，都會開啟新的惡性循環。

改弦更張

二〇〇八年的某個夏日，《衛報》要求馬克．林納斯寫篇文章抨擊基因改造作物，就像他以前做過且駕輕就熟的那樣。不到一個小時馬克就生出一篇稿子，談論經過基因改造的超級雜草、細菌或病毒，可能會「猖獗地繁殖[32]」，汙染其他農田——這是他一直以來提倡的論點。

但在發表這篇文章之後，奇怪的事情發生了：馬克看了一眼文章下面的評論，心裡有些不安。一名讀者抱怨馬克「缺乏任何形式的科學知識和理解能力」，而這則批評以一種前所未見的方式刺痛了他。

所以馬克決定為自己辯護，他開始四處尋找支持自己論點的經驗性證據，一頁一頁地點擊進去，瀏覽期刊論文和書籍。他不斷地在網頁裡上下滑動，心跳越來越快，意識到自己找不到任何可信的資訊。迄今為止的科學證據，並不支持他的恐懼和長期堅持的主張。他看到的，恰恰是相反方向的清晰共識。

在某些情況下，基因改造作物可以造福環境並減輕痛苦。有些基改作物不需要那麼多殺蟲劑，因為它們被培育出

馬克．林納斯。©Robert Stone

對害蟲的抵抗力；在種植基改作物的國家，農藥使用量下降了約三〇%，這種減量的幅度可說相當巨大。

世上的一切並非簡單直白。

孟山都和其他企業犯下錯誤，本可以透過更好的方式引進基因改造作物，它們不僅不會破壞環境，還可以幫助拯救地球；而多年來，馬克憑藉著最好的意圖行事，卻無意間阻止了非洲和歐洲獲得巨大的進步。

他坐回椅子上，忽然覺得心口暖暖的。這種認知不僅在智識上改變了他，也在身體上影響他。他覺得自己就像站在深淵旁探頭俯看一樣。「我的世界觀出現了裂隙，而我不知道在另一邊會發現什麼。」

在此之前，曾有許多人指責馬克無視科學；而長久以來，馬克一直與科學家辯論，並拒絕他們的論點。但是這次並沒有新的資訊加入，為什麼馬克的感覺卻如此不同？

正如我們即將讀到的，一系列經歷動搖了馬克對「反基改作物」這個觀點的忠誠度，並拓展他的思想維度，此後再也不能輕易地關閉自己的心靈。

五年後，馬克在英格蘭的一次會議上，站在成千上萬的農民面前，發表了一篇令在場人士永生難忘的演講。

「敬愛的閣下、女士們、先生們，我想以一則道歉，開始我的演講。」馬克說，「為了公開闡述我的立場並留下紀錄，我在此誠心地表示，我要為曾經花費數年破壞基因改造作物而道歉[33]。」

他事先寫下了演講稿裡的每一個字，因為知道自己臨場一定會非常緊張。演講中，他每隔十秒左右就抬起頭來與聽眾進行眼神交流。

「我也很抱歉，」他繼續說道，「我曾協助妖魔化一個重要的科技選項，但它實際上可以且應該用於造福環境。」

這並不是從自己原初的觀點叛逃，馬克仍然執著於批評氣候變遷和對抗剝削性企業。

「我並非不再相信氣候變遷，」他告訴我，「我只是開始意識到，我們正在做的事情是行不通的。」

在這場演講過後，他寫了三本關於氣候變化的書。但自從面對深淵的那天起，他開始學會講述一個更複雜、更精準的故事。馬克繼續公開批評企業和政客，但不再帶著輕視的態度。當他擺脫高衝突之後，他變得更有效率，不再浪費時間與擁有共同目標的人戰鬥。

在本書中，我們將遇到一些像馬克這樣的人。他們的故事可以幫助我們瞭解高衝突的誘惑、在高衝突中需要付出的巨大代價，以及掙脫高衝突需要的付出。

為了在現代世界中茁壯成長，我們需要瞭解高衝突是如何發生的。我們需要從高衝突中往後踏一步，帶著驚嘆去觀察並辨認它的輪廓，以識別它扭曲我們視野的手法，大膽想像一種不一樣的生活方式。

在高衝突中，希望對方最終會見到曙光而進行改變是非常愚蠢的，這只會讓自己心力交瘁。細數對方的過錯可以變成一輩子的嗜好；關注下一次選舉則是一種拖延策略。單純告訴人們去拒絕仇恨並選擇愛是行不通的，因為深陷高衝突中的人們並不認為自己充滿仇恨（即使他們的仇恨情緒多到滿出來），他們只盲目地認為自己是對的。

仇恨是一種重要的情緒，也僅僅是一項症狀，「衝突」才是造成仇恨的原因。而高衝突本身是個系統，不是一種感覺。

第一部

踏進衝突

Chapter 01

衝突底下的伏流

傑伊和洛娜[1]是蓋瑞・佛里曼的老朋友。因此，當兩人提出會面要求，但沒有說明確切原因時，他依然邀請他們到自己的律師事務所見面。蓋瑞的事務所位於北加州綠樹成蔭的街區，兩人依約抵達後終於說出到訪的目的：他們想要離婚，希望蓋瑞可以同時幫兩人打官司。

蓋瑞對此非常吃驚。事實上，他認為兩人會離婚並不突然，因為他知道他們一直在婚姻中掙扎：傑伊長期有外遇，兩人有三名年幼的孩子，卻沒有足夠的穩定收入，這一切蓋瑞早已知情。事實上真正讓蓋瑞驚訝的，是兩人要求他同時成為雙方的辯護律師，要他一人身兼二職。

「我只能代表你們中的一個。」蓋瑞溫和地說，在他們之間來回打量。

洛娜聞言，臉色沉了下來。蓋瑞試圖向他們

蓋瑞・佛里曼。©Laurie Phuong Ertley

解釋：「同時代表你們兩人，會導致利益衝突。」他們曾經是非常要好的朋友，但不知為何，此時此刻，蓋瑞發現自己很難用從前習慣的方式與他們交談。

「我支持你們希望友好離婚的想法，但為了充分保護雙方的利益，我想你們確實需要個別聘請律師。」蓋瑞說得越多，就越不喜歡自己。

「對我來說，即使只代表你們之中的一個人，也會是件困難的事，因為我是你們兩個的朋友。」洛娜打斷他：「我們並不希望你站在任何一邊，只希望你協助我們做決定。為什麼你不能單純地幫助我們，而不要選邊站呢？」

事實上，蓋瑞從沒想過可以同時站在兩邊——或者兩邊都不站。這件事發生在一九七〇年代後期，而這個想法在當時根本是天方夜譚，法律這一行不這麼玩的。

「法律比你想像得還要複雜得多。」蓋瑞說。他知道自己這麼講並沒有誇大實情，但就在說出這句話的同時，他自己也有點困擾。多年來，蓋瑞一直在抨擊所謂「法律界」的運作方式。他曾經告訴所有願意傾聽的人（包括面前這兩位朋友），他的職業中充滿太多敵對，因此希望找到一種新的法律執業方式，以便讓客戶可以有更好的收穫。既然如此，此時為什麼要重複這個行業的陳腔濫調，好像自己真的相信這些說詞一般？

蓋瑞坐在那裡，和傑伊與洛娜兩人一樣氣餒。於是他閉上嘴，讓自己針對兩人的提案思考片刻。也許這是他一直在尋找的機會，讓自己可以嘗試做一些不同的事情。

「我想妳是對的，你們應該可以試試看。」蓋瑞對洛娜說，「我想幫忙，雖然我不確定實際上該怎麼做，但我很樂意嘗試。」

從表面上看來，這件事非常瘋狂。蓋瑞告訴兩人，他沒有經手過離婚案件，更不用說以這種全新的方式處理離婚訴訟。但就在他把醜話一項項說在前頭的同時，他也看到朋友們的表情發生了變化。很長一段時間以來，這是傑伊與洛娜第一次看起來充滿希望，而蓋瑞也有同樣的感覺。

接下來的四個月裡，他們三人待在同一間辦公室處理這件事。過程其實令人很不舒服，有時甚至可說是殘酷。傑伊和洛娜不時向對方吼叫，爭執誰該得到房子或孩子的監護權。傑伊希望得到更多時間陪伴孩子，但洛娜不想讓傑伊的女友出現在孩子身邊，如此這般的衝突不斷上演。

在這些時刻裡，傑伊和洛娜就像被捲入漩渦一樣不可自拔。他們並不喜歡爭執，卻停不下來。蓋瑞則擔心自己辜負兩位朋友，覺得自己就像是在沒有安全網的情況下，踮腳在高空走鋼絲。但這個場景同時也讓蓋瑞感受到前所未有的自由度：一般來說，他的客戶不會親自下場，而是他代表客戶使用「法律」這把鈍器進行戰鬥。現在，蓋瑞和兩人站在一起，陪伴他們解決問題。這感覺才是事情應該有的樣子，因為他們倆比世界上任何人都瞭解自己的問題。理論上來說，他們也應該比任何人都瞭解該如何解決自己的問題。

某一天，蓋瑞在傑伊和洛娜爭吵的短暫停頓中提出一個建議：他讓兩人閉上眼睛，想像自己十年之後的生活、他們希望與孩子的相處方式，以及與彼此的相處方式。蓋瑞提醒兩人，他們必須往遠處著眼，並且意識到彼此將永遠存在於對方的生活中，因為這就是事情的本質：如果他們的女兒結婚了，兩人都會出席婚禮；如果他們的兒子有了孩子，兩人會因此需要與對方溝通。蓋瑞帶著兩人一起穿越時空、想像未來。這讓傑伊和洛娜短暫安靜下來。他們總算意識到，即使離婚了，他們的未來也離不開彼此。那麼，他們該怎麼辦？

傑伊和洛娜最終就房子、孩子和其他一切事項達成協議。對蓋瑞而言，這次的成功就是最好的背書。證明要解決衝突，還有另一種方式，另一種尊重人與人之間關係的方式。蓋瑞知道自己還有很多東西要學，但這麼做是可能的！離婚並不意味彼此必須互相憎恨，在簽署離婚協議文件後，傑伊和洛娜擁抱了蓋瑞，也擁抱了彼此。

在那之後，蓋瑞不再以過去的方式從事法律工作。許多夫妻在聽到傑伊和洛娜的離婚經歷後，都前來尋找蓋瑞，想嘗試一下他稱之為「調解」的這種新玩意兒。體制內的律師們曾建議他們的客戶不要去找蓋瑞，但人們還是來了，有時甚至是因為被建議不要這麼做，這讓蓋瑞從不缺客戶。

人們受蓋瑞吸引，因為他似乎完成了不可能的任務——在我們最糟糕的時刻，挖掘出我們最好的樣貌。因為他理解到，儘管人類喜歡鬥爭，卻也非常嚮往和平。

高衝突往往使我們痛苦不堪，且從所有層面看來，都會讓我們付出高昂的代價：金錢、鮮血、友誼。而這是衝突的第一個悖論：我們因衝突而產生動力，也同時受衝突控制；我們既希望它結束，又期待它繼續。而這正是蓋瑞可以一展長才的地方。

當蓋瑞在七〇年代中期開始從事這項工作時，當地律師協會對他進行調查。他們認為，在同一間房裡同時為丈夫和妻子提供法律建議，這樣的做法不可能沒有違反違職業道德——至少當時法律界的主流想法這麼認為。但這些調查並沒有獲得任何成果，最終法律界反過來接受蓋瑞的方法。到了一九八〇年代，美國律師協會決定聘請蓋瑞，傳授處理各種衝突的新式方法給其他律師。

衝突陷阱

在洛杉磯的「奇蹟一英里」（Miracle Mile）街區——威爾希爾大道（Wilshire Boulevard）附近，距離國際煎餅之家餐廳（International House of Pancakes）一個街區之處——遺留了一座史前死亡陷阱：拉布雷亞瀝青坑[2]。地如其名，外表上看來就是一個凹陷的黑色小型湖泊，不時咕嘟咕嘟冒出幾個氣泡，貌似溫和無害。

但是科學家們在這些瀝青坑的深處，發現超過三百萬塊骨頭，其中有許多保存良好、幾乎完整的巨型哺乳動物骨骼，包括猛獁象、巨型樹懶和兩千多隻劍齒虎。這是怎麼發生的？為什麼地球上成千上萬最強大的掠食者們，竟然被捲入同一個坑洞裡？又為什麼無法逃脫生天？

拉布雷亞瀝青坑是一個活動頻繁的沼澤。這裡的天然瀝青在上一次冰河期結束之後，就不斷從地下湧出。研究人員認為，事情很可能由一個惡魔循環開始：數萬年前的某一天，一隻大型生物（例如古代野牛）不幸踏入了瀝青坑，很快就被困住。四蹄卡在像淤泥一樣濃稠的瀝青中動彈不得，發出痛苦的鳴叫。這種瀝青只需要幾公分的深度，就可以固定住一隻大型哺乳動物。

野牛的哀鳴引起附近一些掠食者的注意，例如現已滅絕的恐狼（學名 Canis dirus，意為「可怕的狗」）。恐狼就像美洲郊狼和人類一樣，屬群居動物，因此當下可能有數隻恐狼聽到叫聲，饒有興致地跑到現場並發現天降美食，於是自然而然地撲向受困的野牛，結果自己也被瀝青困住了。

於是兇惡的恐狼們也沮喪地嚎叫起來，無可避免地吸引了更多注意力，讓更多生物前仆後繼地到來。恐狼最終會因飢餓或其他原因死亡，而牠們腐爛的屍體吸引了食腐動物，使其後來也同樣遭瀝青所困。這些被詛咒的動物數目呈幾何級數增長，因為一具動物屍體可以「漂浮」在瀝青坑中長達五個月，不斷吸引無數不知情的受害者上鉤，最終才慢慢沉沒於陰暗的水下墓穴裡。迄今，科學家們已經從瀝青坑裡取出了四千具恐狼的骨架。

在蓋瑞的調解工作中，他將衝突稱之為「陷阱」。這是一個很好的比喻，因為衝突一旦升級到某個程度，就會以如同拉布雷亞瀝青坑的方式運作。衝突吸引我們，也吸引各種正常、合理的需求和欲望。可是一旦陷溺其中，我們會發現自己無法逃脫，越是掙扎呼救，情況就變得越糟。而越來越多人陷入這樣的困境沼澤，甚至沒有意識到自己如何在不知不覺中，降低了生活的品質。

這就是高衝突和良好衝突之間的主要區別：重點不在於衝突主題的性質，也不在於各種吼叫或情緒，而是我們卡在衝突中停滯不前。在健康的衝突中可以見到一種動態：雙方會提出問題、對彼此存有好奇。雖然也可能大吼大叫，但健康的衝突會引導我們前進，因為在某處上岸，感覺比浸泡在衝突中更有趣。然而在高衝突中，衝突本身就是目的地，我們無處可去。

人們在正常生活中做出判斷時，本來就可能會犯下許多可預見、系統性的錯誤。而我們在激烈的衝突中，更容易製造出這種類型的錯誤。舉例來說，我們不可能在極其憤怒的同時也充滿好奇。在憤怒情緒的影響下，我們無法好好使用大腦這個神奇的器官進行思考。

激烈的衝突會降低生活的完整性，以換得短暫的滿足感。其機制會影響生理，帶來可衡量且具有懲罰性的副作用。夫妻吵架時會經歷皮質醇（一種壓力荷爾蒙）的飆升；政黨的死忠支持者在候選人輸掉選舉後，也會有同樣的表現。在高衝突中，皮質醇升高的現象可能會反覆出現，因此損害到免疫系統、降低記憶力和注意力、削弱肌肉組織和骨骼，並加速疾病的發作。

旁觀者雖不積極參與高衝突，卻依然對眼前所見的爭鬥感到非常痛苦，以至於決定置之不理。社會上多數人其實就屬於這個類型。根據無黨派組織「同大於異」（More in Common）的調查，大約三分之二的美國人受夠了政治上的兩極分化，希望大家可以多花點時間傾聽彼此的意見。該組織於是將這個群體稱為「筋疲力盡的多數人[3]」。

但是怎麼能夠責怪他們呢？大多數人都會想辦法避免衝突，而且會這麼做，通常背後都是有理由的。例如不再與那個不斷抱怨前妻的朋友一起出去玩，或者決定停止閱讀新聞——最好天天低著頭，眼不見為淨。這種疏離是可以理解的，但它終究留下了未經處理的高衝突，一不小心就會被極端分子接管。

正如歷史不斷向我們展示的那樣，高衝突可以在一夜之間轉變為暴力。一個看似獨立的流血行為，很可能會導致另一個群體的痛苦，而後升級為報復。在一場爭鬥中，「我們」與「他們」的這種劃分心態是不可少的武器，因為只要你願意相信所謂的「他們」是次等人，那麼殺死、奴役或監禁對方就容易多了。

而這正是蓋瑞反對的原始力量。他試圖創造一種新的方式來應對衝突，並取得成功，就像我們在洛娜和傑伊的案例中所看到的。但這是一項艱鉅且冒險的工作，他必須建造一艘全新的船艦，一種可以行駛過瀝青坑的新船。

在接下來的四十年，蓋瑞以這種方式調解了大約兩千起法律案件。隨著時間推移，蓋瑞越來越擅長此道。他曾處理過公司糾紛、兄弟姐妹之間的不和、鄰里裂痕等等，將人們從令人不快的瀝青坑中解救出來。但我們即將讀到，最近蓋瑞本人也不幸地被困在瀝青坑中。他無意間與自己的救援船分開了一段時間，導致事情變得有點糟糕。

不過在大多數情境中，蓋瑞依然能讓自己不要沉進淤泥裡。他開始意識到人類在解決問題時，具有兩種內在能力：一種是對抗。它存在於對立的兩個團體之間，雙方都追求相互排斥的自私利益。這就是法律制度的傳統運作方式，丈夫對抗妻子、起訴方對抗辯護方。

而另一種能力則清楚地展現在人類歷史中，也就是我們團結的本能。人類有能力推展「我們」的定義，跨越彼此的差異來合作，以便在衝突中找到出路。事實上，作為一個物種，人類能夠成功進化，更依賴團結能力而非對抗能力。

在新型冠狀病毒大流行期間，數十億人正是以令人驚嘆的合作方式和無私精神，共同應對一個高度陌生且不斷變化的威脅。無論是貧窮的國家或富有的國家，世界各地有許多公民在政府發布正式的封城令前，早就待在家裡了[4]。英國國家衛生服務處曾要招募二十五萬名志願者，協助遭隔離的高危險人群採購生活用品，實際的報名人數竟是需求的三倍[5]。

當然這其中也有例外，某些特定的領導者和少數民眾，傾向將他人視為代罪羔羊，並用「我們」和「他們」這樣的邏輯劃分世界。但幾個月下來，絕大多數人都感受到集體團結這種本能的力量。想像一下，如果我們在文化傳統上，能夠鼓勵這種合作的本能，而非促進對抗主義[6]，世界將變成什麼樣子呢？

無論是挑起對抗主義或高呼人類團結，社會制度與機構都可以設計成各種型態，以鼓勵各種不同版本的人性。在現代社會中，人們錯誤地選擇了對抗主義。無論是在政治、商業或法律的領域裡，我們都傾向將一切視為贏家和輸家之間的較量[7]。

然而蓋瑞和其他先鋒調解師成功地向我們證明，要應對衝突，還有另一種可行的方式。他們提出非對抗性的選項來解決糾紛，而這種做法通常比傳統法律系統更有效，也更公平。

就連美國最高法院也承認對抗主義的局限性。首席大法官華倫·伯格（Warren Earl Burger）在一九八四年的年度司法機構國情咨文中談到：「在許多訴訟案件中，充滿對抗性競爭的庭審，最終必然會走上古代審判中那種血腥爭鬥的路線。對於已經踏入文明的美國人民而言，我們的系統成本太高、太令人痛苦、太具有破壞性，也太低效了[8]。」

這些話也可以拿來形容當今的政治：對於已經踏入文明的人類而言，它太昂貴、太痛苦、太具有破壞性，也太低效了。

因此，二〇一五年時，蓋瑞的一位鄰居邀請他參與梅爾比奇（Muir Beach）當地的社區服務理事會選舉時，一切似乎非常合理：讓善於處理衝突的人幫大家解決問題。所謂的社區服務理事會，主要負責管理社區裡的道路和用水，而其中的五名成員是不支薪的服務性志工。這個理事會的權力並不大，選舉也與政治黨派無關，但不知何故，社區會議最後總是充滿相互對抗與彼此消耗，像電視新聞或政客的推特貼文那樣，對彼此進行人身攻擊。梅爾比奇社區最近才為了興建計畫中的公車站設計美學，與美國公園管理局發生了一場激烈的爭執，而這次衝突幾乎讓社區四分五裂。

調解教父蓋瑞難道不能改變這場衝突的調性，幫助大家找回一些和平的可能嗎？

衝突界的麥可・喬丹

「我覺得這是個糟糕的主意。」卡西迪第二或第三次這麼告訴蓋瑞。

蓋瑞和他三十五歲的兒子卡西迪正在山中健行，他們沿著住家附近約十三公里的環狀步道，穿越古老的紅杉樹林，登上一座可以遠望太平洋開闊景色的山脊。

蓋瑞的妻子崔西，很喜歡丈夫出面競選理事會職務的想法，不認為此舉背後存在政治問題。在她看來，理事會的職務是蓋瑞提供的一份禮物，用一種自然且合理的方式回饋社區。蓋瑞七十一歲了，他一直希望可以減少出差的機會，以便有更多時間陪伴孫子、孫女，而理事會的職務可能是個完美的契機。蓋瑞的女兒對此也很興奮：有誰比她的父親，美國的「衝突大師」，更能將社區團結在一起？

卡西迪是家裡唯一抱持不同意見的人。他現在的職業是一名紀錄片製片人，不過幾年前，他曾是專門跑鄉村線的記者，所以他認為自己瞭解一些父親並不清楚的事情。

「政治可能讓人們變得很可怕，」卡西迪說，「讓鄰居之間不留情面地彼此攻擊，我曾經見識過這種事情是怎麼發生的。」

他們踏上山脊，雙雙凝視著大海。從這個制高點可以一直遠望到舊金山灣和塔馬爾佩斯山（Mount Tamalpais）的山頂，而蓋瑞父子曾在這條步道上進行了一些生命中最重要的對話：數十年前，他們在此討論過全家搬到法國居住一年的計畫，最近則談到卡西迪初為人父的感受。

卡西迪習慣向蓋瑞提出尖銳的問題，而蓋瑞一向對此表示感激。那天，蓋瑞試圖向兒子解釋自己的想法：「在我的調解師職涯中，一直不滿意自己總是位於兩造之間，只能站在場邊做個局外人。」

蓋瑞知道政治可能充滿毒性，但這就是重點：他想修復這個過程，幫助人們從衝突中找到真正重要的東西。他看到政治兩極化如何分裂了這個國家，也知道其中的病態性，且花費了畢生的時間治療這些分裂。政客們的行為就像是內訌的家庭：怨恨、懷疑、無法看到自己如何破壞曾經珍視的東西。現在人身攻擊感染了梅爾比奇，表示事情已經到了某種極為糟糕的程度。

蓋瑞創造了一種調解模式，改變了法律界的傳統，不是嗎？過去曾有一段時間，根本沒有人相信這種事可能會發生。

「如果我長期研究的調解模式，也可以應用於政治呢？」

卡西迪聽到這裡時警惕了起來。他的父親看似認為自己可以單槍匹馬解決政治問題——他還不如說自己正考慮從面前的懸崖跳進太平洋裡！蓋瑞很可能會在這一役，毀掉自己的名聲和內心的平靜，而這一切是為了什麼？為了社區公車站的位置嗎？

卡西迪有種噩夢重現的不妙預感。他曾見過父親被自己的野心牽著鼻子走，儘管蓋瑞通常很謙虛，對人類心理也有足夠深入的瞭解，但依然可能會因宏大的願景而自找麻煩。這次又來了，他看到一名理應成熟圓融的七十多歲男子正在放縱自我。卡西迪能看到父親身上存在的矛盾，卻無力幫助父親認清事實，因而困擾不已。

他心想，如果用體育競賽來比喻，父親或許比較能夠理解。他可以順著父親的自尊去說服他，而不是與之抗爭。「你曾經創造過了不起的成就，但現在你想做的事就像麥可·喬丹試圖去打棒球一樣。記得這件事嗎？當時每個人都對喬丹說：『不要做傻事！』」卡西迪一邊說，一邊忍不住放大音量。

蓋瑞忍不住微笑。

卡西迪於是又試了一次，這次說得更直接：「你看看自己的個性。你不是玩政治的料，不是那種能搞樁腳的人，你連跟人閒聊都不喜歡！」

蓋瑞點點頭。這是真的，他討厭膚淺的談話，因此也不說客套話，甚至沒有規律地參加社區理事會的會議。這些人實在很乏味，蓋瑞想，但這也是為什麼自己會是這份工作的合適人選。「也許我可以改變政治。」蓋瑞聳聳肩，再度綻放微笑，波浪狀的白髮在海風中飄揚。

卡西迪嘆了口氣，然後臉上的表情發生了一點變化，那是種很難描述的表情，但蓋瑞認為他看起來很生氣。

「更有可能的是，」卡西迪說，「政治會改變你。」

假信號

自從洛娜和傑伊的離婚案件後，蓋瑞不斷精進自己的調解技巧。如果你今天去找他談離婚，他會邀請你和配偶聊聊你們的婚姻故事。調解過程中，無論是座位安排還是問題立場，蓋瑞都會不偏不倚地處在兩造中間。即使夫妻倆說一說就忍不住開始爭吵，他也會專心傾聽。蓋瑞並不反對爭論，他有一張善解人意的面孔，就像所有人都希望在家庭聚餐時見到的和善叔叔那樣，他知道什麼時候該笑，什麼時候該仔細聆聽。他可能會向你介紹他的狗，一隻名叫亞提的棕色米克斯。亞提也不反對人們吵架，牠會窩在蓋瑞腳邊，以禪定般的沉默靜靜觀察整個調解過程。

當故事說完後，蓋瑞會向你們確認自己是否正確理解了方才所說的故事。對於試圖結束婚姻的人來說，蓋瑞提出的問題聽起來可能有點奇怪：「關於另一半的觀點，你可不可以舉一個你理解的例子？」或者「如果你得到了自己想要的東西，你的生活會發生什麼樣的變化？」

蓋瑞在問問題時，常常把頭歪向一邊，擺出聽到新事物的表情，雙眼炯炯發亮。這種姿態傳達了好奇心，並且具有傳染性。見到蓋瑞的這種表現，多數人都發現自己會在回答前先思考一番。在多年的婚姻爭吵中，他們可能從來沒有明確思索過，如果贏了官司，自己的生活會是什麼樣子。在一問一答之間，蓋瑞幫助人們從熟悉的日常不滿中，一層層向下挖掘，找到自己內心深處最關心的事情。若想要超越衝突，你必須先經歷它，沒有其他辦法。

假設妻子提出要求：「我每個月要四千美元的贍養費。」而丈夫跳腳喊道：「這太荒唐了！絕不可能！」表面上看起來他們正在為金錢而爭吵（也的確是），但這場金錢之爭的背後，一定隱藏了一些更有趣的衝突。

「為什麼是四千美元呢？」蓋瑞問道，想要探究這個數字的特殊性。雖然他能猜到，但他盡量不進行猜測。他用平靜的聲音提出這個問題，表現出自己真的很想知道答案的樣子。「這筆錢對妳來說意味著什麼？」

妻子停頓了一下，然後表示她擔心自己無法賺到足夠的錢。她對未來有個想法：希望可以回到學校，參與成為醫事助理的訓練課程。她認為自己可以勝任這份工作，因此想用贍養費來支付生活費和學費，這就是「四千」這個數字的來源，而她丈夫在此之前從未聽她說過這件事。

人類會傾向以符合自己現有信念的方式，去解釋接收到的新資訊。這種現象經過充分的科學研究，並由學者命名為「確認偏誤」。雙方衝突越嚴重，就越難打破確認偏誤。當丈夫最初聽到妻子要錢時，他將其融入自己對婚姻的敘述中：妻子很自私，他永遠無法擺脫她的控制。蓋瑞的問題打斷了這一連串的假設，雖然只是個微小瞬間，已經足夠改變一切。

然後蓋瑞轉頭詢問丈夫，當他聽到妻子說四千這個數字時，他的感受如何。「如果你同意支付四千美元，對你來說會是什麼樣的情況？」丈夫嘆了口氣說，他想辭掉現在這份討厭的工作，因為這使他無法成為自己理想中的父親；他希望自己能在他們十三歲的兒子長大之前，做一位更好的父親。為了養家糊口，他多年來一直困守在那份令人窒息的工作中，而他的家庭現在卻正在分崩離析。每月必須支付四千美元讓他感到無路可退，像是自己同時失去了過去和未來。

妻子聽到這件事的反應很複雜：多年來她一直逼著丈夫辭掉那份工作，現在兩人要分手時，他終於願意辭職了？妻子覺得真的是哭笑不得。可是一旦瞭解背後的原因，她就能真實地看待這個問題：丈夫反對支付這筆錢，不是因為他討厭妻子拿自己的錢，而是因為這筆錢象徵了他自己的未來與夢想。

經過這一番談話後，即使夫妻依然在許多事情上抱持不同意見，兩人卻都覺得自己被理解了。蓋瑞發現，唯有在這種狀態下，雙方才能停止捍衛自己的立場，就自己和孩子的未來做出更深思熟慮的決定。就像洛娜和傑伊一樣，他們會為自己做出決定，而不是將決定權交給法官或律師，這也意味著兩人短期內可能不需再度處理彼此之間的衝突。

自從蓋瑞為美國律師協會舉辦第一次座談會以來，他已經在世界各地培訓了數千名律師、法官和婚姻治療師，並在史丹佛大學、哈佛大學教授談判課程，還出版了三本書。雖然其他同業已經發展出許多不同的調解風格，但蓋瑞的方法仍然非比尋常。

他堅持讓每個人都待在同一間房裡，一起挖掘衝突背後的原因。其他調解員傾向將爭吵的各方分開到不同房間，因為這樣處理起來更輕鬆一些，但往往會停留在衝突的表面，專注於解決眼前的問題，無法深入探索。以短期觀點來看，處理表層工作似乎比較安全，畢竟深入衝突是有風險的，它可能會點燃潛在的怨恨，助長更多衝突。

為了能夠進行深層挖掘，蓋瑞訓練調解員提出具體問題，並確保他們理解每個答案。他把這個過程稱為「邊走邊打破砂鍋」：如果一對夫妻為了離婚後誰得到家裡那只慢燉鍋而爭吵，他會深入瞭解為什麼這只鍋對他們如此重要。這些問題有助於人們解除警戒。更重要的是，蓋瑞會訓練他的客戶在同一間房裡為對方做這件事。這麼一來，擁有問題的人也必須同時對問題負責，而不是把問題推給調解師。透過這種做法，他幫助房間裡的每個人，即使他們依然不同意對方的看法，至少能更加瞭解彼此。這種理解使人們從困頓走向自由，雖然衝突仍然存在，但不再是陷阱。

「對於一個正在經歷生活危機的人來說，沒有什麼比被理解更重要了。」蓋瑞常這麼說。獲得理解比獲得金錢或財產更重要，甚至比勝利更重要。

說回慢燉鍋。蓋瑞可能會用真誠且好奇的語氣，詢問這只鍋子對妻子意味著什麼。妻子最終解釋，這是他們結婚願望清單上的物品，也是童年時，她父母在家中使用的同品牌慢燉鍋的新款。當她還是小女孩時，整個星期天下午都能聞到從家中廚房飄出來的燉肉香。

她和丈夫在現實生活中並沒有創造那樣一個家。老實說，他們甚至不喜歡烹飪，但她無論如何都想得到那只慢燉鍋。

她的丈夫聽到這些話，不禁感到一陣與妻子相同的悲傷。他承認，自己會爭這只慢燉鍋，單純是因為妻子似乎非常想要它。這是很難啟齒的想法，但至少說出來就是一種解脫。妻子才是真正想要離婚的人，丈夫說，既然他無法阻止離婚，至少可以讓她體會到，他這段時間所感受到的痛苦。

於是他們開始看到慢燉鍋底下的伏流。這也意味著，兩人可以對這只鍋子放手了。而以此為契機，他們在其他事情上也會一點一滴地紓解開來。

每個調解人都聽過這樣的故事：因為一些再平凡不過的事情，一對夫婦莫名其妙地發生衝突。一對來自加州的夫婦，為了一個損壞的日式小炭爐而永無止盡地爭吵，以至於判決他們離婚官司的法官，最後忍不住提出把自己車庫裡損壞的日式小炭爐帶來送給他們，只要他們可以停止爭吵就好；在另一起案例中，竟是一套樂高積木使離婚程序陷入停頓：丈夫想要這套樂高積木，妻子也想要。實際上，他們付給律師的鐘點費，就足以買很多套樂高積木了。但事情不能這麼看，因為這套樂高不僅僅是樂高，還是孩子最珍貴的玩具。樂高積木去了哪，孩子的感情自然也就到哪裡，至少夫婦兩人的觀點是如此[9]。

陷入衝突的人們，多半不瞭解自己故事中的伏流。他們太專注於像慢燉鍋或樂高積木這樣的假信號，以至於被困在爭吵的泥淖中。高衝突就是這樣一種鬼打牆的狀態，深陷其中的人很難看到真相。所以蓋瑞幫助人們退後一步，用他提出的問題和他的傾聽，從一小段距離之外觀看這套樂高積木。如此一來，夫婦雙方才能理解爭執背後隱藏的理由。

因為一旦人們感到被理解，就能卸下防禦心態。只要辨識出真正重要的關鍵，人們就可以很快地放下其他許多事情。蓋瑞和傑克・亨默斯坦在他們合寫的《挑戰衝突》一書中如此表示：「當我們感覺自己獲得理解時，就更願意也更能理解他人。」

傳統的對抗性法律制度，旨在助長我們最糟糕的衝突本能，讓我們為一套樂高積木開戰。這種性質的法律就像電視新聞和許多社群媒體平台，主要是設計來使自身永續存在，並通過系統性地煽動高衝突，創造一個巨大的「衝突工業綜合體」，間接讓股票市場賺入數百萬美元。

蓋瑞和其他先鋒調解師提供了一種解決衝突的方法，在不影響整個體系的穩定情況下，顛覆這種「衝突工業綜合體」，其貢獻可說是無人能及。現在離婚調解所必須付出的代價，通常只是傳統離婚代價的一小部分，無論從金錢和精神上而言都是如此[10]。

如果蓋瑞能減少離婚的毒性，對他而言，政治大概不會有多難吧。

烏托邦裡的麻煩事

梅爾比奇這個霧氣瀰漫的小鎮上僅有兩百五十位居民。這個社區距離舊金山金門大橋只需二十分鐘左右，但它感覺就像座祕密天堂——海灘上有像天鵝絨一般絲滑的細沙，旁邊與梅爾森林接壤，整個社區完全被國家公園用地包圍。蓋瑞已經在這裡住了四十年，和崔西在這個社區將四個孩子養育成人。

梅爾比奇的住民可說是一群不尋常的人。在一九六〇年代首先到來的是波希米亞人和披頭族[11]，這些老住民現在已經年邁，仍然談論著死之華樂團（Grateful Dead）在海灘上表演的時光。早在出現矽谷這樣的地方之前（矽谷位於梅爾比奇以南七十二公里處），這些人就已經從舊金山的海特—艾許伯里（Haight-Ashbury）區域遷移過來。一九七〇年搖滾歌手珍妮絲．賈普林（Janis Joplin）過量吸食海洛因去世後，她的骨灰據說就撒在這裡。

接著搬到這裡的是自由主義者，因為此處似乎超乎尋常地與世隔絕，沒有路燈也沒有雜貨店，只有一百多座民居，靜靜地棲息在綿延數英畝、款款搖曳沙地植物之間，而且這裡還有一個小型裸體海灘。一九七〇年代初期，一位懷舊的英國僑民想要建造一家都鐸風格的英式小酒館「鵜鶘旅館」，花了八年才克服當地的反對意見。時至今日，它仍然是鎮上唯一的商家。一九八四年，《紐約時報》將梅爾比奇描述為一個「不受約束、沒有垃圾、與世隔絕」的地方[12]，而這些描述直到今天都還適用。

然而最晚近的到來者在許多方面都與披頭族格格不入：他們一大早就出發去城裡上班，很晚才回家。平常看不太到他們的人，但他們往往擁有社區中最昂貴的房子，也就是那些高高座落在山崖上的現代建築。

不難想見，要讓披頭族、自由主義者和

梅爾比奇的社區遊樂場，位於社區活動中心外，蓋瑞的理事會會議正是在活動中心裡舉行。©Amanda Ripley

科技資本家就社區優先事項達成一致，會是件非常困難的事，這也是使梅爾比奇地方政治充滿張力的原因之一。某些鄰居想投資建設新的道路和橋梁，另一些則想保有此處的隔絕性；有些人擔心氣候變化和森林野火，另一些人則對自己必須繳納的稅款感到厭惡。這樣的不和，有時難免使社區公開會議變得漫長且磨人。

崔西和蓋瑞一九七六年搬進這個社區。當時他們曾經與新時代運動次文化[13]沾了點邊，但從未真正投入其中。他們買到幾乎是當地最後一塊待售的土地（也就是說他們很幸運），並設法在今天只有千萬富翁才負擔得起的美麗小鎮上，建造了一座樸實的房子。他們知道自己有多幸運，兩人各自也都有喜愛這個地方的理由。

對蓋瑞來說，住在梅爾比奇使他的衝突調解工作成為可能。他必須在離家不遠處的密爾維利（Mill Valley）的辦公室裡待上數小時，全心投入於客戶的憤怒和責備中。而一天結束時，他必須以某種方式把自己從負面的情境中抽離。所以蓋瑞會騎自行車回家。他計算過自己的通勤時間是四十二分鐘，首先爬上陡峭的坡地，然後在潮濕、茂密的紅杉樹林中騎行，最後駛入沙灘的柔光中。視當日天氣而定，他有可能見到波光粼粼的整片海景，或一片迷濛的翻騰霧氣。

回到家之後，蓋瑞會在花園裡做些園藝活動，這總能幫助他將心情調整到更好的狀態。稍後他可能會在烤肉架上放上肉品，而崔西會在廚房裡做晚餐吃的沙拉。晚上睡覺前，他們會窩在後花園的水療池裡，聽海浪拍打上岸的聲音，談談彼此的一天。崔西是名心理治療師，蓋瑞會從她在工作上聽到的故事中學習，而蓋瑞的故事對崔西也是很好的養分。每天早晨，蓋瑞會在花園旁搭建的小棚中冥想。他可以從此處俯瞰太平洋，為即將在工作中遭遇到的各種混亂做好心理準備。

蓋瑞沒有忘記他生活的地方是個烏托邦，而他心裡對此其實隱約有些愧疚感。他非常擔憂這個國家內的經濟不平等，自己卻住在一個大多數美國人無法企及的仙境。他覺得，如果自己競選這份社區服務性的公職，或許可以嘗試改變這種狀況，建造一些讓一般人負擔得起的住房。當腦中浮現出這個政治理念之後，競選理事會的一切，對他都開始變得有意義。

蓋瑞在社區中的社交活動並不頻繁，因為通常是崔西扮演這個角色。崔西知道所有孩子的名字，還會送鬆餅給生病的鄰居。對於崔西來說，與其說梅爾比奇是個遠離世俗的避難所，不如說是個適於生活的社區，居民之間有著深厚的聯繫和長期的友誼。

事實上，崔西才是那個該去競選社區理事會的人，卡西迪在與父親健行時這麼說。這很有道理，蓋瑞想：崔西會是一位出色的理事會成員——但她並不想競選，反倒是蓋瑞自己很想出來參選。

不久之後，蓋瑞開著他那部森林綠的 Mini Cooper，到郡選舉辦公室去遞交參選文件。

新衛隊

「梅爾比奇就像是有魔法一樣，」蓋瑞在二〇一五年九月的候選人辯論中，對他的鄰居們這麼說，「這是我和妻子崔西第一次來到此處時，腦海裡浮現的第一個想法，所以我們決定搬到這裡來住。」蓋瑞和其他候選人排排坐在一張長桌後面。他們身後的窗戶俯瞰著社區的遊樂場，更遠處則是廣闊的海洋。

社區中心座無虛席，就連大廳後面都站滿了人。卡西迪待在家裡沒有出席，但是蓋瑞的女兒席妮在現場，她坐在崔西旁邊，用皮帶拴著他們的狗——亞提。能看到這麼多人聚集在一起，真是令人興奮。蓋瑞在幾周前參加了幾場社區會議，以便為自己的競選做準備。這些會議通常只有少數人出席，而且往往是同一群喜歡自說自話的人。

但是這個政見發表的夜晚不一樣。蓋瑞以黑馬之姿參加競選，與另一位政治新手伊麗莎白並肩作戰，對抗一群掌權了數十年的現任者（在蓋瑞的要求下，為保護他們的隱私，我更改了故事中涉及的鄰居姓名，但蓋瑞和家人的名字維持不變）。舉例來說，吉姆在過去二十九年一直都是理事會成員。在某種程度上，甚至可以說吉姆本人就是理事會。另一位鄰居休，在成為社區總幹事之前，曾在理事會中待了四年，而社區總幹事是個負責執行理事會決策的有薪職位。在過去十二年，吉姆和休已經習慣在這些位置上緊密合作，其中並沒有太多公眾干預的空間。蓋瑞私底下將這些現任者及其支持者稱為「舊衛隊」，而蓋瑞、伊麗莎白以及他們的支持者是反對舊勢力的「新衛隊」。

那天晚上，蓋瑞似乎扮演了人們一直想要但永遠得不到的愛民政治家。當他談到海灘和孫子們，整張臉都亮了起來。他充滿熱情，並且善於拿自己開玩笑。人們提出問題時，蓋瑞傾聽的方式讓對方倍感理解。蓋瑞告訴人們，他想重振小鎮上的民主。

「這是一個會帶來真正改變的機會，」他說，「而且每個人都可以參與其中。」

蓋瑞的調解模型建立在每個人都需要待在房間裡的這個想法上。一九六六年，舊金山交響樂團罷工六十七天，取消了四十三場音樂會。蓋瑞與律師同事羅勃・努金（Robert Mnookin）帶領一個法律團隊一起調解此案，堅持讓樂團的一百零五位團員都參與，而非由少數代表出面[14]。在一般情況下，律師會與律師打交道，來回周旋，以某些好處換取另一些好處。但蓋瑞的團隊希望每個人都瞭解「慢燉鍋」背後所代表的一切，否則潛在的衝突將會在隔年重新浮出水面。

團員們向樂團管理層提出了六十五項要求，包括更高的薪酬和福利。他們聲稱自己工作過度，並且沒有得到充分的賞識。管理階層在回應中堅稱樂團存在財務赤字，無法承受如此奢侈的開支。然而兩邊都不相信對方的說詞。

一九九六年十二月，團員們取消了一場門票早已售罄的莫扎特音樂會，並集結在音樂廳門外抗議。他們身著優雅的演奏服，用各自的樂器演奏〈安息號[15]〉。

「我們覺得自己好像必須每三年就做一次這種事，這實在令人非常沮喪。」小提琴家馬利科·斯麥利（Mariko Smiley）這樣告訴《舊金山考察報》（*San Francisco Examiner*）。

「我相信一定有更好的解決方法[16]。」一位買了音樂會門票的民眾面對這個超現實場景，忍不住沮喪地說。

為了促使團員進行談判，樂團管理層扣留了團員的健康保險福利；為了抗議，一位低音管演奏家抱起自己生病的孩子，讓新聞攝影機拍攝；買票的觀眾們則開始要求退款，並扣留原本要給樂團的捐款。這段衝突進行的每一天，與衝突相關的所有人都不斷蒙受損失。

「談判雙方都陷入一種絕望，每個人都對自己說：『和這些人搞在一起，我們不會有任何進展，因為我們說的話，他們根本連聽都沒聽到。』」代表交響樂團管理階層的執行董事兼首席談判代表彼得·帕斯特雷奇（Peter Pastreich）說：「而這種絕望轉變為巨大的憤怒[17]。」

當蓋瑞和哈佛法學院教授努金趕到現場時，罷工已經結束了，但交響樂團仍然陷在衝突之中，團員們分裂成相互競爭的陣營。有些人覺得他人太早向管理階層屈服；弦樂部的團員覺得特別受委屈，抱怨自己深受重複性勞損[18]，因為小提琴和大提琴往往比其他人需要更多練習。在這樣的氛圍之下，另一場罷工似乎不可避免。

在這股充滿敵意的迷霧中，蓋瑞和他的同事們建立了一系列的工作坊，幫助團員們把自己從瀝青坑中拉出來。他們首先教導團員積極傾聽，學習一套蓋瑞稱之為「完整理解迴圈」的溝通工具（或簡稱為「迴圈」）。這套方法是蓋瑞作為專業調解員最強大的工具之一——基本上，「完成迴圈」表示要用人們可以看見的方式傾聽。要讓對方看見你在傾聽，不要只是嘴上說自己有在聽。

許多時候，我們都會覺得自己沒有被傾聽，因為多數人並不知道該如何傾聽。我們容易妄下結論，在不明白時卻認為自己已經理解，並在對方說完之前，就開始思考接下來的回應。

醫生在患者解釋自己的症狀時，平均僅聆聽十一秒就會打斷患者；當醫生不打斷時，患者的敘述會在六秒後停止。也就是說，患者事實上只需要十七秒來解釋自己的狀況，但幾乎沒有患者得到這段完整的時間[19]。

我們劣質的傾聽能力，會造成一些實質且可被衡量的負面結果：當人們感覺不到自己獲得他人傾聽時，就會變得焦慮和充滿防備，因此會比正常情況下說得更少，言談的內容也往往變得過於簡化。溝通的壁壘自此升起[20]。

但是，當人們確實感覺到自己被傾聽時，神奇的事情就會發生：他們會提出更加連貫且有趣的觀點、會心甘情願地承認自己觀點的不一致，也會變得更加靈活變通；當顧客感覺被理財專員傾聽時，更有可能信任對方，並為其提供的服務付費[21]；當員工感覺被傾聽時，他們的表現更好，也會更喜歡自己的老闆[22]；患者如果感到被理解，就會更滿意地離開醫院，也更有可能聽從醫囑[23]。

在夫妻關係中，感覺被伴侶理解的人，可以在不造成傷害的情況下，使衝突產生正面效果：即使他們不同意彼此的觀點，但爭執似乎依然讓他們感覺更好，而不是更糟。這種模式之下的衝突是健康的[24]。

蓋瑞知道若是沒有更好的傾聽技巧，交響樂團就無法擺脫衝突陷阱。所以他把團員分成兩組，讓他們在彼此身上練習「完整的理解迴圈」：一人傾聽，另一人解釋自己最初加入樂團的原因。當敘述者說了一些對傾聽者來說似乎很重要的事情時，傾聽者會覆述給敘述者，看自己是否正確理解對方的意思。在這個過程中，傾聽者並不像機器人一樣，一字不漏地重複對方說過的話。相反地，他們會試圖將自己理解到的意思，以能力所及最文雅的語言進行總結，然後詢問自己的理解是否正確[25]。

「所以這樣聽起來，你最初加入這支交響樂團是因為想挑戰自己，與一些世界上最偉大的音樂家一起演奏，是這樣嗎？」

當團員們對彼此這樣做時，會發生兩種現象：首先，傾聽者並不像自己預期的那樣，能夠常常「聽對」別人的話。一部分是因為當我們聆聽他人說話時，自己難免都會在心中做出假設，而其中某些假設往往是有偏差的；另一部分則是因為，所有人都很難在第一次被詢問某個問題時，準確表達自己的意思。

例如，這位擔任「敘述者」的小提琴家聽到對方覆述時，可能會進一步闡述自己的觀點：「實際上，我加入樂團也是為了尋找靈感，而不僅僅是尋找挑戰。我想繼續感受那種奇妙的感覺——我想應該可以這麼說吧——那種我年輕時對音樂懷抱的美好感覺。」透過這個練習，團員們體會到，要瞭解某人話語中的真正含義，我們需要抱著好奇心，並反覆進行確認[26]。

而第二種現象則是，聆聽者瞭解到人們真的非常喜歡被傾聽。當他們正確地重複敘述者所說的話，敘述者的反應幾乎如出一轍：他們的眼睛會亮起來，並開心地說：「沒錯！」對於蓋瑞來說，這是一件非常美好的事情。

當人們感到被理解時，他們會願意相信對方可以更加深入交流，並努力做到正確聆聽。這種反覆敘述與聆聽的過程，幫助團員們確定自己身為樂團的一分子，真正追求的重要事物是什麼。這次溝通的目標，是找到隱藏在各種不同的合約要求背後的東西：為什麼慢燉鍋——或假期津貼——對團員們如此重要？

「這對我來說是一次非常棒的練習。」一位小提琴家說，「過去十五年來，我在樂團裡一直坐在菲爾旁邊，我們聊過很多事情，但在這次練習之前，我們從未談過自己為什麼喜歡正在做的事情。」

透過這種方式，團員們能夠確定大家最重要的共同關注點，並提出一個比較簡短的優先事項清單。樂團團員們想要更高的薪資，並不單純是為了錢，而是因為他們也在乎樂團的公平性和未來性：他們希望自己的薪資與其他交響樂團相當，如此樂團才能夠吸引新的人才。

而事實上，管理階層也想要這些東西。但是雙方沒有機會意識到這一點，因為彼此在過程中都沒有真正地傾聽對方的聲音。「我開始明白傾聽對我來說是多麼重要，」管理階層的首席談判代表帕斯特雷奇說，「現在我終於知道，團員們對我生氣的原因，其中之一是因為覺得我沒有傾聽他們所說的話。我想自己的確沒有這樣做，同時我也不認為他們有在聽我們說話[27]。」

一旦認為自己獲得理解，我們就能夠看見以前看不到的選項，並在尋找解決方案一事上得到一定的自主權。接下來，即使事情沒有完全按照自己想要的方式進行，我們也會更容易接受結果。因為建立這個結果的過程中，包含了自己的努力。

經過數星期的協調，新的聘僱合約提供了加薪方案，使舊金山交響樂團成為美國薪資最高的交響樂團之一[28]，也減輕了弦樂部在工作上的壓力，而且並沒有危及樂團的財務健康。音樂家們以壓倒性多數，同意了這份為期六年的新合約——這是一般樂團合約長度的兩倍。在宣布該協議的聯合記者會後，低音管演奏家親吻了樂團董事的臉頰。對蓋瑞而言，這就像再一次看到傑伊和洛娜。

贏得選舉

社區理事會候選人辯論會的那天晚上，蓋瑞想像著未來每次小鎮會議，居民都可以像這次一樣熱烈參與。社區中的問題或解決方案不會由理事會單獨把持，而是與社區中所有人共同分享，就像舊金山的音樂家們一樣。

「年輕人們，梅爾比奇變了[29]。」蓋瑞這麼告訴人群。從幾十年的公開演講經驗中，他知道如何與聽眾建立聯繫。蓋瑞微笑著，與他的鄰居一一進行眼神交流，並從容地繼續演講：「無論是在土地問題或流域問題上，我們今天所面對的壓力，都比過去能想像的要大得多。」

蓋瑞得到了人們的充分關注，而這種現象很好。他可能是最年長的候選人之一，但確實感覺自己是名後起之秀，正在進行想像中自己能做的事情——凝聚人們一起同心協力，而且不讓任何人失望。政治不必然是無情的。「我準備好要迎接挑戰，」蓋瑞說，「讓梅爾比奇的魔法繼續下去。」

幾周前，蓋瑞、伊麗莎白和崔西挨家挨戶拜訪，讓蓋瑞可以與素未謀面的鄰居交談，並敦促他們投票支持變革。一位名叫譚雅的鄰居自願成為蓋瑞的政治顧問。譚雅出生於一個政治家庭，在職業生涯中致力於組織勞工，並撰寫過有關與強權鬥爭和幫助美國工人的文章和書籍，因此譚雅自然而然地替蓋瑞起草了演講要點，並為競選活動制定戰略計畫。她提升了蓋瑞的競爭力，使他的競選活動更像是一場真正的政治競選，而不是典型的梅爾比奇小鎮候選人。「我們把所有的門都敲過三遍，」譚雅告訴我，「以前梅爾比奇的理事會競選從來沒有這樣做過。」

在譚雅的建議下，蓋瑞採用了這條競選口號：「你希望前進還是後退？」譚雅在競選過程中談了很多關於勝選之後的事情，而蓋瑞也的確贏得了選舉。

在候選人的政見發表會上，有人詢問蓋瑞在水資源管理方面的經驗。在像梅爾比奇這種偏遠又經常遭受乾旱的地方，社區理事會最重要的工作是管理水資源，而蓋瑞誠實地回答：「我對水資源瞭解不多，但我知道自己可以學習。」

這不是一般政客該說的話，卻也是為什麼蓋瑞決定這麼說的原因。他很高興可以透過行動打破舊有政治模式，來證明能以一種誠實和包容的方式來進行政治活動。

辯論結束之後，崔西和席妮擁抱了蓋瑞。可以看得出來，她們為蓋瑞感到驕傲，人們也魚貫上前與蓋瑞握手。唯一的批評來自譚雅，她告訴蓋瑞，他不應該如此誠實地回答水資源的問題。譚雅認為，向對手透露任何弱點都是不智的舉措。

接下來幾天，鄰居們帶了酒到蓋瑞家拜訪，感謝他所做的一切。在《海風獨立期刊》（*Marin Independent Journal*）上，蓋瑞承諾自己如果當選，將為社區帶來新秩序：「我將努力為社區會議和鄰里互動創造尊重、熱情和開放的基調[30]。」

二〇一五年十一月三日選舉日，郡辦公室於晚上十一點在網上公布結果。蓋瑞獲得的選票比其他候選人都多，伊麗莎白也贏得了選舉。他們攜手打敗了舊衛隊的兩名成員——包括近三十年來都擔任理事會成員的吉姆，這次他僅以四票之差落敗。

「我們痛宰了他們！」譚雅說。

蓋瑞對選舉結果感到興高采烈。他決定競選，是因為他相信即使在當今這個時代，也有可能重振民主——如果你傾聽眾人的聲音、如果你賦予眾人權力，他們就會願意參與。這套方法是蓋瑞一生工作的核心成果，而現在他正將其應用於政治活動上，並且似乎收到了良好效果：梅爾比奇在該輪選舉中，是馬林郡裡投票率最高的社區，高達七四％的居民出來投票。因此一切都還有轉機。

一位名叫喬爾的鄰居兼理事會成員告訴蓋瑞，他想成為理事會主席（這個職位將由理事會其他成員在第一次會議上投票決定）。但蓋瑞溫和地說服喬爾不要這麼做，蓋瑞認為應該由自己當主席，這對社區來說會是最好的事情，而最後喬爾同意讓賢。

「我們會攜手並進，」蓋瑞告訴崔西，「我們會兌現承諾。」

Chapter 02

二元對立的力量

一七七五年，作為議事代表，美國革命家約翰．亞當斯（John Adams）和湯瑪斯．傑佛遜（Thomas Jefferson）在管理美洲十三個殖民地的大陸會議（Continental Congress）上碰面。這兩人在個性上可說是南轅北轍：亞當斯矮小而多話，言語多帶諷刺且容易發脾氣；傑佛遜則高大優雅，在公開會議上往往保持沉默，在較小型的委員會上才會開口發言，且和藹可親、善於交際、不願冒犯他人。然而這兩個個性截然不同的人卻成了好朋友[1]。

亞當斯開始將年輕的傑佛遜視為自己的門生。次年，他說服傑佛遜起草《獨立宣言》，而兩人都簽署了；一七八〇年，兩人被派往歐洲執行外交任務，這段旅程進一步加深了他們之間的友誼。

約翰．亞當斯（左）和湯瑪斯．傑佛遜。傑佛遜肖像由馬瑟．布朗（Mather Brown）創作，是查爾斯．弗朗西斯．亞當斯（Chales Francis Adams）的遺贈；亞當斯肖像由約翰．特朗布爾（John Trumbull）創作。©National Portrait Gallery, Smithsonian Institution

兩人都討厭政治必須分黨派的想法。亞當斯稱黨派為可以想像的「政治中最大的邪惡」；傑佛遜則認為對黨派的忠誠，代表「自由和道德行使者的終極墮落」。他們明白將一種文明壓裂成兩半將帶來的危險，但兩人都沒有想到，這個國家最終會被他們自己的支持者所分裂。

不過這一切，都是他們還搭理對方的時候發生的事。

隨著時間推移，傑佛遜和亞當斯開始對這個新國家的未來抱持不同看法。傑佛遜對中央政府持懷疑態度；亞當斯則認為，國家需要一個強大的中央政府來完成建設。兩種意見都有其道理，兩人仍然是朋友，可以不同意彼此的看法，但依然維持友誼的溫度。

來到一七九六年，民主共和黨[2]支持傑佛遜競選總統，聯邦黨則支持亞當斯。這是美國歷史上第一場有爭議的總統選舉。正如傑佛遜和亞當斯當初所擔心的那樣，政治上出現了兩個黨派，將美國人帶往分裂，而競選過程變得醜陋，兩人的追隨者都用上了文辭攻擊的手段。亞當斯最終贏得選舉，但事實上傑佛遜的得票數緊追在後，三張選舉人票的微小差距勝利令人感到芒刺在背。對亞當斯來說，這種來自門生的挑戰就像是種屈辱，在他心中揮之不去。

政治將我們在本質上分為兩個類別：民主黨與共和黨、在朝與在野、舊衛隊與新衛隊。正如傑佛遜和亞當斯警告的那樣，分門別派就幾乎保證了衝突的發生。世界一夕之間出現兩個選擇，而每個人都必須選邊站。英文中的「類別」（category）一詞源自希臘語中的「指控」（katēgoriā），想必並非毫無道理。

選舉結束後，傑佛遜起草了一封給亞當斯的信，以平緩兩人的關係。傑佛遜強調自己將對亞當斯持續維持友誼、忠誠和尊重。寫信是個好主意，傑佛遜一定已經感覺到亞當斯在競選活動中所受到的打擊，因此想要修復兩人的關係。但是說服傑佛遜參選的民主共和黨領袖詹姆斯・麥迪遜（James Madison），卻建議傑佛遜不要將信寄出。他警告傑佛遜，亞當斯的反應可能不會很好，且如果這封信被揭露了怎麼辦？支持者可能會覺得，這種和解的語氣等於是出賣了他們。所以傑佛遜一直沒有將這封信寄出，這實在是件很可惜的事。

正如當時政治制度所規定的那樣，選舉中得票數最高的兩人必須共同執政[3]，矮個子、喜歡諷刺人的亞當斯擔任總統，而高大優雅的傑佛遜則擔任副總統。但他們之間的交流變少了，當兩人對各種問題有不同看法時，因選舉造成的距離感使彼此更容易假想出對方最壞的一面。

一八〇〇年，傑佛遜再次競選總統，而這次的競選活動則向更加惡質的方向發展。當時的候選人並不會親自參與競選，拜票、拉票是追隨者的任務，但一切競選活動仍然針對著候選人。雙方陣營在選舉期間都曾散布謠言詆毀對手。傑佛遜聘請了一名信用不佳的記者，利用媒體詆毀亞當斯，這可說是十九世紀風格的假新聞。

與此同時，身為總統的亞當斯一心認為可以繼續任職，直到他自己選擇離開為止，就像第一任總統喬治・華盛頓（George Washington）所做的那樣。因為美國政壇在此之前，並沒有用選舉將總統踢出辦公室的先例。但是這點遭傑佛遜的政黨利用，諷刺亞當斯是與現實脫節的君主主義者，亞當斯因此輸掉了他的連任競選。

對亞當斯來說，這是一次痛苦的失敗。但若用更長遠的眼光來看，他的老朋友和門生接替了自己的位置，正在主持一個不穩定的新國家。因此為了國家，他與傑佛遜應該就許多事情進行討論。亞當斯應該分享各種經驗與教訓，雙方甚至可以建立聯盟。但事情並沒有如此發展。

在傑佛遜就職典禮當天，亞當斯於凌晨四點乘坐馬車離開華盛頓特區，成為美國史上第一位不歡迎繼任者的總統。

歷史書籍側重於書寫亞當斯和傑佛遜之間的意識形態差異，但那點在這裡僅是只慢燉鍋。這場衝突的背後是背叛、排斥和羞辱，以及是誰屬於這個小圈圈、誰是外人的問題。

傑佛遜和亞當斯憑藉兩人的不和，證明政治黨派確實隱含危險。任何讓人們相互對抗的系統都可能導致高衝突，如果大家可以坦誠、公開地談論衝突，並想方設法抵制二元對立的力量，黨派不見得一定會帶來危機。如果傑佛遜把那封信寄給亞當斯，提醒他們在成為各自黨派的成員之前，首先是朋友，並同為美國同胞，一切是否會有所不同？

事實上，亞當斯心中仍然忿忿不平，並在輸掉選舉一年之後，對兒子表示傑佛遜有多麼衝動且不可靠：「野心和狡猾是他唯一穩定的品質[4]。」在此之後，亞當斯和傑佛遜有十一年不曾說過話，直到最終有人將他們從瀝青坑中解救出來，有點像今天的蓋瑞或其他衝突調解師所做的那樣。我們即將看到，即使在這樣尖銳的對立中，也有方法可以超越黨派之爭以及虛假的二元對立。

分類和指控

「過度分類[5]可能是人類思維最常見的把戲。」——心理學家戈登・阿爾波特，《偏見的本質》

讓我們回到梅爾比奇。在選舉前夕，蓋瑞不再談論「我」和「你」，而是開始談論「前進」和「後退」、「我們」和「他們」。他將自己歸為一類，其他人歸為另一個較次要的類別。

在日常生活中，我們總是喜歡把人歸類。這就是作為以小團體形式進化的社會動物，我們在世界中找到方向的技巧。科學家估計，大約在五千兩百萬年前，我們的祖先停止獨自生活。因為他們發現，團體提供了一種極好的生存方式。尤其當靈長類動物開始在白天捕獵時更是如此，因為光天化日下他們容易受到捕食者的攻擊，因此組建團體比以往任何時候都更加重要[6]。

分類可以讓我們將所有個體一視同仁，從而節省自己的時間和精力，因爲這樣就不必看得太仔細或想得太多，同時也能讓我們自我感覺良好：將「黑人的命也是命」（Black Lifes Matter）標誌放在家門口草坪上的白人婦女，可以藉此感覺自己處於覺醒的群體中；將黃色背心放在汽車儀表板上的法國司機，可以藉此認為自己屬於受到委屈的工人群體，正在與當權派進行鬥爭。

但是這樣的分類卻會模糊重要的細節。它們很有效率卻也很滑溜，一不小心就會讓人失足。一旦出現可以與「我們」對比的「他們」，人類的行為就會改變。我們從世界各地數十年的研究中瞭解到這一點：在分類思維的影響下，我們不太可能與其他群體合作，反而可能變得敵對。我們會微妙地調整自己的思考和行動方式，以便更加適應自己所在的類別[7]。

這種自我調整趨勢是自動自發的，即使人們以任意方式劃分類別，上述行為也會發生。在一九六八年的電影《浩劫餘生》（*Planet of the Apes*）的片場，扮演「黑猩猩」和「大猩猩」的演員，就自發性地分成兩組共進午餐。這個行動背後沒有其他原因，他們只是對穿著相同服裝的人感到更加自在而已[8]。

而人們只需要非常短的時間，就可以從被分類的群體，轉變成具有偏私性的團夥。這種結構不需要透過競爭、儀式、鼓舞人心的集會或財物獎勵就能達成。它只需要讓人們相信自己屬於一個群體，其他人屬於另外一邊即可。

一九七一年，社會心理學家亨利・泰菲爾（Henri Tajfel）和他的同事在英國布里斯托郊區聚集了四十八位青少年，並向他們展示畫家保羅・克利（Paul Klee）及瓦西里・康丁斯基（Wassily Kandinsky）的各六幅畫。研究者沒有告知男孩們這些畫分屬哪位藝術家，但詢問了他們喜歡哪些作品，再告知他們根據自己的藝術偏好被分到不同的小組[9]。

這些畫作都是抽象的作品，大致創作於同一時期，且作為藝術品，本身並沒有特別的分裂或挑釁象徵。這些孩子們在學校彼此熟稔，相互之間早已存在一些友誼與聯盟。然而一旦按照藝術偏好對他們進行分組，這種新的身分就立刻突顯出來。男孩們馬上認定自己是克利或康丁斯基的粉絲。

事實上，分組的方式非常隨機，但他們的認同感卻因這種不太公平的伎倆而產生。我們的大腦被設計成更偏好群體，因此一旦得知群體的存在，我們幾乎無法選擇「不產生認同」。

保羅・克利的畫作《老年將至》（*Senecio*），1922 年。©Kunstmuseum Basel, Sammlung Online

康丁斯基的畫作《向上》（*Upward*），1929 年。©Kunstmuseum Basel, Sammlung Online

要求男孩們匿名分配金錢獎勵時，多半都會給與自己同組的人多一些。即使他們並沒有從中得到實質的好處，克利組的男孩在分配獎勵時，依然會偏愛與自己同組的人，更勝過於康丁斯基組的男孩，反之亦然。

對分類的偏好，從幼年時期就出現在人類身上。孩子們在識字之前，就知道如何按照種族和性別對人進行分組。美國白人兒童在學齡時，就已經對照片中的黑人面孔表現出潛意識的偏見，即使對那些就讀於黑人學校的白人孩子來說，似乎也是如此[10]。這並不表示這些白人孩子都在種族歧視的家庭中長大，也不意味他們一定會根據自己的偏見行事，而是顯示出人類透過意識到地位差異才生存下來，所以我們以各種沉默、陰險的方式，瞭解哪些類別在我們的社會中具有影響力。

正如傑佛遜和亞當斯當年抨擊黨派政治時提出的觀點，故意在社群中設置二元選擇是非常危險的。我們有很多更好的方法可以處理政治，卻很少質疑這份二元對立的傳統。舉例來說，全民公投似乎是民主的終極形式：問問人民他們想要什麼！但是公投卻將複雜的問題分為兩類：是或否、好或壞、共和黨人或聯邦黨人、舊衛隊或新衛隊、克利或康丁斯基。這種分類方式，恰好讓我們掉入自己對「其他人」所抱持的固有偏見[11]。

二〇一六年，二元對立的公投案件動搖了三個大陸的政治現狀：英國推出了退出歐盟的分裂提案；泰國提出了新憲法，卻遭人權組織評斷為削弱民主與自由；哥倫比亞在經歷半世紀的內戰後，簽署了一份長達兩百九十七頁的和平協議。在以上三個公投案中，選民被要求選擇同意或拒絕。

在現實生活中，大多數人對移民、全球化、民主、腐敗、販毒和受害者賠償等議題都有複雜且矛盾的感受。選民對特定議題的知識參差不齊，意見又五花八門，但是公投迫使他們選擇其中一方，從二元的維度觀看世界。

在這些公投結束後，英國脫離歐盟、泰國通過新的限制性憲法、哥倫比亞拒絕和平協議。《紐約時報》詢問政治學家麥克．馬許（Michael Marsh），公投是否在某些狀況下，會是個良好的解決方案。「簡單來說，幾乎從來都不是。」馬許說，「公投的範圍從毫無意義到極其危險都有，但無論如何都解決不了問題[12]。」

標籤的創立，往往是為了在特定時間點為某些特定對象服務。但這些被貼上標籤的類別，終有一天會開始自行發展，這就是公投的風險如此高的原因之一。當群體中某人對某個標籤的想法與另一人不同，這個標籤的性質很快就會產生各種變化，然後遭有心人士劫持。

在梅爾比奇，「舊衛隊」並不是那些長期盤據理事會的人對自身的稱呼。事實上，這個暱稱是蓋瑞的發明。和其他分類方式一樣，這個標籤需要強調對手的某個特質，擱置（或主動忽略）其餘部分。例如，舊衛隊並不一定認為自己是個統一的集團，他們不受政黨機器的控制，也不總是意見一致。舊衛隊中有兩人偏好自由主義，一個純粹是不喜歡花錢，另一個則似乎非常想要討人喜歡，而他們都試圖透過志願服務來回饋社區——就像蓋瑞一樣，他們都喜歡梅爾比奇。一些舊衛隊成員可能會覺得蓋瑞才是真正的「舊」衛隊，畢竟他在梅爾比奇居住的時間比理事會的任何成員都長。

那麼，為何蓋瑞要使用這個標籤呢？對他來說，所謂的「新衛隊」又代表什麼？蓋瑞似乎試圖想要證明一些事情，這背後顯然不僅僅是一個公車站的問題。

如何說好故事

我是在撰寫有關政治兩極分化的主題報導時，第一次見到蓋瑞。近來越來越多人將自己歸入黨派陣營，並妖魔化對立的另一方：善與惡、紅色與藍色、種族主義者與非種族主義者的分類變得異常清晰，甚至太清晰了。人們實際上根本不認識彼此，卻相信自己可以瞭解對方的道德核心價值。有時，我發現自己也會屈服於同樣的衝動，因為這種感覺實在非常難以抗拒。

而我所屬的新聞業，似乎讓一切變得更糟。新聞故事不會改變任何人的想法，只會讓人們感到憤怒、厭惡或絕望。移民、警察暴行、彈劾、經濟、氣候變化，都透過群體偏見的有色濾鏡被檢視。

我一直在思考二〇一五年被稱為「洋裝事件[13]」的網路熱潮：看著同一張圖片，數百萬人看到了兩種完全不同的顏色。但再多爭論也無法改變他們的看法：有些人看到一件藍黑相間的洋裝，其他人則看到白金相間。所謂的濾鏡——也就是我們在洋裝事件中的眼睛，以及我們在政治議題中的身分——似乎遠比事實更重要。

人們並不會為了一件無關緊要的洋裝爭論不休，卻在真正重要的大事上產生深刻的分歧。這個國家中有一半的人將川普視為救世主，另一半則視他為怪物，而無論現實生活中發生什麼，眾人的意見都沒有造成太大的變化。

所以當我聽說蓋瑞在工作上處理衝突的方式時，我非常好奇，想知道是否可以用另一種方式來執行新聞工作，讓衝突再次變得有趣。

第一次採訪蓋瑞時，我問他最近是否看過任何令他感興趣的政治報導。我當時希望他可以提供一些我不知道的替代新聞來源。但蓋瑞給了我否定的答案：「記者完全被困在報導中，」他實事求是地說，「他們敘述的故事沒有任何轉圜空間。」

故事可能擁有的「轉圜空間」是什麼？「你必須找到衝突背後的真正原因。」他說。

在我面前的是位親眼目睹成千上萬場衝突的人，而不是毫無頭緒的理想主義者。他讓我意識到自己錯過了真實的故事——因為我和其他人一樣，被卡在瀝青坑裡。

蓋瑞邀請我參加他的下一次培訓。他以前從未培訓過記者，但我想做的事與優秀的調解師所做的，並沒有根本上的不同：我們都想幫助人們更加瞭解自己、瞭解自己的問題、瞭解這個世界。

我抵達位於墨西哥的培訓班，一進場立即懷疑自己是否犯了錯。培訓班的學員有律師、治療師和我，而講師則是蓋瑞和他的同事凱瑟琳．康納（Catherine Conner）。培訓班的一天從早上七點半開始，在蓋瑞的朋友、禪宗導師諾曼．費雪（Norman Fischer）的帶領下，進行了整整一個小時的冥想。我開始感到不自在：整整一個小時的冥想！每天都要做，還要持續一個星期？

但是其他人似乎都沒有異議，所以我也只好同意。

在這一個小時裡，我們圍成一圈，一動也不動。在參與這次培訓之前，我只有在看牙醫時才能在清醒的狀態下，長時間維持同一個姿勢。但冥想比看牙醫更是動彈不得。蓋瑞解釋，冥想有助於訓練大腦，讓人們思緒更加開放、更容易進行反思，即使身處衝突中也是如此，因此冥想是他的「衝突工具包」中重要的工具之一。我知道他的這番理論可能是對的，我讀過研究報告，冥想可以降低血壓、緩解焦慮和憂慮的症狀、並幫助人們睡得更好。對於其他人來說，健身、園藝、祈禱、聽音樂，或任何可以幫助頭腦更加靜定和專注於當下的活動，也會產生類似的效果[14]。

就我而言，保持靜定和專注當下並不是什麼了不得的優點，所以我利用這第一個小時的冥想時間尋思，想辦法找到藉口，讓我可以在這禮拜剩下的時間裡不用參與冥想活動。

接下來我們開始學習「理解迴圈」課程，此時我的信心又回來了。我想自己一定會高分通過這門課，因為我一生中大部分的時間都在聽人們講述故事，這可是我賴以謀生的技能。我總是準備充分，我會點點頭、微笑，在適當的時候皺起眉頭。拜託，我表現得很迷人好嗎！

但這不是傾聽，蓋瑞說。證明你真正在聆聽對方，與表演出來的效果非常不同。他說，人們能立即感受到這種差別。

我們於是配對成小組，嘗試了一下。這種聆聽方式確實與我平時的聆聽不同。「理解迴圈」迫使我必須先專注地傾聽，而不是張著耳朵考慮我的下一個問題，或思考什麼時候可以再喝一杯咖啡。這意味著讓另一個人領導，而我不得不跟隨對方的腳步，說實話感覺有點可怕。

當我確認自己是否理解對方所說的話時，我發現自己犯錯的頻率比預期要高，因此我隨後一次又一次地嘗試，直到我真正明白對方的意思。

而後當我們調換角色時，我感受到被傾聽的感覺。我不得不承認蓋瑞是對的，當有人真正在聽你說話時，你立刻可以感覺出來。傾聽，並不僅僅是點頭和微笑而已。

那一個禮拜的培訓，從根本上改變了我的工作方式[15]，這種聆聽方式比我作為記者二十年來所做的都要深刻。蓋瑞的「衝突工具包」裡配備了各種讓衝突變得更有趣的方法：從「理解迴圈」開始，學會提出更深層的問題，然後調查衝突底下的伏流。

從那以後，每當我進行採訪，我都會對採訪對象用上「理解迴圈」的技巧；也開始針對家人、朋友，甚至是飛機上坐在旁邊的陌生人用上這招。我並不是每一次都做得很好，有時甚至表現很差。但是當我進行理解迴圈時，我覺得自己更有存在感、更有用。

我有時會採訪一些與自己觀點極其相左的對象，這時理解迴圈變得尤其重要，它能幫助我傾聽對方，即使我下意識想關上耳朵。使用理解迴圈需要大量的練習，但它使我體驗到理解又同時反對某人的感覺——事實證明這是可能的，你可以既理解又反對，如果你想把自己從瀝青坑中拖出來，就必須這麼做。

我還在辦公室牆上黏了一張便利貼，上面寫著蓋瑞提出過的一些問題，每當我採訪任何涉及衝突的人，都會詢問他們這些問題：

「如果你在這場衝突中得到了自己想要的東西，你覺得之後會怎麼樣？」

「你想讓對手瞭解你的什麼事情？你想瞭解他們的什麼事情？」

我也開始冥想，每天十分鐘——雖然我還是覺得有點多。

蓋瑞和我保持聯繫，他提到自己最近在競選小鎮上的服務性公職，但事情並沒有朝他預期的方向發展。

「不許翻白眼」

二〇一六年二月三日，蓋瑞主持了他作為梅爾比奇社區服務理事會主席的就職會議。

他引入了一套新規則，稱為「團結守則」。這份守則在蓋瑞的社區組織者，同時也是他最親密的顧問譚雅的幫助下起草。蓋瑞在理事會開會的地點，也就是社區活動中心的牆上，張貼了這些守則。

「尊重他人。」

「一次一個人發言。」

「不許人身攻擊。」

「不許翻白眼。」

在徵詢公眾意見期間，根據守則的規定，每個人都有三分鐘的發言限制。這樣一來，那些過去喜歡在理事會會議上胡言亂語的人們就無法劫持會議，能把發言空間讓給更多不同的聲音。當蓋瑞提出這個時限時，有位居民表示反對，但理事會還是以四比一的投票結果迅速通過這條規則。反對票來自一名舊衛隊的成員，因此蓋瑞對此並沒有過多疑慮。

他和伊麗莎白重新安排了會議座位，讓包括理事會在內的每個人都圍成一個大圓圈，坐在同一個層級上。這個想法是為了讓會議具有包容性，將權力還給人民，就像蓋瑞在他的調解培訓中所做的那樣。

當人們說話時，蓋瑞會使用「理解迴圈」，以他能力所及最優雅的語句，覆述對方所說的話，然後檢查他的總結是否正確。他還建立了十幾個不同的志工委員會，向所有居民開放，希望讓更多居民參與社區的治理——就像他在舊金山交響樂團的工作中，將所有團員都帶入討論的房間一樣。

這些委員會中，有些負責社區參與，有些則負責審計、健行步道、社區道路，以及所有可能對居民來說很重要的事情。公眾可以參加委員會會議，但會議中只允許委員會成員發言，以免會議陷入僵局。

「我真誠歡迎這個社區中，任何想要參與這些委員會的人，」蓋瑞說，「越多越好。」

蓋瑞正在做他選前所承諾的事情——為當地政治生活注入新的活力和文明。他的盟友們喜歡新的社區守則，自我感覺非常良好；但也有人會拿此開玩笑，稱新守則為「蓋瑞的瘋話」，然後翻個白眼，同時違反多項團結守則。

社區在其他方面也產生了變化。在蓋瑞的領導下，理事會會議時不再提供點心，也不再將時間用於社交談話，因為蓋瑞認為人們可以在私人時間中做這些事情。

他主持的第一次會議按照會前表定，只進行了兩個小時。會議結束時蓋瑞看了一眼時鐘，內心不禁閃現一抹得意。過去的理事會主事期間，會議往往持續到晚上九點多，耗盡所有人的精神——或者至少是蓋瑞的精神。能夠準時結束似乎是另一場勝利，一場關於人類基本美德的勝利。

「現在進行的一切非常令人興奮，」蓋瑞說，「我覺得自己像英雄一樣，站在正義的一方。」

他正在將政治帶回人民之中，而這正是政治所應歸屬之處。蓋瑞發現：「這太不可思議了，擁有權力並覺得自己可以做到一些事情，這是多麼令人感到虛榮啊。」

會議開始一個小時後，崔西離開了，聲稱他們的狗開始焦躁不安。

正義使者

蓋瑞對政治中特有的對抗性文化並不陌生，事實上，你可以說他天生就該吃這碗飯。在搬到加州之前，蓋瑞在康乃狄克州橋港的一個訴訟律師家庭中長大，他的父親和叔叔都是律師。

在一九三〇、四〇年代，蓋瑞的父親身為猶太人，從事律師這份職業一開始並不容易。在康乃狄克州許多地方，白人基督徒遵守紳士協議，不向黑人、猶太人或其他少數族裔出售房屋，許多鄉村俱樂部和律師事務所也讓蓋瑞的父親吃了閉門羹，無論背後的原因是否針對他個人。

蓋瑞的父親因此學會了永遠不要表現得太軟弱，即使是面對自己亦然。「他是個典型的『從來不曾失敗的人』，」蓋瑞說，「即使他正在經歷失敗，也堅持如此表現。」蓋瑞回憶兒時的餐桌上，每次談話都是關於事情該歸咎於誰，而錯的人永遠都不是父親。如果他父親敗訴，那是因為陪審員喝醉了，或者法官有偏見。「關於外界任何問題的邏輯都是：『我們是對的，他們是錯的。』」蓋瑞如此回憶。但從很小的時候開始，蓋瑞就對父親故事中缺席的那一部分感到好奇。雖然他不能大聲地說出來，但他並不相信父親口中的正義。

我們必須澄清，很多時候正義在法庭上運作良好，有時它能使重大的道德勝利，但有時使用各種策略與正義對抗，卻是唯一可行的選擇。

一九四〇年，一名住在格林威治的白人女子，指控她的黑人司機在某天晚上強暴她四次，然後綁架她，再把她捆起來扔進水庫，而且還試圖以石頭砸死在水中的她。司機承認與她發生性關係，但堅稱這是雙方自願；警方則聲稱司機承認強姦。這起案件中顯然有人沒說實話。

此案引發媒體上種種聳人聽聞的頭條報導，並導致一些白人家庭因擔心自己可能遭遇同樣命運，而解僱家中的黑人員工。就在此時，蓋瑞的父親和叔叔接下這起案件。他們與一位在全國有色人種協進會（National Association for the Advancement of Colored People, NAACP）工作、名叫瑟古德・馬歇爾（Thurgood Marshall）的黑人律師一起負責辯護。

律師們一起找出這位女子離奇故事中前後矛盾之處，並意識到檢察官手中對他們客戶不利的證據少得可憐。此時，蓋瑞的叔叔已經認定檢察官是個偏執狂。「他討厭每個人，」蓋瑞的叔叔在庭審結束後說，「無論你是波蘭鬼子、猶太人或是義大利佬都一樣[16]。」

在庭審過程中，律師們尖銳無情地攻擊該女子證詞的可信度，想盡一切辦法在政府方散播懷疑的種子。蓋瑞的叔叔在交互詰問中不斷盤問原告女子，向她提出刻薄的問題：她當時只穿著浴袍，為什麼要請司機進臥室？為什麼她不嘗試移開電話聽筒，以提醒接線員她遇到麻煩？接著蓋瑞的叔叔掏出一塊手帕，讓蓋瑞的父親依照她所描述的司機行為，塞住他的嘴；還展示當天晚上當一名警察停下警車時，原告可以多麼輕鬆地放聲呼救……陪審團看過這些演示後，顯得驚詫無比。

全部由白人組成的陪審團審議了近十三個小時，最後司機被判無罪。

這是一個充滿力量的故事，也是蓋瑞在整個童年不斷重複聽到的故事。據他的父親所說，這個故事概括了成為偉大律師的本質：「你必須有英雄氣概，不擇手段，為弱者而戰。」在這樣的邏輯下，世界被清晰地分類：善與惡，對與錯。我們必須一直戰鬥到自己所代表的一方（也就是所謂好的一方）得到勝利為止，且結果總能夠證明手段的合理性。

成年後蓋瑞選擇就讀法學院，並加入了家族企業，在佛里曼兄弟法律事務所（Friedman & Friedman）擔任了五年的庭審律師，他也的確擅長這份工作——他咄咄逼人、犀利、敏捷：「我是一隻攻擊犬。」蓋瑞喜歡那種即使證人說的是真話，卻在他的盤問下看來像是撒謊的時刻，那種腎上腺素飆升的感覺真是好得不得了，讓他覺得自己很強大。但他也從一開始就對自己的整份事業懷抱著深深的不安，這和他小時候在餐桌上懷疑父親故事的感覺沒什麼不同：「我不得不將複雜的世界劃分為兩個過於簡化、標有『對』和『錯』的陣營[17]。」

在一九七三年的一起案件中，蓋瑞代表一名在紅綠燈前被追撞的女子出庭。她起訴肇事方的保險公司並要求賠償，理由是她在車禍中受傷，但整體情況對她不利，蓋瑞則面臨一位更有經驗的律師。對方是那種令人討厭的菁英，從享有特權的預備學校[18]畢業，對自己評價很高，且對蓋瑞不屑一顧。

蓋瑞想出了一個策略：在整個審判過程中，尤其是在結案陳詞期間，他努力將客戶描述為一個值得同情的女人。她很安靜，身形有點臃腫，作為一名剛起步的年輕作家，她正在努力工作以支付生活中的種種帳單。陪審團應該信任誰，這名可憐女子？還是一家大型保險公司？

陪審團判定保險公司必須賠償蓋瑞的客戶五千五百美元[19]——以今天的標準算來，大約將近三萬兩千美元。蓋瑞擁抱他的客戶，充分品嚐勝利的滋味。就在這時，他不經意轉過身，看到對方律師臉上的表情，這位菁英看起來垂頭喪氣、深感屈辱。蓋瑞知道，對方必須回到事務所，向高層解釋自己為什麼沒有在幾周前抓住機會解決這起案子。「我記得當時既興高采烈又有些感傷。」蓋瑞說，「我不喜歡他，但我非常明白那種感覺。」蓋瑞因此移開了視線，無法與對方律師有目光接觸。但是這種感覺在蓋瑞其他案件宣判結果後，一再發生。他隱約感覺到，隨著每一次的勝利，自己好像漸漸失去了一些東西，某種無以名狀的東西。

蓋瑞三十歲時，也就是他被任命為父親律師事務所合夥人的那一個月，他辭職了。他的家人完全不敢相信，他父親一輩子都在規畫讓蓋瑞接管事務所，相熟的法官們把蓋瑞叫進房裡，說他犯了一個可怕的錯誤。但這並沒有使蓋瑞改變主意。

他和崔西搬到加州，並在那裡發明了一種新的法律顧問執業方式。蓋瑞從想要離婚的傑伊和洛娜開始，聚集衝突雙方進行傾聽和理解。他父親並不同意這種做法，認為真正的男人應該站在法庭上從事法律工作，直至得到最後的勝利為止。蓋瑞很顯然沒有這麼做，但他覺得自己有生以來第一次體現了正義。

個人旋律

在梅爾比奇的理事會裡，即使雙方互貼標籤，舊衛隊和新衛隊都非常溫和，蓋瑞並不打算妖魔化他的對手。然而標籤的存在就已經將人們清楚劃分為兩組，就像之前提到的克利小組和康定斯基小組一樣。而在社區理事會的選舉過程中，人們將蓋瑞和他的盟友簡化為變革的推動者，舊衛隊則為現狀的代理人。

但問題在於，選舉結果出來的那一刻——也就是蓋瑞開始接手、實際管理時，標籤就衍生了負面效果。人們此時需要合作才能完成任務，尤其是在民主環境之下。但因競爭而產生的原始感覺，在計票之後仍久久揮之不去。事實上，期望一名政治家在贏得激烈的選舉後，還能回過頭來團結社群，根本就完全誤解了人類的心理。

一旦蓋瑞獲勝，可以預期這份衝突心態必然會變得更激烈，而不是更緩和；勝利的感覺可以讓得勝的一方更具有侵略性，而非更溫和。幾乎任何型態的勝利，都會使人們的雄性激素暴增[20]。

當蓋瑞談到選舉結果時，他總是將其稱為「雪崩式的勝利」：他不僅贏了選舉，還做到其他人從未做過的事。蓋瑞那時使用的語言極其誇大，因為在他看來，賭贏的報酬非常高，遠高於我這個客觀的局外人所觀察到的狀況。

時序進入夏季後，理事會的會議開始變得更加令人緊繃，蓋瑞花費了大量精力來執行他的「團結守則」。

「我非常希望將今晚的發言，控制在我們說好的三分鐘時限內。」蓋瑞在六月會議開幕時，對聽眾這麼說。

當一位與會者試圖針對不同的議題提出問題時，蓋瑞打斷他：「這不是今晚的話題。」對方放大音量說：「好吧，但是在有機會公開發言之前，我不會離開。」

「沒關係，你可以在這裡待一整晚，」蓋瑞說，「但我們不會討論這個問題。」對方堅持，但蓋瑞也不屈服：「我會阻止你的行為，因為你破壞了秩序。」

九分鐘後，蓋瑞正式開啟議程中的公眾發言階段，並允許該男子發言。「你只有三分鐘。」蓋瑞提醒對方，他認為尊重議程很重要。

蓋瑞當天稍晚回到家時，卻面臨一道更強大的阻力——這次竟然來自他最親密的知己，也就是他的妻子。崔西告訴蓋瑞，他正在剝奪人們的參與感，並傷害人們的感情。「你把這些會議安排得如此緊張，一切都來自所謂的時間限制。」崔西說，「我原本確信你能為這些會議帶來魔力，但現在對我來說，你的做法無疑是背道而馳。」

蓋瑞為自己辯護。

他告訴崔西，舊衛隊一直派他們的手下參加會議，以阻撓變革並批評每一項新措施。但無論蓋瑞試圖解釋多少次，並特別使用了「攻擊」一詞，都無法讓崔西認為自己在會議中有遭受攻擊。蓋瑞希望委員會可以帶來民主、包容和新思想，然而舊衛隊卻只在其中看到官僚主義，並認為蓋瑞的主張是浪費和非必要的作秀。蓋瑞所做的一切，似乎都遭到不斷的挑戰和嘲笑。

蓋瑞認為自己對梅爾比奇的感情顯而易見，他對公平和包容的堅持也是如此。他認為自己創建各種委員會的原因很明顯。正如他一直表述的，委員會是為了讓更多人能參與社區事務，這是真心誠意的！為什麼人們不相信自己？

這一切感覺像是對手單純想拖住他的後腿而已。雖然這在某些情況下可能是真的，但我們也同時因溝通錯覺所困擾，高估了傳達自我意圖和想法的程度。

我們往往下意識地認為，他人應該可以明白自己的想法，但這是因為我們非常瞭解自己腦袋裡正在打轉的想法。蓋瑞認為他執行三分鐘規則並創建各種委員會的原因很明顯，但事情真的是這樣嗎？

溝通錯覺

試著在桌子上敲打出生日快樂歌的節奏，你認為其他人能猜中你在敲什麼歌的機率有多少？也許你可以做個實驗，選擇任何一首流行歌曲，然後用打拍子的方式敲出節奏，看看有沒有人能猜到是什麼歌。

當受試的大學生被要求以敲擊方式呈現二十五首著名歌曲中的任何一首時，他們預測聽的人可以正確猜出一半。畢竟敲擊的人可以「聽到」自己腦海中的旋律、樂器，甚至是歌詞，答案對他們來說再明顯不過！

然而結果令人跌破眼鏡，在被敲打出來的一百二十首歌曲中，聽眾猜對的曲目不到三％[21]。

這就是所謂的「溝通錯覺」。我們一直高估自己的溝通能力，並對超越自身認知範圍的事物缺乏同理心。在敲擊實驗中，聽眾座落在一個不同的現實世界裡，他們只聽到一系列沉悶、空洞的敲擊聲，咚咚咚咚，一聲接著一聲，聽起來什麼也不是。

有句俗話說：「溝通這件事的最大問題，就是我們錯誤地以為『溝通』已然發生[22]。」這種錯覺來自兩個深刻的人為錯誤：首先，我們認為已經清楚傳達了自己的意圖和願望，實際上我們並沒有做到；其次，我們也不知道自己的意圖和願望究竟是什麼。在許多衝突中，我們對伏流只有最粗淺的理解，無論對自己或對方故事中的伏流都是如此。

當蓋瑞扮演敲擊節奏的角色時，很難從自己的腦海中跳脫出來，並意識到其他人眼中的世界有多麼不同。事情對舊衛隊而言也是如此，他們沒有聽到蓋瑞聽到的音樂，只聽到腦海中的個人旋律。在心理實驗中，人們通常會以為自己被逗樂、驚慌、緊張甚至撒謊時，他人能夠判讀得出來。我們以為自己是本攤開的書，但事實並非如此[23]。

當我們表現不佳，會很自然地放大導致自己做出特定行為的細節，並導入所有間接證據以證明自己的無辜。我仍然記得多年前，我在德州不小心闖了紅燈的故事：我因公到訪一座不熟悉的城市，一邊開車一邊試圖尋找一個地址。我真的只是沒有看到號誌而已。我闖過紅燈的當下有人按響喇叭，呼嘯而過的同時我抬起頭，看到頭頂亮著的紅燈。這起事件中幸而沒有人受傷，我既震驚尷尬又感激無比，從不覺得那個闖了紅燈的自己是個魯莽的混蛋。

相比之下，在思考他人的行為時，我們比較容易會條件反射地責怪對方的道德缺陷。前幾天我在華盛頓附近看到有人闖紅燈，心裡立即得出對方很傲慢的這個結論：這人顯然自以為凌駕於法律之上！即使在我寫下這些文字時，我仍然相信自己的判斷，儘管這其中隱含著明顯的偏見。

在現實生活中，有些闖紅燈的人的確很囂張，但其他人有可能因為分心、情緒低落，或正懊惱著別的事情而不小心無視交通號誌。許多二十幾歲的魯莽駕駛，會在四十多歲時成為更安全的駕駛。但我們很難在大腦中處理這種複雜性，所以會自動以「白痴駕駛反射[24]」作為預設的反應方式，特別是在不認識或不信任對方的情況下更是如此。我們常常害怕自己成為衝突中的攻擊目標，因此需要學會快速地識別敵人。

事實是，人們並不信任蓋瑞，蓋瑞也不相信他們。這種不信任使「白痴駕駛反射」更難被打破。蓋瑞的鄰居將自己的感受和假設帶到會議上，渴望找到歸屬感，但蓋瑞的改變顛覆了許多人一起建立的傳統。這些人過去曾經帶上點心來開會，因為他們認為這些小儀式很重要，是一種敦親睦鄰的表現和熱情好客的方式。而蓋瑞眼中一些常識性的改革，對某些人而言就像是種譴責。

即使蓋瑞帶來的變化是好的，但對於某些人來說，這些變化來得太快了。蓋瑞不像身為調解員時那樣，充分傾聽每個人的意見。他不想讓其他人全權負責社區的問題和解決方案，就像他在工作中讓客戶對自己的問題負責那樣。他覺得，作為理事會主席，他必須與委員會共同主持這些議題，因為是他得對結果負責。蓋瑞並不好奇那些隱藏在舊衛隊抱怨背後的種種擔憂，因為此時他已經不位於衝突之中。蓋瑞其實是衝突的一部分，甚至在某種程度上，他創造了衝突。

蓋瑞非常努力進行理解迴圈，至少他嘗試如此做，但每次似乎都是同樣的人需要發言且被眾人聆聽。蓋瑞覺得自己不能讓這些人劫持社區會議，他必須留出空間讓其他鄰居發言。但是所謂的「其他人」都到哪裡去了呢？

這是蓋瑞面對的另一個問題：他正在盡其所能地讓更多人進入房間討論，而不只是讓最吵鬧的抱怨者占據會議，但人們並沒有出現。社區中最理性的人，其實不那麼在意理事會的決定，因此不會想把晚上的私人時間花在會議上；那些鼓勵蓋瑞競選、聲稱自己想要改變的人並沒有參加會議。所有擔任過任何形式公職的人，都會體認到這個問題：極端分子具有巨大的影響力，因為當其他人都待在家裡時，他們總是出現在會場上；當其他人都過著自己的生活時，極端分子日以繼夜地盤桓在推特上發言。

在某種層面上，這種缺席感覺像是一種背叛；在更深的層次上，這像是種個人失敗。身為治癒衝突並幫助人們團結的專家，蓋瑞深覺身分遭到威脅。他用於協商分歧的工具——理解迴圈、深入探討「為什麼」、讓每個人都有發言權、尊重協商過程等等，在此竟然不起作用，這讓蓋瑞深受打擊。

就像在他的辦公室裡爭奪慢燉鍋的那對夫婦，蓋瑞故事中的利害關係比表面上看來還錯綜複雜。

在沒有意識到發生什麼的情況下，蓋瑞被捲入衝突陷阱。他為解決衝突所做的一切——邀請更多人、執行文明守則，似乎只讓事情變得更糟。

這就是當我們陷入瀝青坑時，會發生的事情。

「感覺我們像是在打仗」

大約在這個時期，蓋瑞犯了一個戰術上的錯誤。因為水資源管理成本的增加，梅爾比奇需要提高水費，但費率已經七年沒有調漲了，因為社區之前一直使用其他來源的資金彌補差額。加州法律規定，水費不能以本該用在其他用途上的款項支付，因此為了遵守法律，蓋瑞幾乎在一夜之間將水費加倍。

舊衛隊頓時怒火中燒。他們提醒眾人：蓋瑞曾在選舉辯論中說過自己對水資源管理一無所知，怎麼能讓他這樣將水費加倍？在一次公開會議上，休說道：「水費不需要提高整整一倍，這個價格根本超出合理預期。」

沒有人喜歡看到自家的水費翻倍。對於梅爾比奇的多數家庭來說，這項改變等於每年增加約三百美元的額外費用——這乍看是筆可觀的數目，但請記住，這件事發生在一個相對富裕的社區。梅爾比奇的家庭收入中位數為十一萬兩千美元，幾乎是全國平均的兩倍。因此，對於大多數居民來說，三百美元真的不是一筆大錢，而且以防萬一，該提案也將為年收入低於九萬美元的家庭提供五〇%的水費折扣。

但增加水費面臨的反對不僅僅跟金錢有關，而是「白痴駕駛反射」：蓋瑞的鄰居很容易對水費上漲背後的原因做出最壞的假設，並將蓋瑞的提議歸因於他內在的性格缺陷，而不是社區面對的實際情況。他們認為蓋瑞這麼做，必然出於他的傲慢、渴望權力或無能，就像那些闖紅燈的人一樣。還有什麼可以解釋他在會議中與人疏遠，並設立不必要的小組委員會這些作為？在某種程度上，這種邏輯總是可以找到箇中道理。

事後看來，蓋瑞若是建議在五年內逐步增加水費可能會更好。事實上，他曾考慮過這個選項，但後來他被說服，認為舊衛隊忽視這些社區赤字是錯誤的，現在是採取正確行動的時候。蓋瑞曾想像，在所有人都同意水費增加一倍是必要措施之前，社區中會出現一些抱怨聲浪。但此舉卻先激怒了他在理事會中的對手。舊衛隊指責蓋瑞浪費，並開始準備在下一次理事會選舉捲土重來，進一步分裂了整個社區。

二〇一七年十月，《海風獨立期刊》在文章標題中，使用蓋瑞替社區派系貼上的標籤：「梅爾比奇選舉，舊衛隊槓上新衛隊[25]。」現在這個分類變得明確無比，只不過這一次，「叛亂分子」不是蓋瑞和伊麗莎白，而是舊衛隊的兩名成員，吉姆和休。他們決定參加選舉以阻止蓋瑞和伊麗莎白。蓋瑞創造的標籤就這樣被劫持了。

整個社區的張力緊繃到幾乎要實體化，另一家當地報紙刊登了一篇關於兩方陣營的報導，這一次引用了梅爾比奇一位女性居民的話：「在街上經過某些人身邊時，我會感到不自在[26]。」

此時，蓋瑞開始在小鎮的政治生態中，看到新聞裡那種全國性政治活動的影子。他相信批評他的人就像電視上的政客一樣，玩弄一些骯髒的手段，利用摻雜著真相的謊言和恐懼使人們反對他。現在回頭看來，蓋瑞承認當時他實在太看得起自己了，但那時一切都顯得如此順理成章。他給舊衛隊貼上了新標籤，發展出比前一個版本還要強大的新敘事：他開始將舊衛隊與川普相提並論。

「我無法擺脫這個想法，」蓋瑞說，「我們感覺像是在打仗一樣。」社區裡的分歧已經演變為高衝突，成為一場將彼此消耗殆盡、比生活更無所不在且緊迫盯人的爭鬥。蓋瑞後來告訴我：「我已經看不清對方，也失去衡量自己的能力。我迷失了自我。」

理事會中的分歧與蓋瑞的調解案件不同——好吧，它們實際上並沒有什麼不同，對蓋瑞而言卻非常不一樣：「雙方之間的敵意不再是針對彼此，而是針對我。」那太折磨人了。蓋瑞是著名的衝突調解專家，本可以在世界各地演講、撰寫更多書籍、處理利潤豐厚的調解案例。相反地，他選擇將大部分時間用於無償貢獻，以幫助自己生活的小鎮，但為什麼人們絲毫不懂得感恩？

這種不被鄰居賞識，甚至還被拒絕的感覺就像是種毒素，殺傷力非常強，而蓋瑞想要知道，為什麼這個狀況讓他如此懊惱？

網路拋球

一九九〇年代中期，社會心理學家們開始在實驗室裡研究於群體中遭排斥、拒絕和放逐的現象，發現這些感覺可以輕易且戲劇性地在人們心中被誘發。在托雷多大學裡，心理學家吉卜林·威廉斯（Kipling Williams）將兩百二十八名大學生一個接一個地帶進他的實驗室。表面上，實驗目的是練習腦力激盪，然而在練習開始之前，等候室裡的另外兩人（這兩人是在實驗室工作的助手，但受試學生並不知情）會「發現」一堆雜物中的一顆球，並開始扔球。起初他們會在等候室的三個人之間丟接這顆球，進行大約一分鐘的歡樂遊戲之後，臥底研究助手將開始排除實驗對象，只在臥底間來回丟接，並不做任何解釋。他們就這樣繼續玩了四分鐘，直到研究員回到等候室中。

拋球方式改變時，被排除在外的學生會先笑一笑，並試圖與投球者進行眼神交流，好讓自己重新回到群體中。當這麼做不起作用時，受試者通常會停止微笑，從群體中退縮並安靜下來，他可能會開始在自己的背包裡找東找西。雖然這場磨難只持續四分鐘，但氣氛讓所有參與者都非常不舒服：研究助手發現很難繼續進行投球遊戲，從單向鏡後面觀看室內狀況的其他研究人員甚至覺得非常難受。這種排斥讓所有目擊者都非常痛苦。

在後續的實驗中，心理學家們發現可以用虛擬方式創造同樣的排斥感。在一個名為「網路拋球」的簡單線上遊戲中，兩、三名玩家在遊戲停止前，向參與者投擲一顆虛擬的球（事實上，所謂的「玩家」是由電腦程式控制的虛擬參與者）。儘管這個遊戲以卡通圖像呈現，但與實體實驗相同的反應模式很快就出現：被排除在外的玩家只需要幾分鐘的時間，就會感到強烈的悲傷和憤怒[27]。

目前至少有六十二個國家／地區，一共五千多人參加過網路拋球的研究，其中一些受試者在遊戲時也進行大腦掃描，顯示出大腦中處理身體疼痛信號的腦區活動增強。威廉斯開始將拒絕和排斥的影響稱為「心理疼痛」（social pain）。

值得注意的是，心理疼痛似乎不因性格類型而有所變化。為什麼與虛擬玩家短暫的線上接觸，竟能對人們造成如此程度的痛苦？為什麼這種非針對性的事件，竟然感覺非常具有針對性？

人類有某些基本的情感需求，包括歸屬感、自尊、控制和存在意義等等。這些對人類的生存而言，幾乎跟食物和水一樣重要，而社會排斥威脅到這些心理需求。

對於蓋瑞來說，在理事會任職，使他在這四項基本需求上變得岌岌可危：他對社區不再有歸屬感；他的自尊心與讓人們團結起來、解決衝突的能力緊密地聯結在一起，如今一切卻正在土崩瓦解；他精心建立的議事規則，包括小組委員會和發言時間限制等，遭所謂的舊衛隊嘲笑。如果他的專業技能無法在自己生活的城鎮中發揮，這對他一生的事業會造成什麼傷害？難道他整個職業生涯都不過是場笑話嗎？

被拒絕往往令人受傷，尤其是當我們讓拒絕蒙蔽了自己的判斷力時，傷害力特別大，就像蓋瑞所處的情境一樣。在心理實驗中，期望被接受卻遭到拒絕的人，反而傾向以更多敵意做出回應。因為出乎意料和不可預測的威脅[28]，對人們來說更危險。在蓋瑞的案例中，他在競選時被塑造成救世主，卻也同時被某些人視為嘮叨的老頭、丑角或壞蛋。在不損害自我認知的情況下，唯一合理的方式就是責怪舊衛隊。

在各種不同的心理研究中，遭排斥的人通常會有同樣的反應。首先，他們會試圖贏回別人的好感，趕忙服從和遵守規則（或試圖遵守規則）。如果這麼做不起作用，他們就會開始變得咄咄逼人。而那些感到自己不受尊重的人，例如蓋瑞，會比僅感覺自己不被喜愛的人更具侵略性[29]。

儘管在處理衝突上擁有豐富知識，蓋瑞還是屈服於「責怪他人」這條策略。他在很久之後對我承認：「我的防衛心越來越重，也變得好鬥，且喜歡玩弄策略。」

人們展現攻擊性，通常只會導致自己更遭到社會排斥，卻能成功重新掌控周遭環境，從而滿足最基本的需求之一，即使這種滿足不過是暫時的。同樣的道理，妖魔化那些排斥自己的人，也可以幫助自身恢復受損的自尊：我是好人，他是壞人。這樣做可以帶給你我一種使命感：自己正與邪惡進行鬥爭，還有什麼比這件事更有意義呢？

在政治中，若有政治人物鼓起勇氣反抗政黨的領導階層，並大聲揭露謊言和不當行為，最終往往會反遭政黨和人民排斥。他們在過程中經歷的強烈心理疼痛，有可能會迫使他們回到陣營中，變得俯首貼耳，服從政黨的路線——或為了保護自己而更加猛烈抨擊。

這就是為什麼羞辱政客通常會適得其反。羞辱當下，我們往往感覺良好，似乎暫時恢復了控制感。但羞辱是一種極端的社會排斥。這與向關心我們的想法、出於某種原因需要我們支持的人施加壓力不同。施加壓力是有用的，羞辱則只會引起反效果，更總是讓對手變得更強大，特別是羞辱者來自另一個團體時更是如此。羞辱鞏固了分歧，卻也讓對方團體在恐懼或憤怒中更緊密、更加勇敢無懼。

羞辱肯定了這樣的信念：自己站在善良的這一邊，批評者則站在邪惡的那一端。二〇一八年六月，維吉尼亞州鄉間一家名為「紅母雞」（The Red Hen）的高級餐廳老闆，要求川普的發言人莎拉·桑德斯（Sarah Huckabee Sanders）及其家人離開餐廳，因為桑德斯支持川普針對同性戀者的負面政策。一名餐廳服務生在社交媒體上分享了這起事件，記者因此開始致電桑德斯徵求意見。桑德斯上社交媒體看了貼文後，站在道德制高點上回應：「昨晚，紅母雞餐廳老闆要我離開……我也禮貌地離開了。該老闆的行為更能說明她是什麼樣的人，而非我的為人。」桑德斯在推特上對自己的四百二十萬名粉絲寫道：「我總是盡最大努力尊重他人，包括與我意見不同的人，我未來也將繼續這麼做[30]。」

川普總統也對此發表意見，稱這間餐廳對他的七千一百四十萬名粉絲來說「骯髒無比」。接下來針對餐廳老闆、鎮長、警察和為餐廳提供服務的農民的種種威脅蜂擁而至，七十五人集結在餐廳外抗議並互相叫罵，餐廳因此歇業了十天。桑德斯最終得到特勤局的保護，而三K黨的傳單開始出現在餐廳周圍的街區。

衝突的瀝青坑，每天都變得更加擁擠黏膩。

「我覺得我們失去了你」

事情來到二〇一七年夏天，蓋瑞的兒子卡西迪，開始聽到他在梅爾比奇認識的人，對蓋瑞發出一些消極但具攻擊性的言論。「我們親愛的『理事長』最近如何呀？」人們會這麼問卡西迪，用頭銜來稱呼他的父親，並忍不住一邊翻白眼。卡西迪不知道該說什麼，只好笑著轉移話題。

蓋瑞的妻子崔西注意到，某些人不再與她進行眼神交流。她告訴我：「這真的讓我很難過，這種情況非常令人痛苦。我成了『蓋瑞的妻子』，而人們不喜歡蓋瑞。」有一天崔西告訴蓋瑞，她覺得自己在梅爾比奇再也沒有朋友，而且開始害怕每月的理事會會議。

這場衝突也困擾著蓋瑞，他會在凌晨兩點醒來，腦海裡高速運轉著各種光怪陸離的情節：他會想像著，如何迫使舊衛隊最終公開承認蓋瑞是對的，他們是錯的；他會在腦海中一遍又一遍地重複播放會議的內容。蓋瑞試著花更多時間在海邊小亭進行冥想，但這沒有用。「如果你認為冥想是解決一切問題的辦法，你得再清楚地考慮考慮。」他如此告訴朋友們。

在他的職業生涯中，蓋瑞第一次無法藉由每天騎腳踏車回家的四十二分鐘路程讓自己脫離衝突，因為衝突就發生在他居住的社區中。「這就是我住的地方，這是我的孩子和孫子們來拜訪我的地方。」當他帶亞提去散步時，他會感受到某些鄰居散發出的敵意；有人告訴他，舊衛隊成員休曾稱蓋瑞為「拿破崙」，並聲稱蓋瑞不懂得聆聽。這太不可思議了，蓋瑞想，曾經教導數以千計的人如何聆聽的專家，竟然會不知道怎麼聆聽？他就此事質問休，但休否認曾說過這樣的話。

蓋瑞感到窒礙難行：「人們針對我所產生的仇恨，帶給我一種非常不舒服的感覺。尤其是在社區裡遛狗時碰到鄰居，就會知道他們在背後說了一些關於自己的八卦，而這些不盡不實的言論，我又無法反駁。因為如果要一項項辯解，這幾乎會耗盡生命。」

聽到蓋瑞以這種方式說話，令人既安心又擔憂：即使是衝突調解教父，也難以避免陷入衝突陷阱，那麼我們似乎可以原諒自己某些時刻的心胸狹窄；但是如果連蓋瑞都無法抵抗衝突陷阱，我們其他人還有什麼希望？

那年夏天，蓋瑞發現自己會忍不住盯著一些小事，並把小事變成大問題。在家庭聚會上，他不停談論鄰里糾紛的細節：Airbnb 和其他假期短租計畫的衝突似乎在梅爾比奇隨處可見；與美國公園管理局的關係，在公車站衝突後一直處於緊繃狀態。蓋瑞會說起理事會會議上的每一場辯論，並且無法運用他工作中的模式看待這些衝突——將衝突視為一個系統，透過傾聽人們更深層的需求來調查，幫人們擺脫對抗性，進一步解決彼此的問題。

「他把事情都放在心上了。」卡西迪說，「他開始進行防守，想像有個『好團隊』與『壞團隊』，也就是支持他和反對他的人。你不再覺得能與他進行有來有往的對話，他有點像在自言自語。」

蓋瑞的家人試圖干預。某天卡西迪在午餐時與蓋瑞攤牌，他告訴父親：「這是種緩緩滲進家裡的毒藥，讓你夜不成眠，但你就是無法看清它。老實說，作為調解教父的兒子，看到你對九九%的事情都有如此洞察力，卻有那麼一%的事情你完全看不見，實在是很奇怪的一件事。」

蓋瑞的女兒席妮大約在這個時候懷了第一胎。但她的父親總是想著理事會的事情，沒有給予她充足的關心，這種距離感讓席妮覺得很受傷。就像她的哥哥一樣，席妮覺得自己必須要針對這件事說些什麼。「我覺得我們失去了你。」她告訴蓋瑞。

崔西則抱怨道，她覺得不再理解蓋瑞，而這是陷入衝突者的親人經常說出的話。他們不再理解自己的配偶、兄弟姐妹或朋友。某天，崔西說她想搬離梅爾比奇，這讓蓋瑞震驚不已，使他在腦海中一遍又一遍地反覆播放這句話。他試圖保護梅爾比奇的神奇魔法，怎麼竟然會反手殺死了它？

公開信

「一方完全正確而另一方完全錯誤的狀況，只存在於極少數衝突中。」

——蓋瑞・佛里曼，《由內而外》

蓋瑞的理事長任期是五年，但他的盟友伊麗莎白將在二〇一七年十一月面臨改選，此時社區會議已經變得劍拔弩張。政府官員要求用更高濃度的氯氣處理當地井水，以保護居民免受病原體侵害，舊衛隊卻開始抹黑蓋瑞，表示他允許高於安全量的氯進入供水系統。舊衛隊在腦中預先判定了最壞的情況，而蓋瑞對這一指控感到震驚，這無疑是項魯莽的指控，並且充滿了仇恨[31]。

這是我們陷入衝突陷阱的一種方式：一旦認為某人是可恨的，就不會嘗試理解對方，甚至可能不再和對方說話。「蔑視是愛情的硫酸。」研究婚姻的心理學家約翰・高曼（John Gottman）說，蔑視的存在是他發現最有力的離婚預測指標，而蔑視甚至不需具體呈現，就可以讓人感覺到它的存在[32]。

蓋瑞和新衛隊的成員認為，他們管理梅爾比奇的方式更加符合道德標準，也更加正確；舊衛隊的成員也認為自己的方式比較好，覺得自己更瞭解供水系統，並且將一生都奉獻給小鎮，現在卻被自大、無知的政治新手拋棄或遺退，其中一個新人甚至以微不足道的四票之差獲勝。

在二〇一七年選舉到來前，蓋瑞意識到他的團隊正在經歷一場失敗。舊衛隊可能會贏得足夠的席次並重新控制理事會。蓋瑞最親近的政治顧問譚雅，建議他做一些戲劇性的事情，勇敢說真話。他們一同起草了一封批評舊衛隊的公開信，蓋瑞簽了名，並將這封信發布在小鎮的官方網站上。「我所做的不過是反擊而已。」蓋瑞說。他將一點一滴從內部挖除針對自己的反對意見——至少他是這麼規畫的。

蓋瑞在信中寫道：「你們在最基本的信託職責上，辜負了整個梅爾比奇的信任。」這是指責該鎮前任理事長過去沒有進行財務審計。「對於您和前任理事會領導層處理社區寶貴納稅人資金的方式來說，『魯莽』還算是委婉的說法。」

事情發展的態勢讓蓋瑞覺得，需要趕緊為自己和伊麗莎白辯護，而譚雅同意這個觀點：「你需要撰寫一封公開信來揭露這些人的謊言，這就是你對付右翼暴徒的方式。」某些抨擊水費調漲的人，正是前任理事會中沒有為社區進行審計工作的人。這種雙重標準的虛偽太過極端，不容忽視。

「你們目前正在批評最近審計工作的細節，而這正是你們過去完全忽略的工作。這證明了你們不夠謙遜，還驚人地缺乏羞恥心、反省力或責任感。」

在公開信中，蓋瑞六次提到「連續八（8）年」未能進行審計，他先拼出英文的數字八（eight），再把阿拉伯數字8放在括號裡。這封信讀起來，就像他幾十年前在佛里曼兄弟法律事務所寫過的法律摘要。他不再是調解人蓋瑞，他是出庭律師蓋瑞。

想當然耳，他認為自己既然列出了事實，人們就不得不承認他是對的。「在我看來，到目前為止你們很幸運，因為你們蓄意且一再違反法律，卻沒有遭到任何行政、民事甚至刑事調查。」

當蓋瑞準備貼出這封信時，他心中隱約感到不安，對這封信並不完全滿意，好像有些語氣不太對勁。

無論如何，他還是發布了這封信。

那些人壞透了！

人們很容易相信其他人比較容易受到高衝突的影響，但自己不會。即使聽了蓋瑞的故事，我們依舊可以說服自己這是蓋瑞的事情——他的自我、他的盲點等等。蓋瑞當然值得同情，可憐的傢伙。但我們可不一樣，我們不會失去理智，不會像他那樣搞砸事情。

有些人的確比其他人更擅長管理壓力和衝突，他們甚至可以控制情緒，並在極端的脅迫與壓力下進行合作，而這些人正是美國國家航空暨太空總署（National Aeronautics and Space Administration, NASA）挑選太空人的目標對象。NASA最近錄取的十一名太空人，是從一萬八千三百五十三名申請者中精挑細選出來的，這可是萬分之六的錄取率，也意味著進入哈佛大學比進入NASA的太空人培訓計畫要容易七十五倍[33]。

NASA經過層層篩選，挑出非常有韌性的人進行下一步培訓。「你與其他隊友在任務中真的是生死相依，因此能夠避免有害的衝突非常重要[34]。」前太空人傑伊．布基（Jay Buckey Jr.）說，他現在的工作是幫助太空人管理太空

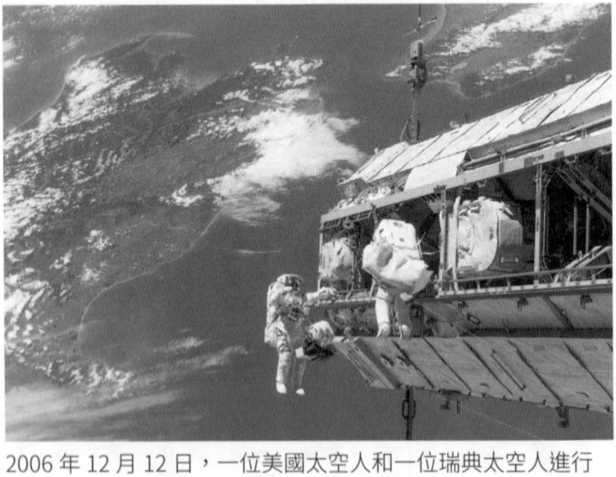

2006 年 12 月 12 日，一位美國太空人和一位瑞典太空人進行太空漫步。©NASA

任務中，來自人際關係的種種壓力。

太空人候選者必須接受大範圍的心理測驗以及其他測試，因此任何熬過這一關的人，往往都具有高度的適應能力、社交能力，不僅精神狀態穩定，身體也健康，並且特別擅長在壓力下與他人合作。

錄取之後，太空人必須要上課學習管理衝突、在脅迫下溝通，例如模擬如何管理與其他太空人的衝突。這些培訓可以突顯他們實際生理上的優勢，讓他們比普通人更不容易經歷壓力荷爾蒙急劇飆升的情況，害怕或生氣時就不會喪失清晰思考的能力。

事實上，太空人大概是最能夠抵抗衝突召喚的一群人，然而幾乎每次太空任務期間都還是會發生些什麼，甚至在模擬任務中也是如此。

衝突是不可避免的。「你無法在沒有衝突的情況下挑選太空團隊。你可以挑出一個衝突張力較低的團隊，但不可能挑到一個完全沒有衝突的團隊[35]。」金．賓斯泰（Kim Binsted）說，她在由NASA出資的夏威夷長期太空探索模擬計畫中，擔任首席研究員。

或許太空人可以堅持比較久才陷入衝突——肯定比我能堅持的時間長得多——但衝突最終依舊會發生。而此時學會處理衝突，比以往任何時候都更重要，因為NASA希望能在未來十年內，將太空人送上火星。登陸火星的任務大約需要花上五百二十天，這比任何人能夠抵抗重大衝突的時間都還要長，即使是受過訓練的太空人也一樣。

迄今為止最長的一次深空[36]任務模擬，從二〇一〇年六月開始在莫斯科進行，來自四個國家的六名男性太空人，在一座小型混凝土建築中度過了十七個月，以模擬前往火星的過程。他們見不到日出與日落，無法與朋友或家人進行實時聯繫。訓練過程中，他們每個禮拜都必須做一次關於人際衝突的調查。

他們認為需要報告的衝突總共有四十九次，但根據推測，應該還有更多乏味、惹人厭惡的衝突沒有被調查出來。我們可以肯定地說，在外太空就像在地球上一樣，衝突的來源是無限的。太空人會因家裡傳來的壞消息而煩惱，並將這種負面情緒轉嫁到同伴身上；他們會產生睡眠問題；或者在相處中彼此踩雷[37]。

除了太空人團隊的內部衝突外，還有另一種特殊衝突肯定會發生：太空艙裡的機組人員和地球上的地面控制中心之間的衝突——而這又是一種二元對立的狀況，人們被分成兩組，一組在太空中，也就是所謂「我的團隊」；另一組則是在地球上的「另一個團隊」。在這樣的狀況下，很多太空人工作中的挫敗感都被轉嫁到地面控制中心人員身上。

在火星模擬任務中，太空人與地面控制中心的衝突，比太空人彼此間的衝突多上五倍。這是新衛隊和舊衛隊模式的再現。在太空探索領域中，這個現象稱為「地空斷線」（ground-crew disconnect）。

「太空人認為地勤人員的要求太多且往往不合理，還認為他們回應遲緩，並要求太空人做些不可能的事情，卻無法理解太空中的真實情況。」賓斯泰說，如數家珍地一條條列出「地空斷線」表現出來的所有形式。「而與此同時，控制中心的人則會覺得：『為什麼這些太空人有公主病，我們只不過是要求他們做一件簡單的事情而已！』」

對太空人而言，要把責任都推到地面控制中心很容易，反正他們不在場，也無法理解自己正在經歷的事情。在火星任務（或模擬任務）中，太空人向地面控制中心發送訊息並收到回覆的過程，總共需要四十分鐘。目前無法從深空與地球進行語音或視訊通話，因此所有對話都是透過文字進行，這意味著兩邊互動將是生硬且無法令人滿意的。文字交流排除了語氣和肢體語言的細微溝通暗示，因此幾乎肯定會導致誤解。

賓斯泰可以說是太空航行界的蓋瑞，對衝突瞭若指掌。但當她在封閉的太空模擬棲地待上四個月，經歷了太空人團隊和地面控制中心之間的衝突，她發現即使擁有許多應對衝突的豐沛知識，依然會陷入這個可預測的衝突陷阱，就像上個故事裡的蓋瑞一樣。衝突事件過去整整十三年後，她與我一邊共進午餐一邊談論這件事時，語氣仍然很生氣：「直到今天，我仍然認為犯錯的是地面控制中心。」

直至今日，參與者進入新的模擬訓練之前，賓斯泰會警告他們將產生這種「地空斷線」的衝突。參與者往往會傾聽並點頭，認為自己既然已經先知道了就不會遇上。「衝突永遠都會發生，」賓斯泰說，然後笑著補充，「有一個可以怪罪的對象真是太好了！」

即使在為時較短的太空任務中，我們也可以聽到NASA任務檔案中，那種彼此充滿忍耐的緊張氣氛。以一九六五年的通信紀錄來看，當時太空人愛德華．懷特（Ed White）正將他的飛行器坐標傳遞給地面控制中心，這是一種任務中的常規通信[38]。

懷特：「〇一。三四。〇。〇。九。」

地面控制中心：「好的，愛德華，容我糾正，是〇一三。四〇。〇九。」

懷特：「這就是我剛剛說的，完畢。」

地面控制中心：「噢不，你剛剛說的是：『〇一。三四……』」

懷特：「對，我第一次就是這麼說的。」

地面控制中心：「好吧，數字是對的，但你沒有用正確的，呃，節拍，讀出來。」

懷特：「正確的什麼？」

地面控制中心：「你沒有用正確的節拍，把數字讀出來。」

身為太空人，懷特並不容易驚慌失措。他在這次任務中，成功地成為第一個在外太空行走的人類。但是你可以在這段通訊中，聽到他對地面控制中心的輕視，如倒刺的豬鬃般林立於對話中。

賈西．艾立克（Josh Ehrlich）是洛克希德．馬丁太空系統公司（Lockheed Martin Space Systems Company）的系統工程師，也是一位有抱負的太空人。在二〇一七年的火星模擬任務中，他與五個陌生人一起在封閉環境中待了將近八個月。當我們在華盛頓見面喝咖啡時，我可以感覺到他是一個令人愉快、積極正面的人，但他也同樣經歷了「地空斷線」的緊張局勢。他說這項經歷中最令他驚訝的，是這種緊張的局勢，實際上加強了他與其他太空人之間的認同感。

「有時收到任務支援中心傳來的電子郵件，你會忍不住覺得：『這個人到底在想什麼？瘋了吧！』然後你會告訴同伴：『嘿，過來看看！』而在那些時刻，這樣的經歷創造了一種親密的體驗。」

我們想要一份歸屬於自己團隊的感覺，就像我們想要被理解一樣。而能夠立即建立這種聯繫的方法之一，就是犧牲其他團體，無論是地面控制中心、民主黨還是舊金山的公司總部，反正這些人糟透了！

「這是人身攻擊」

「當衝突掌控局勢時，它會創造自己的現實。」——蓋瑞・佛里曼和傑克・亨默斯坦，《挑戰衝突》

當喬爾打斷他時，蓋瑞幾乎無法重新掌控會議秩序，而這是選舉前的最後一次會議。

「我真的很失望，蓋瑞。我特別要求你把三個議題放到議程上，但你非常刻意地決定不這樣做。」喬爾說，他的聲音低沉，「我認為這些是重要的問題，是理事會需要討論的議題。」

喬爾是理事會成員，兩年前蓋瑞曾勸他不要競選理事會主席。那時蓋瑞還滿欣賞喬爾的，也喜歡在鄰里聚會上見到他，但如今發現喬爾很難相處。在蓋瑞看來，喬爾的話太多、太容易發脾氣，而且往往拖慢事情的進度。

喬爾提出的三個議題之一，是蓋瑞在理事會網站上發布的公開信。「這封信簡直太出格了，」喬爾表示，「我感到極度失望。我提前向你提出要求，必須在這次會議討論這件事，你卻完完全全拒絕將其列入議程。」

蓋瑞以強勢的態度回應：「我的確是這樣做了。謝謝你提出的意見，但我們現在不該討論這個主題，因為它不在議程上。」

這看起來像齣政治鬧劇：蓋瑞拒絕將對其不利的議題列入議程，因此理事會無法展開討論——因為它們不在議程上。

「如果我們要討論這些議題，就必須提前通知社區，才能將它們列入議程。」蓋瑞繼續說，「所以今晚議程裡沒有這些議題。這並不是說它們不重要或不正當，而是未來有機會列入議程來討論。」

另一名理事會成員，也開始抱怨自己的問題被排除在議程之外。而蓋瑞堅持說：「這也不在表定議程上。」

此時一名旁觀者喊道：「那就破個例吧！」

「是的！」另一個人大喊。蓋瑞正在失去對會議的控制，而一切才剛剛開始，他們甚至連那份所謂的議程的第一個字，都還沒開始討論。

「等等，稍等一下！請安靜！」蓋瑞對著群眾大吼，「拜託，拜託，不不不不。嘿！等一下，等一下。我正在主持這次會議，我盡己所能保持會議進行，請大家暫時不要發言。」

喬爾再次提起這封信：「我真的很想知道，也覺得我們應該在這裡討論，一封如此不恰當的信是如何在社區的官方網站上出現的。」

這一次，蓋瑞連議程都懶得提，直接讓他閉嘴：「夠了，我對回應人身攻擊不感興趣。」

「這不是人身攻擊。」喬爾回應。

「是。」蓋瑞說，「是對我的人身攻擊。」

在蓋瑞內心深處，他知道自己在社區官方網站上發布這封公開信是個錯誤，而且這種事正是很久很久以前他父親會做、他會批評的事情。當蓋瑞公布這封信的時候，心中湧現一種扭曲的不安。現在喬爾正在強迫蓋瑞，公開承認他未能實現自己的理想。

此時喬爾做了一件令人震驚的事，這是蓋瑞從未預料到的。「我對你擔任理事會主席的能力完全失去信心。」喬爾說，並呼籲立即將蓋瑞撤職。「我決定要提出一項臨時動議——」

蓋瑞打斷他，語氣非常絕望：「你不能這樣做，這不在議程上。」

「這不必列入議程，蓋瑞。」

蓋瑞感到走投無路。兩年前在同一個地方，蓋瑞曾談到將魔法帶回梅爾比奇，而他的家人從觀眾席上回以微笑。他和喬爾一直很友好，幾年前甚至為喬爾的兒子調解過一次衝突。然而此時此刻，他正在主持一場荒誕的社區理事會會議，而且即將被趕出一個默默無名小鎮的無給職理事會辦公室。事情怎麼會走到這個地步？

蓋瑞的公開信觸發了衝突的引爆線：為自己辯護很好，但出於傷害和憤怒的前提而攻擊他人，則無法獲得認同。這不是因為方法錯了，而是它不會發揮作用。責備就像羞辱，會讓對手加倍投身於衝突之中。這點幾乎就像是物理定律那樣，是很好預測的，蓋瑞應該早就知道才是。

「那個時候，我非常肯定自己在做上帝的工作、在挺身對抗川普。」實際上，蓋瑞和他的反對者只不過是在為了增加三百美元的水費爭論不休。美國民主的未來並非危在旦夕，沒有人的生命受到威脅。這群人非常幸運，生活在一個真正的海濱天堂，將小事放在大局中爭論不休。但這並不是重點，這場衝突定義了一切。

為了回應喬爾未遂的政變，蓋瑞找出理事會章程，表示上頭不允許這種做法。蓋瑞就像溺水的人，緊緊抓著程序和協議，想保住自己的性命。會議總算得以繼續進行，而兩個小時後，當蓋瑞開放發言權給公眾時，一位名叫威廉的鄰居走向麥克風。

「那封信，」威廉說，「充滿了各種謊言與不準確、誹謗性的陳述，而且是徹頭徹尾的刻薄。」

蓋瑞再也受不了，他跳起來為自己辯護，椅子在社區活動中心的地板上刮出刺耳的聲音。

蓋瑞：「好吧，我只想說，我確信自己在信上所寫的事情！」

威廉：「不，讓我說完，讓我說完。」

蓋瑞：「不，你的三分鐘到了！」

威廉：「還沒有！」

蓋瑞：「到了，已經到了！我有在計時的，威廉，威廉，不，不。」

事實上，威廉只用了三分鐘發言時間裡的九十秒。但蓋瑞覺得自己別無選擇，他必須阻止這些攻擊、必須保護自己。

威廉：「事實上，你不適合這個位置——」

蓋瑞：「威廉，這是人身攻擊，我不會接受。三分鐘到了。請停止！停止！你的三分鐘到了，謝謝你。我們不能在此進行人身攻擊，記得我們有團結守則吧。」

當時，蓋瑞身在衝突內部，不可能看見這個場景有多諷刺。

群眾開始窸窸窣窣地議論蓋瑞，兩分鐘後，蓋瑞提出休會動議，而這是他作為理事長的最後一次例會。

「我很敬重他」

舊衛隊的休在蓋瑞競選公職時，已經與他做了二十三年的鄰居。實際上，在幾年前，休曾經求助於蓋瑞，以調解與鄰居的財產糾紛。因此，休最初認為蓋瑞會是理事會成員的理想人選。

「在這份工作中，沒有人比蓋瑞更值得我信任，」休這麼告訴我，「我很敬重他。」

當休聽說蓋瑞競選公職時，他非常激動。事實上，他曾問過當時的理事會主席吉姆，如果蓋瑞勝選，是否可以讓蓋瑞擔任理事長。

「我認為這有助於改變社區的風氣。」休語調乾澀地告訴我。

那麼，從休的角度來看，當年到底發生了什麼事？即使是在公開信件發生兩年後，休談論起這件事時還是有些悲傷、有些疑惑。

休曾在梅爾比奇服務了十六年，首先是當選理事會成員，然後是社區總幹事。他對道路和供水系統瞭解甚深，而且認為自己過去做得還不錯。

在蓋瑞上任之前，休曾試圖提高理事會的效率。他承認自己並沒有總是向所有人傳達全部資訊。當時沒有各種委員會，但他確實試圖創造一種社區認同感。他每個月都會為出席理事會會議的鄰居們帶來咖啡和點心，大家在理事會上的發言也沒有時間限制。

然後蓋瑞接手了。一年之內，蓋瑞創建了二十三個委員會。休還清楚地記得那個數字。

休在兩年前合作啟動的一項主要道路計畫案如今陷入停頓。在他看來，蓋瑞非常故意地想要推翻休所做的一切。

儘管內心帶有疑慮，休起初還是試圖接受新的系統。但是當他試圖加入新成立的人事委員會時，卻被告知蓋瑞不想讓他加入。

「蓋瑞覺得梅爾比奇太過依賴我了。」直到新的水務委員會成立後，他才知道這回事。「我覺得有點被排擠。」休說，「我知道如何鋪設道路、人行道、設置公共水電管道，我擁有市政飲用水處理認證，我覺得自己具備一些有用的技能。」

蓋瑞本希望使社區更具包容性，卻排除了休。這就像蓋瑞和伊麗莎白突然停止把球拋給休一樣，他沒有辦法理解為什麼。

在我與休交談之前，他不知道蓋瑞多年來一直認為他是「舊衛隊」的一員。休並不是這樣看自己的，完全不是。他認為自己是梅爾比奇基礎設施方面的專家，做了許多事情，這是他在社區中的角色。但在蓋瑞的治理下，這些事情變得不再重要。

休考慮搬家，並告訴他成年的孩子們，他不再喜歡梅爾比奇的氛圍。就像蓋瑞的妻子一樣，他不確定自己是否還屬於這裡。

最後，休決定和吉姆在下一次選舉中，站出來與蓋瑞的盟友伊麗莎白打對台。他現在是真的在和蓋瑞競爭了，儘管蓋瑞的任期還沒有到，但休有自己的支持者，督促他出來競選，把社區的事情做好。「社區中有很多人希望事情可以恢復原狀。」

接著是蓋瑞的公開信，指責他和吉姆管理不善。

「我被攻擊了，因此進入了防禦模式。」休這麼說。競選活動開始變得醜陋，休真希望一切可以盡快結束。真正令人痛心的是，他實際上支持了蓋瑞最初的競選方針。他和蓋瑞一樣，也希望自己的所作所為受到讚賞，但相反地，他被新政權排斥了。

心理疼痛是可以傳染的。休越痛苦，蓋瑞就越痛苦。

癱瘓

蓋瑞說，這次選舉前經歷的一切就像化糞池般汙濁。小鎮居民最後投票反對增加水費，扼殺整個計畫。蓋瑞覺得自己非常淒慘，也同時如癱瘓般，失去行動能力，只能眼睜睜地看著噩夢上演。就像休一樣，蓋瑞也希望一切可以盡快結束。

衝突陷阱讓我們一旦落入困境，就很難把自己從裡面挖出來。我們知道自己想要和平、清楚自己願意妥協以達到目標。對方也是，我們如此接近彼此，卻發現自己無法動彈。這些將我們拉入瀝青坑的無形力量——二元選擇、心理疼痛、溝通錯覺和白痴駕駛反射等，不停地越變越強。

我們不想成為第一個為和平讓步的人，即使是自己願意做出的讓步也一樣。因為我們害怕這會被視為軟弱的表現，然後被要求放棄更多東西。我們不相信對方真的想要和解。反對達成和平，直接說明了偏見和刻板印象，讓人不斷思考「我們」和「他們」之間的對立。

甚至在更大、更棘手、更嚴重的衝突中，也會發生這樣的情況。三分之二的巴勒斯坦人和三分之二的以色列人，都支持過去提出的各種和平計畫基本條件：人們都能和平地生活、不需要動不動在檢查站受氣，也不用擔心轟炸會突然到來。然而即便如此，衝突仍在繼續。

伊藍．哈普林（Eran Halperin）是位以色列心理學家，專門研究衝突。每次在以色列當地演講時，他都喜歡問有多少聽眾聽過阿拉伯和平倡議（Arab Peace Initiative）。這是沙烏地阿拉伯王儲阿卜杜拉（Saudi Crown Prince Abdullah）於二〇〇二年三月公布的一項和平計畫[39]，提議阿拉伯國家提供以色列「正常的關係和安全」，以換取其完全撤出自一九六七年戰爭以來占領的土地。與之前阿拉伯世界的立場相比，該計畫的提案是個顯著的讓步，贏得世界各地領導人的稱讚。同年，該倡議得到阿拉伯聯盟所有成員國的背書，並分別於二〇〇七年、二〇一七年再次、三次獲得背書。

哈普林不會詢問聽眾是否「支持」阿拉伯和平倡議，只問觀眾是否曾經「聽說」過這回事。十九年來，新聞媒體經常出現關於該倡議的報導。

「我從未見到超過五%的人舉手。」哈普林告訴我，「這件事媒體曾經報導過，但人們就是不想聽，因為這與他們對這場衝突的看法是矛盾的。」阿拉伯倡議是一件具有實用性的重大事件，但它甚至沒有進到人們心裡。人們失去了衝突周邊的視野，為自己戴上心理眼罩。「如果你相信對方永遠不會改變，一直都會試圖欺騙自己，而自己是最終的受害者，那你當然沒有理由去尋找和解的機會。」哈普林說。

美國人也被衝突蒙蔽了雙眼：民主黨人心目中看到的共和黨人，比現實生活中更富有、更年長、更殘忍、更不講道理；同樣地，共和黨人內心以為的民主黨人，比實際上更無神論、更同性戀、更激進[40]。他們都覺得對方陣營的激進分子比實際上還要多了兩倍[41]，並且高估彼此對另一陣營的厭惡程度[42]。政治參與度最高的人，相互的誤解反而最深。

這些錯誤聽起來微不足道，卻可能帶來災難性的後果。如果你覺得被威脅，就不會抱有好奇心；

如果你認為對方比實際情況更極端、更可恨，就會願意投票支持別人（無論這個人的精神多麼錯亂或分裂）以便將對方趕下台。二〇一六年，大約一半的美國選民表示，他們的投票策略是防禦性的，比較是基於反對某人而不是支持某人[43]。

與此同時，那些原本應該幫助人們獲得更多資訊的機構，似乎正在產生相反的效果。美國人越是花時間從各種來源獲取新聞，對另一方的看法就越不準確。尤其是民主黨人的教育程度越高，對共和黨人似乎就越一無所知。擁有碩士以上學位的民主黨人，對共和黨人的錯誤看法，是高中輟學的民主黨人的三倍[44]。

在選舉那天，蓋瑞最親密的盟友伊麗莎白被趕下台。蓋瑞最害怕的噩夢成真：休和吉姆取代了伊麗莎白和喬爾。這兩人是對蓋瑞來說最兇猛的舊衛隊對手，蓋瑞還曾寫了一封措辭難聽的公開信給他們。偏偏蓋瑞的任期直到二〇二一年才結束，而他在新的理事會上沒有立場相近的盟友。

「這是沉重的一擊，他們狠狠打擊了伊麗莎白。」譚雅說，「這麼做非常自私自利、厭女且充滿仇恨。」譚雅認為蓋瑞的公開信不是問題所在，而是這封信缺乏後續的跟進。「這封信寫得很棒，但你知道他們會反擊。」蓋瑞應該繼續前進，譚雅這麼告訴我：他應該發起連署，呼籲結束敵對的語言和謊言，更應該積極地挨家挨戶敲門。

新理事會解散了幾乎所有蓋瑞創立的小組委員會。「我被困在與歐巴馬相同的處境裡。」蓋瑞說。舊衛隊正在迅速摧毀他所建立的一切，就像川普當時在近五千公里外的華盛頓對歐巴馬政績所做的一樣。「他們幾乎閹割或逆轉了我所有的建樹。」

「我感到極大的屈辱、痛苦和悲傷。」蓋瑞說。他用帶有情緒性的措辭談論這次選舉：「我們遭痛擊得如落花流水，事情已經糟到不能再糟。」

聽蓋瑞以這種方式講話令人十分迷惘，彷彿他中了某種魔咒一樣不可自拔。我想大力搖晃他的肩膀，讓他想起自己曾教給我和成千上萬人的一切：難道他看不出自己陷入衝突之中，正被衝突玩弄於股掌之間嗎？

派系

現在，假設政黨是民主系統運作的必要之惡。但是正如我們所見，美國開國元勳們曾極力反對政黨政治。亞歷山大．漢密爾頓（Alexander Hamilton）[45]稱之為人民當家的政府中「最致命疾病[46]」。喬治．華盛頓則在他的總統告別演說中警告：「政黨很可能隨著時間和事物的發展，成為強大的引擎，使得狡猾、野心勃勃、沒有原則的人能夠竊取本屬人民的權力，為自己篡奪權力，並掌控政府的韁繩[47]。」

漢密爾頓、華盛頓、傑佛遜和亞當斯都體認到，對抗的力量會誘發出人們最卑劣的一面。華盛頓的家人來到新世界，是為了避免世代鬥爭造成的暴力，這些大權在握的團體在十七世紀的內戰中撕裂了英格蘭。當人們被歸入對立的類別，高衝突發生的機會就變得更高。

在法律界，蓋瑞創造了一個全新的方法、全新的規則來處理衝突，而這套方法非常有效，世界各地的人們蜂擁而上選擇了調解，證明對抗制度不是處理衝突的唯一方式，更不是最好的方式。

但是當蓋瑞想要像他改變法律一樣去改變政治時，卻使用了舊的對抗制度。他採納了譚雅的建議，而她的世界觀是二元的，將人們分成「我們」和「他們」。蓋瑞試圖在舊規則下玩新遊戲。這就宛若他走進法庭裡，試圖在法官和陪審團面前調查慢燉鍋，以此反駁對面的檢察官——這是不可能有用的。

但這種「我們」與「他們」的分裂似乎不可避免。當事情涉及政治，有沒有不同的玩法呢？

截至目前為止，大約有五百萬至七百萬人，以明確拒絕對抗主義的方式從事政治活動。他們為民主系統所做的，就像蓋瑞和他的同事為法律系統所做的那樣：創造全新的非對抗性規則，以期待啟發人們的合作本能，而不是挑起競爭。

這個故事的主角不是一個國家或一座城市，而是一種宗教。在寫這本書之前，我對其一無所知，但請耐心地看下去，因為這是一個在全球各地進行了一個多世紀、位於真實世界中的實驗。

巴哈伊信仰的主要宗旨是：所有人都是相互聯結的，沒有所謂的「我們」或「他們」。巴哈伊教義崇敬耶穌基督和先知穆罕默德，相信所有主要宗教都來自同一個精神來源。這個宗教社群始於一八〇〇年代中期的伊朗，今日則幾乎遍布全球各地，並在美國擁有十五萬名信徒。巴哈伊信仰最大的信眾社群在印度，但是組織中並沒有宗教領袖，也沒有神職人員來管理教內事務，那麼他們是如何做出決定的呢？

每年春天，一萬七千個巴哈伊地方靈體會的信徒們會聚集在一起進行選舉。這項選舉在全球兩百三十三個國家和地區中運作，其性質非常接近直接民主。

但有個不一樣的地方：選舉中的一切設計，都是為了減少高衝突發生的可能性。巴哈伊選舉沒有政黨，不允許二元對立的分類方式、不允許競選某個職位，甚至不能討論誰可能是最適合服務的人，只能談及哪些品格是領導者最需要的。

祈禱過後，每位巴哈伊信徒都寫下他們認為具有領導社區經驗和品格的九位信徒姓名。經過無記名投票，宣布九名「獲勝者」之後，不會舉辦勝選的慶祝活動。

娜溫蒂・勞森（Nwandi Lawson）第一次在喬治亞州亞特蘭大當地的地方靈體會中當選時，是喬治亞州公共廣播公司的資深政治記者，主持一個名為〈立法者〉（Lawmakers）的政治節目。她當時的生活中已經有太多事情必須處理。事實上，那天晚上她很早就離開聚會，以便哄她還在牙牙學語的女兒上床睡覺。

當天稍晚，有人敲響了她家的門。來者是位巴哈伊教友，對方遞給她一個裝著芳香乳液的禮物袋，然後對她說：「妳當選了。」

「喔！」勞森說，「好的。」

不管她願不願意，眾人都期望她為社群服務一年。勞森知道，這是成為巴哈伊教徒必須貢獻的一部分。儘管如此，她還是對眾人的選擇感到驚訝。

「我把票投給其他人，沒想到自己會當選。」勞森告訴我，「我是名相對資淺的巴哈伊，我希望讓其他更有經驗的人來管理社群。」

然而這種反應正是勞森適合這份工作的原因。巴哈伊教徒試圖選擇不渴望關注和權力的人。「當選並不是身分的象徵。」巴哈伊發言人詹姆斯・薩米米・法爾（James Samimi Farr）說，「而是對進一步謙卑的呼籲。」

這種做法與傳統選舉相反。除了這些渴望獲得認可的人，還有誰願意連續數個月在令人疲憊的造勢活動和競選文宣中，無恥地吹噓自己？還有誰具備動力，一遍又一遍地向人們爭取政治獻金？在美國國家層級的選舉中，這種現象尤其顯著：除了自戀者，還有誰願意支出大筆費用、忍受疲憊、度過漫長且爭端不斷的選舉過程？

勞森當選之後開始參加當地議會的每周會議，負責管理巴哈伊婚禮和教育計畫，並管理當地大約八十名巴哈伊教徒的社區預算。

巴哈伊教徒試圖約束自我並促成團結。每次會議上，他們都遵循一種稱為「協商」的言行守則，就是要讓人們可以暢所欲言，同時不會認為自己的聰明才智無可匹敵。舉例來說，如果勞森建議透過與當地非營利組織合作，來擴展他們的教育計畫，那麼這個想法在她說出口的那一刻，就成為該群體共同的財產，而不是勞森一個人的想法。因此，如果其他人提供替代方案或批評，勞森比較可能認為不必為這個想法辯護，因為這不再與她有關。

勞森告訴我，實施這套法則並不容易。「因為人確實有自我意識。想法被推翻時，總是令人難受。」此處有些原則能幫助這些協商進行，包括謙遜和耐心。勞森坦誠地說，她並不總是能夠達到理想標準，而這是一項持續不斷的自我修養。為了時時提醒自己，她在冰箱門上貼了一張理想原則清單。「每次我去拿牛奶、雞蛋或奶油時，都會看到一次。」

如果在經過深思熟慮之後，勞森的巴哈伊團體投票支持某個想法，那麼包括最初不同意的人在內，大家都會全心全意地試著實現這個想法。如果最終計畫失敗了，該小組將舉行另一次協商，並重新評估各種方案。「我們絕不允許說出『早就跟你說過吧！』這種話。」勞森笑著說。

這些年來，她越來越懂得釋放對自己想法的控制。這個效果不僅展現在她的巴哈伊群體中，還運用到生活的所有層面。她在職場上、在家裡都利用協商模式討論事情，也往往催生出更高品質、更有效率的會議，從而產生更具創造性的解決方案。

在勞森學習如何在巴哈伊社群中擔任要職的同時，她也在自己的記者工作中，目睹傳統政治如何一步步土崩瓦解。當她於一九九〇年代初在有線電視新聞網（Cable News Network, CNN）開啟記者生涯時，常常受到自己報導中某些政治人物的政治家精神所激勵，即使那些人與她不見得立場相同。但是到了二〇〇〇年代初期，政治新聞中令人欽佩的事情少了許多。「隨著歲月流逝，我常常會看著新聞想：『呃，這不是政治，這只是人們互相大吼大叫而已。』」

勞森在巴哈伊社區的經歷，改變了她對政治制度的理解，使她明白制度的設計如果有所不同，可以實現的目標也將不同。她用自身的經驗總結：有一種更好的方法可以解決問題，而體驗過這種方法帶給她一種解脫。

「我們的目標不是為自己贏得榮譽，也不是炫耀自己是喊得最大聲的人，而是解決問題。」在她擔任巴哈伊地方代表最初的日子裡，儘管有需要努力達成共識之處，她依然非常驚訝能在一次會議上完成這麼多事情。一旦人們積極嘗試放下自尊並一起努力合作，事情就會變得容易許多。

如果讓社會科學家設計出一種宗教，它應該會像巴哈伊信仰這樣運作。幾十年來，針對群體行為的研究所得出的關鍵見解，並不是群體間總會相互妖魔化——人類並非天生暴力或天生邪惡。事實上，「戰爭」是人類歷史上一個相當近期的現象，大約在一萬年前才首次出現。當時簡單的狩獵採集群體開始出現定居行為，在社會性上變得更加複雜並爭奪資源。據考古學家所知，在此之前的一百八十萬年裡，人類並沒有組織性地參與集體暴力[48]。

社會科學研究得出的關鍵結論是：群體可以推動人類執行妖魔化行為，也可以相互合作，這其中「傳統」和「制度」所扮演的角色，比我們想像的重要得多。社會學家尼古拉斯．克里斯塔基斯（Nicholas Christakis）在《藍圖》（*Blueprint: The Evolutionary Origins of a Good Society*）中寫道：「如果我們將同樣的人口分配到一個社會化良好的世界，便可以讓他們對彼此真心誠意地慷慨以對；如果將他們放在另一種世界中，一樣可以讓他們打從心底對彼此刻薄或漠不關心[49]。」這一見解可以指出我們該如何解決社交媒體和網路資訊的普遍問題，現在 YouTube 和 Facebook 等平台不斷地分散人們的注意力、分裂我們的社群，但是它們也可以重新設計成獎勵合作與體面行為的平台，這並不是件難事。

自從勞森的第一次任期以來，她已經多次當選地方代表，以不同形式連續服務了十八年。巴哈伊各處的地方靈體會還會選出代表，由他們選出一個九人的國家靈體會，再投票選出位於以色列海法的世界正義院的選舉人。而在各級治理機構中，限制自我的原則一體適用。

所有這些巴哈伊傳統，意在幫助人們相互瞭解，並有效地解決問題，更避免彼此失去人性。我們可以說，巴哈伊選舉之於政治，就如同調解之於法律體系：他們創造了一套完全不同的遊戲規則，努力利用人類的合作能力而非競爭能力。這並不是一套完美的系統，卻是人類在完全不同類型的遊戲中，可以做出改變的一個優良範例。

模糊的界線

人們往往習慣透過「我們」和「他們」、「贏家」和「輸家」的鏡頭來看待每一段政治故事。這不禁讓人發覺，我們離巴哈伊模式還有很長的路要走。但是有一些漸進式的方法，可以減少政治中的二元對立。這些方法既不神祕，也不帶有宗教色彩。

首先，我們可以提供人們兩個以上的選項。這麼做並不能解決所有問題，但能降低二元對立的功能，讓我們不會輕易地將複雜的系統，扁平化成「我們」和「他們」。在投票時為選項進行排序也是個好方法。人們不僅會選擇自己最喜歡的，也可以接受第二和第三選項，以防最愛的那個落選。這樣一來，我們就可以合理地分配忠誠度，更多人也會覺得自己的意見獲得他人傾聽，因為這不是一個全有或全無的選擇方式[50]。

減少二元對立的另一種方法，是轉向比例代表制，也就是根據各黨派贏得的選票，按比例分配國會席次。這麼做的好處是，較小的政黨即使沒有贏得多數票，仍然可以獲得席位，少數群體的人們仍然擁有發言權[51]。

放眼全球，我們可以觀察到這些系統造成的差異。研究人員發現，生活在比例代表制國家裡的人們，往往更信任彼此、較少有兩極分化的想法，也認為國家的政治制度更加公平。這是有道理的，因為比例代表制的確比較公平。即使人們的首選政黨沒有獲得絕對多數的選票，仍然可以保有發言權，讓大家聽到這些人的意見——而在解決衝突的過程中，能夠被聆聽就成功了一半。

大多數民主國家都使用比例代表制，並擁有兩個以上的政黨，不過美國是個例外。從心理學的角度來看，美國選舉中贏家通吃和二元黨派的制度，是被刻意設計出來製造高衝突的，這也有助於解釋為什麼當今美國社會中，兩極分化的現象比世界上大多數國家都更加嚴重。

當然，選舉制度只是解決方案的一部分，包括法國和巴西在內的多黨民主制國家，也都非常兩極分化。但一般來說，避免使用二元對立系統，可以使衝突的磁性再降低一些。舉個小一點的例子：讓我們想像一下，假設在梅爾比奇的故事中，蓋瑞除了「舊衛隊」與「新衛隊」之外，還發明了第三個團體標籤，暫時稱為「安全衛隊」好了，代指那些不喜歡冒險的人（畢竟這些人的確存在），這樣的多元命名會使標籤更加準確、更不極端且簡化。如此一來，這樣的系統中會有「我們」「他們」以及一個「第三方」。

二元對立的思維模式淡化了所有的細節和矛盾，所以我們可以在善與惡、對與錯之間劃出一刀兩斷的分界線。而在非二元對立的思維系統中，要保持這種事物間的清楚界線錯覺，則需要大腦進行更多認知工作。在一項實驗中，隨機分配一千名美國成年人參加虛構的選舉。被分配到傳統「贏家通吃」選舉程序的人，跟分配到「比例制度」選舉程序的人相比，前者更覺得選舉不公平，且在失敗後會帶著一點怨恨處事，對待他人也比較不慷慨[52]。這就是二元對立系統的原理：讓人們飽含怨氣。

在比例代表制度下，占主導地位的政黨仍然需要與權力較小的政黨合作，才能完成所有事務。眾人必須建立聯盟，所以系統中會有「我的群組」「你的群組」和「我們的群組」以達成共識。我們可以這麼說：有更多人一起「在調解室裡」。比例代表制並不完全像蓋瑞的調解模型，但比二元對立制更接近一些。這樣的制度對抗性較小，因為不同類別彼此有重疊的地方。

現實世界中有不同的方法可以減少二元對立的政治氛圍，且其中的大趨勢很明確：「我們需要一種新的政治，來打破自己以二元方式看待世界的先天傾向。」李．德魯曼（Lee Drutman）在《打破兩黨政治的死循環》（*Breaking the Two-Party Doom Loop*）中寫道，「透過保持政治聯盟的流動性和靈活性，可以使敵人和盟友有機會做出改變。」

這個原則也適用於政治之外的情況。需要合作時，請保持團隊的靈活性，避免標示出贏家和輸家、內部人員和外部人員，盡可能將不同的身分混合在一起。

你所屬的教會，是否應該允許不同信仰之間的婚姻？無論你的選擇是什麼，都不要把投票變成簡單的「是或否」；想在布魯塞爾或底特律開設分公司？記得定期輪調你的員工，不要讓員工間的互動停滯在小團體，發展出具有對立性的認同感；不要認為公投可以解決事情；看在老天的份上，如果你有些敏感的話題要討論，請不要以Slack、Twitter、Facebook、電子郵件、即時聊天軟體或手機簡訊交流。除非你正在執行火星任務，否則總有更好的方法可以進行探討。

正如人類習慣於將人們分類，並相應地展現出歧視一樣，人類同時也習慣於合作，而兩者的不同之處就在於制度系統的設計。「好的制度鼓勵我們內心的天使；糟糕的制度則會滋養我們內心的惡魔。」德魯曼如此寫道。

有時二元對立的系統可以如常運行。例如在大多數情況下，團隊運動可以有明顯的贏家和輸家（直到暴力事件暴發，或者人們開始不惜一切代價贏得勝利）；但很多時候，在企業、社區、家庭和國家之中，模糊「我們」與「他們」之間的界限，就像是替自己的理性購買保險，這種模糊會帶來更健康的衝突。

有時這種模糊是偶然發生的，當我在《時代雜誌》（*Time*）工作時，我認爲自己屬於文字記者團隊，並透過抱怨編輯團隊建立了認同感：我們告訴自己，那些編輯刪除了我們精妙的措辭，讓故事變得簡短無趣。直到某一天，編輯們決定從戰場上撤退，讓我們這些文字記者來負責編輯工作——這從未發生過，因為記者的金科玉律是從不在職場上撤退！無論如何，每位文字記者都分配到一個區塊進行編輯，而我們必須在周五晚上前完成工作，讓這本雜誌得以出刊。

一開始大家都覺得非常刺激：我們終於可以掌握話語權了！這個世界多美好呀！然而，隨著一周過去，這份欣喜慢慢減弱。我們不想只因為知道誰的文筆更好，就讓他重新編輯另一名記者寫的故事，因為這樣做一定會傷害後者的感情。所以，我們決定不這麼做卻被迫妥協，務實地工作且在期限內交稿。這一星期裡，我們體驗到成為「他們」的感覺，使得我們未來更不會輕易地扁平化與醜化編輯的角色。工作交換混合了職場上的分類，如果那次事件是經過規畫的，將會是管理學上一次出色的調停。當你自己扮演過白痴駕駛的角色後，就不能輕易地啟動白痴駕駛反射了。

基於我現在對群體中人類行為的瞭解，利用二元對立的力量時會更加小心謹慎，避免隨意使用「他們」這個詞來形容其他人。我注意到，當朋友或家人在對話中提到「我們」時，常常指的是與自己立場相同的人（十年前大家並沒有這個習慣，但現在經常發生）。此時我會詢問他們口中的「我們」究竟是誰，而這是一個讓二元對立思維慢下來的微小嘗試。這些說話的人，現在是否為民主黨全國委員會工作？當他們談論所謂的「他們」時，真的是在概括大約一億名自己並不認識的人嗎？在工作中，我盡量不透過隨口說編輯或年輕記者的壞話，來與其他記者建立認同感——如果有一天我的學生當選總統，我可不想像亞當斯一樣半夜坐著馬車灰溜溜地離開。

但是老實說：我依然常常無法避免二元衝突。那種覺得自己才是正義化身的感覺、重新掌握對事情的控制、轉嫁責任、搶占道德制高點等誘惑實在難以抗拒。嘗試去抵抗二元思維很重要，但如果連衝突教父蓋瑞都無法抗拒衝突的吸引力，那麼可以說，我們都是脆弱的。

所以，下一個的問題很自然會是：陷入困境時，我們該如何擺脫？

Chapter 03

點火器

在肯塔基州和西維吉尼亞州的交界處，哈特菲爾德家族（the Hatfield）和麥考伊家族（the McCoy），世代都沿著大桑迪河（Big Sandy River）的支流塔格佛克河（Tug Fork）和平地生活著。兩個家族都建造了小木屋、開墾土地、狩獵。他們在南北戰爭中都為南方的美利堅邦聯而戰，且兩家族彼此通婚。半個多世紀以來，沒有已知的證據，表明這兩個家族之間存在仇恨[1]。

然後在一八七八年的某一天，倫道夫・麥考伊（Randolph McCoy）拜訪了弗洛伊德・哈特菲爾德（Floyd Hatfield）的農場，並認為其中一頭豬原本應該屬於自己：哈特菲爾德一定是偷了我的豬！由於沒有人能說服麥考伊對這頭豬放手，於是他向當局投訴，並因此為這起案件安排了一場審判。

法官任命了一個由兩家族組成的陪審團，每個家庭占六

哈特菲爾德家族。©West Virginia State Archives

個席次。然後令人驚訝的事情發生了：麥考伊的一位親戚決定投下反對票，導致他輸掉了官司，也失去了豬。

對於麥考伊來說，輸掉這起官司著實令人痛心。但他接受了這個結果，並沒有向叛徒親戚報仇，也沒有抓起步槍，在夜裡跑到哈特菲爾德家去抓豬。這場糾紛到此似乎已經塵埃落定。

然而在審判結束整整一年半後，麥考伊的兩個侄子與一名在審判中對麥考伊做出負面證詞的證人發生爭執，兩人打死了那個人。哈特菲爾德和麥考伊之間的恩怨就在此時一觸即發，一場小爭端演變成一場棘手的衝突。

在接下來的十年，發生了惡意刺傷、一連串私刑槍擊、群體突襲，並引發一場進入最高法院的案件。期間燒毀了一幢房屋、絞死一名男子、毆打數名婦女。總而言之，整個地區約有八十人捲入這場爭鬥。

每一次痛失親人，都只會導致下一次悲劇的發生。這一連串事件中，至少有十幾人被殺。哈特菲爾德和麥考伊之間的爭端變得臭名昭著，成為世代血仇的典型案例。

「我心中的好戰精神早已消退」

本書的第一個謎團是蓋瑞．佛里曼的故事。他的故事闡述人們如何陷入破壞性衝突，甚至身陷其中，導致夜不成眠，並忽視剛出生的孫子。為什麼即使明白衝突會使我們的生活變得更糟，卻無法阻止這種惡性循環？為什麼就算是對衝突有深刻理解的人也難逃此劫？

我們已經確定有一些無形的力量在發揮作用：二元對立的分類思維（如新舊衛隊、民主黨與共和黨），促使人們產生「我們」與「他們」的對立心態，將複雜的事情扁平化；我們也看到由拒絕或排斥（無論是感知上或真實世界中）引起的心理疼痛，如何激起人們的攻擊性。這在多數情況下只會導致更多心理疼痛——即使在簡單的拋球遊戲中也是如此；我們也看到認知偏見如何使衝突持續下去，使人們對重要細節視而不見。

在這場情緒的泥淖中，我們越來越難觸碰到故事背後的伏流，瞭解自己戰鬥的真正原因。我們就這樣陷入圍繞著一只慢燉鍋（或一隻豬）的拔河比賽，而更深層的衝突仍在表面底下燜燒。

衝突就像野火，每次都會以不同的方式向外蔓延。有些野火中途就熄滅了，有些則會在休眠幾十年後死灰復燃。這些衝突有何不同？確認偏誤的效果很強大，但它本身並不會導致鬥爭。為什麼有些衝突會爆發，並像傳染病一樣蔓延，使整個社區多年來都病懨懨的，其他衝突則以小火慢燉的形式成長？哈特菲爾德和麥考伊的世代血仇始於少數人之間的人際衝突——這與蓋瑞和舊衛隊之間的衝突沒什麼不同。在這兩種情況下，鄰居們在各自的角落裡，原本就存在各式各樣的盟友關係、分類人們的方式，以及拿來說服自己的二元對立劇本。

哈特菲爾德和麥考伊家族就像蓋瑞和他的鄰居，面對衝突時除了暴力之外還有其他選擇。他們是自由的白人，住在寬廣的河谷中間，面對一個有效的法律體系。當時在河谷裡很少發生血仇，所以這兩家人之間究竟發生了什麼事？

我們在後面章節將重新回到蓋瑞的故事，看看他接下來做了什麼，以及他如何將自己從社區政治的瀝青坑中拯救出來。先劇透一下：蓋瑞並沒有辭職，但他做了一件更令人驚訝的事情。

不過現在我們要先看下一個故事，其中展示了衝突如何暴發、何時暴發。我們將發現四項可以作為「衝突點火器」的條件，在所有衝突中，這些都是需要特別注意的衝突促進劑：

- 群體身分
- 衝突企業家
- 羞辱
- 腐敗

這四個衝突點火器將加速衝突的發生，並幫助它快速傳播。它們會使衝突看起來比之前更有意義、更重要，也會使其看似更難以遏止。

但也並非完全阻止不了。

一八九一年，凱普·哈特菲爾德（Cap Hatfield，原先被指控偷豬者的堂侄）寫了一封信給西維吉尼亞州當地的報紙編輯，宣布戰鬥已經結束。「我不想讓過去的宿怨繼續存在。我想每個人都跟我一樣，已經厭倦了『哈特菲爾德和麥考伊』這兩個名字。」他寫道，「我心中的好戰精神早已消退，我為和平的前景感到由衷的欣喜[2]。」而這就是這場衝突的結局。

在長達十二年的家族戰爭之後，迎來了一個多世紀的和平。

即使是暴力衝突也可以緩和，變得可以容忍，有時甚至可以變得有用。畢竟大多數衝突背後的動力其實是一種向善的力量。衝突讓我們學會自我防禦、說出自己的想法，並促使自己變得更好。

若想要化解衝突，我們需要有意識地將衝突的點火器斷電、破壞或更替——總之必須有一個化解的手續。而為了明白人們如何擺脫暴力衝突，我們得先瞭解人們如何進入衝突。

「水總是比看起來更深」

我認識柯蒂斯·托勒[3]四年，每次見面，他一定戴著一頂棒球帽。頭上的帽子通常看起來很新，就像從來沒人戴過一樣。柯蒂斯的肌肉發達，神情緊繃，看起來像個非常謹慎控制自己的人。

起初，每次我們見面時，他都顯得小心翼翼。雙臂交叉在胸前，臉上沒有微笑。我總是擔心他厭倦了和我說話——而這是完全可以理解的，因為採訪與衝突有關的問題，真的花了他很多時間，但一段時間後他會鬆懈下來開始講故事。他的故事非常生動有趣、令人難忘，

柯蒂斯·托勒，攝於芝加哥城。©Sean Patrick Forrest

我們往往就這樣聊上三、四個小時。

柯蒂斯曾花了二十年在芝加哥領導一個大型幫派，執行與他年紀相當的犯罪集團仇殺。他曾經被槍擊六次、入獄服刑兩次，然而他清楚地知道，自己的故事中沒有什麼是原先不可避免的。每場衝突中都有著神祕難解的部分，包括柯蒂斯自己的衝突，因此他花了很多時間探尋自己生命中的伏流。

「我不相信自己生來就很暴力，」柯蒂斯告訴我，「所以我想知道，為什麼我最終變得如此暴力？」

現在柯蒂斯的全職工作內容就是防止高衝突。為了做到這點，他必須先充分瞭解高衝突、必須像研究藏寶圖一樣仔細鑽研它。事實上，這恰好是他喜歡做的事情：「我對於自己的行為、其他人的行為一直非常好奇。」

柯蒂斯的後半生可說是前半生的鏡中像：他依然是同一個人，但一切都顛倒了過來。他現在於芝加哥的一間機構工作，該機構的目標是幫助有可能槍擊他人或遭槍擊的年輕人。柯蒂斯傾聽這些年輕人的故事，為他們提供建議，並在他們需要時出現——即使在沒有其他人願意挺身而出的場合，他也必須出現。

柯蒂斯同時還擔任演員，他在Showtime電視網推出的影集〈芝加哥故事〉（*The Chi*）中扮演過去的自己。這齣影集主要在描述芝加哥南區的生活，其中的表演非常逼真，但對於柯蒂斯來說，這就像是在度假一樣。他笑著說：「我總是告訴編劇們，『這還不夠暴力！』『這裡是芝加哥！我們要貼近現實。』」

在他遇到的每一場幫派衝突中，柯蒂斯都試圖找到衝突底層的伏流，或者他所稱的「根本原因」。舉例來說，有場持續多年且今日仍糾纏不清的血腥幫派鬥爭，所有參與其中的人都曾是朋友，在同一個街區長大，在同一所小學、國中和高中就讀。

柯蒂斯首先詢問衝突是如何開始的。他和很多人討論這個話題，甚至包括這些人的高中校長，最終理解了故事的起源：「最初只是一隻手錶的問題。」柯蒂斯告訴我，然後笑了起來，而且是捧腹大笑。他一邊笑，一邊搖晃著腦袋。我注意到，每當柯蒂斯說出一些令人不安的話時都會這樣笑，彷彿是在詢問我：你能相信嗎？人是不是很不可思議？某人在一場籃球比賽中，把手錶留在場邊，比賽結束後手錶卻不見了——這隻手錶成為故事裡的慢燉鍋，是持續多年的暴力行為背後的直接起因。

柯蒂斯停止大笑之後，他的聲音又重新回復到克制下的低頻。這隻手錶不僅僅是一隻手錶，他說：「水總是比看起來更深。」

他發現衝突的起源故事經常完全被遺忘，有時這些鬥爭甚至會代代相傳，還在世的人甚至不知道最初衝突是如何開始的。「大多數事情的起源，以芝加哥觀點來看，都是再微小不過的事。」

轉向左邊的帽子

柯蒂斯在芝加哥南部長大。童年時他非常喜歡跳舞，但不是任何舞蹈都跳，而是對機械舞（popping）和鎖舞（locking，一種嘻哈舞蹈）情有獨鍾。他跳得很棒，讓自己看起來像是在閃光燈下表演一樣。現實世界中，柯蒂斯所在的地方沒有閃光燈，但他毫不放棄，常常「動次動次」地跳著舞。

柯蒂斯跳舞時，會讓人忍不住停下來對著他微笑。從這方面看，他非常像他的母親麗塔，適合過著充滿派對的生活。麗塔作為模特兒和舞者，是柯蒂斯最初的舞伴。

到了十一歲，柯蒂斯已經可以做出嘻哈舞中的所有動作，從掉幀舞蹈[4]到慢動作再到漂浮滑行。透過不斷練習，柯蒂斯學會控制身上的每一塊肌肉，跳起舞來就像隨著音樂節拍斷斷續續播放的故障動畫片。他喜歡做出挑戰不可能的舞蹈動作，讓圍觀群眾倒吸一口氣。

隨著年紀漸長，柯蒂斯變得更強壯，並學會更多身體可以駕馭的街舞技巧。他會和最要好的朋友傑西一起在公園裡閒逛，練習從矮牆上後空翻。他們一次又一次地隨著遠處喇叭的低音節奏，從那堵矮牆上跳下——兩個氣勢滿點的男孩，在半空中旋轉跳躍。

那年春天，柯蒂斯在電視轉播中觀看了麥可・傑克森在摩城唱片二十五周年晚會上，第一次跳出街舞的「月球漫步」動作。麥可一直以來都是柯蒂斯鍾愛的偶像，但這次表演完全超越以往的水準。麥可穿著縫滿亮片的絲綢上衣，一邊唱著後來得到葛萊美獎的單曲〈比利・珍〉（*Billie Jean*），一邊在舞台上輕巧地向後滑步。

柯蒂斯瞪大眼盯著電視，雙眼眨都不敢眨，眼淚順著他的臉頰緩緩流下。

那天晚上，柯蒂斯開始練習月球漫步。他戴上祖母上教堂戴的白色手套，對著走廊裡的全身鏡，一遍又一遍地向後倒退。當母親答應讓他熬夜看晚間新聞時（因為晚間新聞會重新播放麥可・傑克森的這段舞步），他心中滿是興奮。

柯蒂斯也打籃球，雖然這不是他特別擅長的運動，但籃球在芝加哥是一種信仰，每個人都必須能夠打上幾場，而距離他家不到一個街區的福斯特公園，是一九八三年街頭籃球的聖地。

有一天，柯蒂斯在福斯特公園看到一件不尋常的事情：有名球員的球技遠遠超越其他所有球員，而且這傢伙身高超過兩百公分，是柯蒂斯見過最高的人，但讓柯蒂斯著迷的是他的優雅動作。他在球場上奔跑時就像流水一般順暢，並能夠像竊賊一樣貓步移動，穿越人牆中的縫隙，跳躍時視重力如無物。「你一眼就可以看出這傢伙與眾不同，他的動作是那麼地平滑順暢。」

實際上，他有點像麥可．傑克森那樣，讓你看著看著就忍不住倒吸一口涼氣。而後就在一個適當的空檔，他猛然踏步起跳，做出令人屏息的一次跳投。想都不用想，你就知道自己見證了一次奇蹟。

柯蒂斯聽說ＮＢＡ球員有時會在福斯特公園打球，因此這傢伙一定是個專業人士，他想。

「那是誰？」柯蒂斯問站在身邊的女孩。「那是本吉。」女孩回答。

所有女孩似乎都知道本吉．威爾森的名號，但是本吉不是職業球手，至少現在還不是。他正在讀高中，是個英俊的年輕人，眼睛裡總是閃動著光芒，臉上帶著溫和的微笑。

那天柯蒂斯還發現了另一件事：本吉在球場上把棒球帽轉向左邊。

柯蒂斯知道，轉向左邊的帽子意味著某人是「人民國家幫」（People Nation）的成員。這是一個巨大的幫派聯盟，其中成員包括以芝加哥南黑石大道（South Blackstone Avenue）命名的「黑石幫」（Black P Stone Nation）。

這件事很重要，因為不久之前，柯蒂斯也成為其中一員，所以他和本吉之間有某種聯繫。柯蒂斯這麼想著，臉上洋溢笑容。看著本吉打球時的敬畏感開始轉化為填滿胸膛的驕傲，柯蒂斯覺得自己和這個閃閃發光的年輕人就像是一家人。

間接的生命經驗

我們每個人都有無數的身分認同，而其中的親疏遠近、優先順序，會依遭遇的狀況不斷重新排列。我們既屬於自己有意識地認同的群體，也同時屬於自己並不認識的群體。問問你自己：當你認同的團體遭到攻擊時，你會願意起身保衛哪些團體？又會對哪些人的痛苦感同身受？

你可能會先想到家人。那麼鄰居呢？我猜你會對某些鄰居伸出援手，但並非所有的鄰居；那長得像你的人呢？跟你一樣投票給同政黨的人呢？你的同胞呢？

令人驚訝的是，身分認同的忠誠度一直是浮動的。如果你的同胞今天受到外人侵犯，你可能會挺身保護他們；但在其他狀況下，你可能不會這麼想，甚至會覺得要對抗某些同胞以保護自己。

奇怪的是，當我身處在美國之外，是我認為自己最「美國」的時候；當我在其他國家，被他人視為「不同」也察覺到自己的「不同」時，我的國籍認同會突然變得無比重要。我發現自己會試圖向他人解釋美國。突然之間，我就代表了大約三．二九億人。這明明是件很荒謬的事情，但不知何故，當下做起來卻非常自然。在這些場合中，我可以爽快地承認美國的失敗，但外國人提出完全相同的論點時，我卻十分困擾：他們竟敢這樣說我的國家？我腦中立刻浮現一些針對對方國家的毀滅性指控，然後我必須提醒自己把嘴巴閉緊。

如果退後一步看，就會發現自己可以代表美國只是種錯覺，我永遠不會見到、認識、甚至聽到絕大多數美國同胞的想法。「個人可以代表國家」是種強大且難以抗拒的感覺，但我們可以學會打開和關閉這種感覺[5]。

在人類歷史的大部分時間裡，根本沒有如今的民族國家概念，也沒有所謂的國家認同。人類並不認為他們與數百或數千公里外、自己永遠不會注意到的其他人類之間，有任何共同之處。但自從人類發明了民族身分以後，就非常相信民族的真實性，甚至願意為這個概念進行殺戮與犧牲。

但只要一回到自己的國家之中，我的身分認同就會下意識地重新洗牌。我會成為作家、鄰居或家長，取決於我當下身處的場合。在我看來，其他美國人又重新變回某種鬆散的個人群體，其中的相異點永遠比共同點多。

群體身分是複雜、多變且強大的力量，而這是柯蒂斯故事中的第一個衝突點火器。強大的群體身分（如幫派從屬關係）可以使衝突變得更加不穩定，其認同所施加的力量遠比衝突本身更強大。無論是氏族、幫派還是軍隊，群體認同都會產生間接經驗，再像餘震一樣在團體中傳播種種痛苦和驕傲。團體可以擴大衝突，將常態性的衝突陷阱轉變為牢不可破的衝突監獄。

在某種程度上，群體就像衝突本身：大多數時候，群體提供了一股向善的力量，給予我們社交結構、安全感和目標，促使人類達成許多歷史上最偉大的成就：沒有群體，就不會有大教堂、金字塔、世界盃、交響樂、天花的消滅。

那麼，究竟是什麼因素，讓人類故事的群體衝突演變為不斷蔓延的地方性暴力，將整個社區——有時是整個國家——裡面的幾代人都困囿在悲劇之中？

在一八〇〇年代後期，哈特菲爾德家族和麥考伊兩個家族的衝突，肇始於一場關於農場動物的平凡爭端。當時一切並沒有什麼不尋常的地方，然而法官選擇讓哈特菲爾德家族和麥考伊家族組成陪審團時，就將事件推往了不同的方向。現在，這起事件變成一場全面的群體衝突，將更深層的忠誠問題拉進遊戲之中。

陪審團必須由具備不同群體認同的人員組成，然而這起案件中的陪審團卻在身分上與爭議雙方（男性、農民、退伍軍人）高度重疊。原告麥考伊和被告哈特菲爾德也有許多重疊的身分，從資料上來看，兩人相異之處並不多。

這起案件中雙方最明顯的區別是姓氏，這也是陪審員分成兩派的關鍵。因此「姓氏」這個身分認同在審判期間浮出水面，並在此後變得極端突出。若我們假設案件內容略有變化，其中的身分認同可能會出現很有趣的走向：如果今天是一名男性哈特菲爾德被指控毆打女性麥考伊，那麼哪個身分認同會在這起案件中特別突出呢？

事實上，法官在選擇陪審團時，不可避免地激發了強大的家庭忠誠度，讓大家看到此案件中存在清楚的兩個對立方，充滿了危險與意義。而後在審議期間，當麥考伊家族裡一位親戚投下對麥考伊不利的一票時，此案的判決變得更加沉重了。這張對麥考伊的反對票不僅害他輸了官司，還是一種背叛，一種非常公開的背叛。這種背叛會激起心理疼痛，就跟蓋瑞在社區中被拒絕時帶來的效果一樣。

儘管如此，麥考伊還是接受了判決。請記住，庭審結束後整整一年半沒有發生重大衝突事件。但是群體不易受控，他們包含許多不同的個體，這就是為什麼群體身分是如此強大的衝突點火器：只需要一、兩個流氓堂兄弟，就可以製造暴亂。

在流氓堂兄弟們打死對麥考伊做出不利證詞的目擊者後，衝突就開始以幾何級數的方式增長。每當另一個家庭成員或盟友受到傷害或羞辱時，團隊中的其他人也能夠體會到同樣的痛苦。

在實驗研究中，當人們看到親人受到輕微電擊時，大腦中評估疼痛的腦區也會被活化。也就是說，大腦會針對他人的疼痛做出反應，就好像電擊發生在自身一樣。對於這些神經元來說，第一人稱的疼痛和集體的疼痛之間，並沒有明顯的區別[6]。

在團體中，我們發自內心感受到彼此的痛苦，以及彼此的驕傲和喜悅。籃球迷看到自己支持的球隊獲勝後，行為表現會有所不同：與剛剛目睹球隊輸球的球迷相比，贏球的球迷對自我的感覺更為良好，甚至評估自己在拼圖和其他遊戲中的能力時，會預期本身能夠表現得更好[7]。這種狀況展現了人性中一種迷人的怪癖：我們依靠「代理性」（proxy）來生活——我們高估了自己的能力，因為與自身無關的勝利而覺得自己變得更好。

當柯蒂斯看到本吉從三分線外投進一記完美的射籃時，他感覺身體裡油然冒出勝利的感覺，彷彿投出那顆三分球的，是他自己。以類似的方式，哈特菲爾德和麥考伊家族恩怨中的每個失敗或勝利，都不只是一、兩人的失敗或勝利，因為背後有八十人對此感同身受。隨著每一次的報復行動，八十顆大腦都以類似的方式運行。這就是群體衝突何以成為一種難以抑止的傳染病。

「欸！伙計，你不是拉丁裔的！」

柯蒂斯第一次加入幫派時，不小心選錯了邊。那時他只有九歲，因為膚色比其他人淺，且他的祖母又有能力買一台電子遊戲機給他玩而遭到排擠。柯蒂斯是三個兄弟姐妹中的老大，母親在十六歲時就生下他，是一名單親媽媽，因此柯蒂斯身邊沒有哥哥或父親可以保護他、給予他建議。幫派中的其他孩子們一直說他皮膚白，看起來像拉丁裔。他不太確定拉丁裔是什麼意思，只知道拉丁裔的孩子都加入「拉丁國王幫」（Latin Kings），所以他去了自認該去的地方。

拉丁國王的幫派入夥儀式發生在某一天放學後，幫內其他孩子將柯蒂斯銬在一棵小樹上並加以毆打，他們多半打在軀幹上，但有個人一拳打在柯蒂斯嘴上。在那之後，他們要求柯蒂斯必須與他的朋友史蒂夫打上一架以示忠誠，但之後因為史蒂夫也試圖加入幫派，所以他們倆必須找其他人打上一架。在此之後，他們被幫派接受，柯蒂斯很自豪，好像從此有了某種不同的身分。

但這種好感覺並沒有持續多久。「你他媽的到底在搞什麼？你加入拉丁國王幫？你瘋啦！」柯蒂斯的堂兄弟不停嘲笑他：「欸！伙計，你不是拉丁裔的！」

這實在很尷尬。柯蒂斯想要找到歸屬感，卻反而遭受羞辱。這個團體終究不是他的歸宿，他得尋找另一個解決方案。不久之後，他找到了「邪惡領主幫」（Vice Lords），有人告訴柯蒂斯，他有親戚在那個幫派中。他知道的就這麼多，也許這會是他的圈子吧。

柯蒂斯加入邪惡領主幫之後，某天他騎上腳踏車前往西區的基督教青年會進行戲劇排練。那時他大約十歲，在戲裡扮演海盜，所以他戴上一頂黑金相間的海盜帽（這是邪惡領主幫的代表色），騎車穿越城市。一路上他非常張揚，引起所有人的注目，一群黑石幫幫眾看到後便毆打他，並搶走他的腳踏車。這是他有過最好的腳踏車之一，也是他第一次在芝加哥街頭被搶。

這是一個教訓。柯蒂斯這才明白自己被監視著，街頭上有許多信號不停地在發送和接收。這就是幫派，與他個人無關。

當他的家人在一年後搬到福斯特公園附近時，柯蒂斯毫不猶豫地加入黑石幫，想和附近的其他孩子們並駕齊驅。他想要歸屬感，所以需要一個新的團體，而一年前自己曾被這個幫派毆打的這件事並不重要。

這正是群體認同的棘手之處：它可以引發衝突，但也能夠消除衝突——而這是衝突的第二個悖論。群體認同帶來了義務，包括造成傷害的義務，而有時在其他條件下、在其他群體中，卻有避免造成傷害、締造和平的義務。當人們進入或脫離暴力衝突時，背後幾乎總是有群體認同的因素在作祟。

而這一切都取決於群體中的規範和傳統：他們處理衝突的正確方法是什麼？如何定義什麼是冒犯？什麼時候該轉過去讓別人打另一邊的臉頰？大腦評估痛苦或威脅的方式，有一部分取決於團隊的領導階層。

衝突企業家

作為姐妹，翠西亞·尼克森（Tricia Nixon）和茱莉·尼克森（Julie Nixon）可說是形影不離，她們是彼此婚禮上的伴娘。當他們的父親尼克森總統在水門事件醜聞後成為第一位辭職的美國總統時，兩人仍然保持著親密的關係。「在成千上萬張照片中，她們站在父親身邊一起微笑、揮手或哭泣[8]。」記者瑪格麗特·卡爾森（Margaret Carlson）如此寫道。

然後在一九九七年，也就是她們父親去世三年、水門事件發生二十五年之後，姐妹倆陷入了高衝突，就父親留下來的圖書館應該如何運作，一直無法達成意見一致：究竟應該主要由家庭成員或外部人員來管理圖書館。

我們都聽過許多兄弟姐妹反目成仇的故事：女演員姐妹瓊．芳登（Joan Fontaine）和奧利薇亞．德．哈維蘭（Olivia de Havilland），在母親葬禮後不再交談，三十八年後芳登去世前，姐妹倆仍然彼此疏遠；在德國，阿道夫．達斯勒（Adolf Dassler）和魯道夫．達斯勒（Rudolf Dassler）兄弟倆共同創立了一家運動服裝公司，後來卻因微不足道的小事分道揚鑣，而由此產生的愛迪達（Adidas）和彪馬（Puma）今天仍然是彼此的競爭對手[9]。

事實上，我們在提到「兄弟姐妹」時所聯想到的相親相愛狀態，其實在手足關係中反而比較少見。只有大約三分之一的美國成年人認為自己與兄弟姐妹有密切的關係，能夠相互支持；還有三分之一認為彼此是敵對或競爭關係；而剩下的三分之一則對他們的兄弟姐妹漠不關心，或者雖然抱有好感但很少說話。

兄弟姐妹代表我們多數人在人生中擁有最長期的關係。如果我們夠幸運，父母會在自己的生活中大約存在五十年，但是兄弟姐妹則可以陪伴我們七、八十年，而其中有很多時間可以用來建立誤解、錯待和怨恨。所有的兄弟姐妹關係都是從衝突開始的，因為孩子們在家中會爭奪

1968年12月22日，新婚的茱莉．尼克森和大衛．艾森豪（David Eisenhower）在紐約市廣場飯店與新娘的姐姐兼伴娘翠西亞．尼克森合影。©Bettmann/Getty Images

父母的注意力，讓「慢燉鍋」越積越多。手足關係，就像是場持續一輩子的競選活動。

在這種狀況下，父母和其他親友可以左右衝突動態，協助降低手足衝突中的毒性。但是，有時他們也會做出相反的事情，加劇手足之間的偏執和敵意，播下懷疑的種子，到處傳播謠言。這些人就是我們所說的「衝突企業家」，是繼「群體認同」之後，我們要討論的第二個衝突點火器。

在尼克森姐妹的不和中，家人和圖書館員工都忍不住選邊站。最終律師介入，圖書館館長則遭指控煽風點火。「他做了所有仇視尼克森的人都做不到的事——在這個家庭中製造心結。」一位圖書館董事會成員表示[10]。

此案中帶有憤怒言語的信件外洩，雙方總共提出兩起訴訟。捐贈給圖書館的兩千萬美元基金被凍結，因為姐妹兩人無法達成共識。「姐妹之間現在就像路人一樣。」一位圖書館員工這麼說[11]。

這是一場經典的高衝突，除了律師之外，每個人的境況都比衝突之前更糟。「我認為這件事很令人難過。」茱莉在衝突開始五年後表示，「這場衝突使我心碎，因為我非常愛我的姐姐[12]。」不管她多麼想結束，這場衝突依舊折磨著兩人，並可能一直持續到其中一方死亡才得以結束。許多兄弟姐妹之間的衝突，確實如此收場。

然後，有人出來打斷了惡性循環。法官命令姐妹兩人面對面解決衝突：「我會舉辦一場派對，每個人都必須出席[13]。」

二〇〇二年一個溫暖夏日，姐妹倆在邁阿密市中心比斯開灣的洲際酒店閉門會面，兩名非執勤期間的警察在會議室外面站崗，一名法庭任命的調解員和一群律師也在場，並宣誓保持沉默。姐妹倆找到脫離群體的機會聊了起來，並在凌晨兩點前達成協議。

一場持續五年的衝突，不到二十四小時就得到解決，最後的協議只有兩頁。當衝突企業家被邊緣化，姐妹倆終於找到溝通的自由，衝突於是變得健康。兩位女士在會議室外給了彼此一個充滿情感的擁抱。「茱莉和我五十多年來一直深愛彼此，」翠西亞說，「我們會一直持續對彼此的愛[14]。」

防止高衝突的方法之一，就是學會識別身邊的衝突企業家，放亮眼睛注意誰往往在衝突有新發展時欣喜若狂、誰會迅速證實你的每一句哀嘆，並指出旁人甚至沒有想到的錯誤？我們都見過這樣的人，所以與他們保持安全距離很重要。

這在實際生活中可能很難做到，對於已經陷入衝突的人來說更是如此。因為衝突企業家往往是非常重要的人，而且可以表現得充滿愛心、有魅力又有說服力。最好的衝突企業家，可以使他人難以離開自己的陪伴。他們善於成為群體認同的核心，讓人們覺得：若是沒有他們，就很難塑造出「我們」。

石頭之愛

黑石幫是個特別強大的團體，因為他們擁有一位傑出的領袖。該組織由傑夫·福特（Jeff Fort）這名年輕人與其他朋友，於一九六〇年代共同創立，為美國國內的種族不公現象發聲。福特以非比尋常的方式發揮出魅力，他向當地政界人士提供消除貧困的具體建議，並受邀參加尼克森總統的就職典禮[15]。

在柯蒂斯的成長過程中，福特在當地社群中享有盛譽。當他和隨扈經過小學操場時，孩子們會趴在圍欄上看他。福特宣揚伊斯蘭教和非畜力量的優點，並在黑石幫於南德克索大道買下的一幢建築物中，為年輕的黑人男性提供一個聚會空間（福特在一九八〇年代創建了另一個名為魯肯幫〔El Rukns〕的新幫派，柯蒂斯後來也加入了該幫派。為了避免混淆，後文將參照如今柯蒂斯所用的稱呼，將這個組織與其前身統稱為「石頭幫」〔Stones〕）。

這幢建築物被稱為聖殿。它的大門由不鏽鋼打造，上面帶有三把栓鎖。這個空間同時是迪斯可舞廳與武器庫，每個星期五還會化身為清真寺。福特戴著深色太陽眼鏡（即使在法庭上也是如此），坐著他的凱迪拉克豪華轎車在城市中穿梭，由司機與保鏢簇擁護送。福特在聖殿裡有個寶座——一個真正的寶座，至少大家是這麼說的。福特會將新鞋分送給有需要的孩子。對於像柯蒂斯這樣的男孩來說，福特就代表了力量。

從一開始福特就很明白，芝加哥城的男孩和男人們非常想要在比自己更龐大的組織中找到歸屬，這使他得以扮演一個出色的衝突點火器。他憑直覺就理解了衝突背後的心理機制。他為所有石頭幫幫眾製作T恤，並列出了一份清單，公告神聖的石頭幫價值觀：愛、真理、和平、自由和正義。他創造了一種石頭幫特殊的握手方式、特殊的帽子戴法和皮帶繫扣的方式——一種石頭幫的存在方式。

年幼的男孩想加入石頭幫，必須獲得父母的許可。福特敦促幫派成員完成高中學業，並教導他們不要吸毒和酗酒。但與此同時，石頭幫在芝加哥經營一個相當成功的販毒網絡。在一九八〇年代初期，如果不從石頭幫手上獲得許可並上繳一部分的利潤，就無法在芝加哥南區販售興奮劑和鎮靜劑，甚至是大麻[16]。據傳，石頭幫在威斯康辛州的密爾瓦基、明尼蘇達州的明尼亞波利斯和俄亥俄州哥倫布市都設有分支機構。

柯蒂斯想成為這一切的一部分，於是在中學時偽造了一封母親的信，加入了石頭幫。他的朋友傑西也成了其中一員，而且由於傑西受過體操訓練所以很強壯，很快就在圈中以能用拳頭替自己開路而聞名。如果柯蒂斯惹上敵對幫派的麻煩，傑西就會上場，將對方從柯蒂斯身邊扯開，柯蒂斯也會為傑西和其他石頭幫同伴做同樣的事情。對於柯蒂斯來說，他覺得自己終於找到了歸屬。當他每天把帽子轉向左邊時，他知道自己並不孤單。

部分真實，部分謊言

群體的創立，一開始是為了替某人解決問題，因此可以基於種族、宗教、共同的親屬或任何將人們聚集在一起的理由而存在。群體的性質會隨著問題的性質改變而有所不同，人們可以相對平靜地相處幾十年，然後某日發生某些事情（通常是土地、金錢或政治爭端），於是群體中累積的陳舊怨懟瞬間得到了新生命。

群體生活中部分是真實的，卻有一部分是謊言；而且衝突越嚴重，謊言就越龐大。

近期在敘利亞的內戰已造成約五十萬人喪生。這場內戰被視為一場毀滅性的種族和教派衝突，但戰爭最初的原因根本與群體分裂無關，而是牆上的塗鴉。

二〇一一年三月，在敘利亞一個名叫德拉（Dara'a）的安靜邊境小鎮裡，一群十幾歲的男孩在一所高中牆上噴漆「自由」和「輪到你了，醫生」這些字眼，暗示敘利亞總統巴沙爾·阿薩德（Bashar al-Assad）這位受過眼科醫學培訓的獨裁者，將追隨突尼西亞、埃及和利比亞的領導者們，成為下一個在阿拉伯之春動盪期間倒台的人。

作為回應，阿薩德的安全部隊逮捕了這些男孩，並拒絕讓他們的父母知道孩子在哪裡。這些青少年遭到長達數周的毆打和折磨，當地人發起抗議時，安全部隊更向人群開槍，造成數人死亡。這起抗議活動蔓延到其他城市，阿薩德政權以坦克和空軍殘酷地鎮壓人民的起義。

在這股暴力浪潮中，人們開始為了安全而撤退到群體中，喚醒許多舊有的、潛在的身分。這是一種身體和精神上的生存方式，人們需要一個指南針來為大屠殺下的生活導航，而許多人一把抓住了最容易獲得的那個指南針。

敘利亞主要由阿拉維派（Alawites）統治。這是伊斯蘭教的一個教派，其成員包括阿薩德，但他們只占敘利亞總人口的一二%；遜尼派（Sunnis）才是敘利亞人口的大多數，手中卻幾乎沒有政治權力。隨著該政權殘暴行為的消息傳開，部分遜尼派開始將執政的阿拉維派視為敵人並進行攻擊。相對地，阿拉維派寡不敵眾，擔心阿薩德若遭推翻，自己會在遜尼派的報復性殺戮中遭到屠殺，所以有些人開始組建民兵團體來保護自己，而這恰巧坐實了遜尼派最大的憂慮[17]。

「作為人民，不希望彼此之間發生任何事情。」一位名叫穆罕默德的遜尼派男子在二〇一一年對記者說，當時衝突剛開始三個月，還沒有人將其稱為「內戰」。「但這個掌權的人正在迫使我們憎恨阿拉維派[18]。」

穆罕默德可以感覺到，由阿薩德和其他機會主義領導者操縱的群體衝突，正在一步步接管敘利亞的社會。即使他覺得被衝突捲入其中，也能看清楚它的本質。他的一位阿拉維派老朋友發訊息給他，詢問他的家人是否安好。他告訴這位已結交二十五年的老朋友真相：他的兩個姐妹，剛剛在當地政府的鎮壓中被殺害。

潛在的身分認同很快就在敘利亞重新萌芽，加深社會中的種種分歧。在衝突企業家的推動下，沉寂了幾代的古老宗教紛爭和種族衝突死灰復燃，造成一個世間最邪惡的循環。「種族戰爭不只是簡單地『發生』，」政治學家蓋瑞．巴斯（Gary Bass）寫道，「它們是被製造出來的[19]。」

具有衝突點火器特質的領導者抓住衝突中的機會，將其轉化為自己的優勢。阿薩德政權需要敘利亞人和其他全球領導者擔憂他的敵對勢力，而不是害怕他的政權，因此他們有意幫助對手中最激進的分子製造事端：他們釋放了極端主義囚犯，甚至向抗議者提供武器[20]。

這聽起來很瘋狂，為什麼像阿薩德這樣的獨裁者，會幫助那些試圖推翻他的人？因為他瞭解恐懼，知道這會強化群體認同，而他需要一場面對恐怖分子的衝突，而不是面對自己人民的罪行。

你我可能會覺得敘利亞很遙遠，但是我對衝突瞭解得越多，對這些模式就越熟悉。世界各地都一樣，具有衝突點火器特質的領導者，會故意利用我們的身分認同製造爭端。

印度總理莫迪（Narendra Modi）、波蘭前總統卡欽斯基（Lech Kaczyński）、美國前總統川普（Donald Trump）和土耳其總統埃爾多安（Recep Tayyip Erdoğan）都是煽風點火的大師。他們故意煽動彼此敵對的身分認同，以提高自身聲望和權力。他們就像幫派頭目一樣，催化對彼此的蔑視，使鄰居間相互傷害。

以人性中的慣性思維而言，往往難以抗拒針對身分認同進行的操縱[21]，但也並非不能戰勝。首先記得保持警惕：當我們在某個身分認同上感覺到一股新生的力量時，要特別小心行事並詢問自己：這股力量將為誰服務？

領導者可以利用人們最糟糕的本能，也可以幫助我們展現最好的自己。每個人身上都包含著許多版本的自己，可以在不同的狀況中將之喚醒或予以壓制。

希望的證明

在福斯特公園籃球場上的驚鴻一瞥後，柯蒂斯再度有機會看到本吉打球。當他發現本吉瘦長的身軀在球場上穿梭時，他會興奮地喊：「那是本吉哥！」有時他會站在場邊，看著本吉練習罰球，視線追蹤著籃球從本吉手裡畫出漂亮的拋物線，然後落進球網，彷彿兩者之間有著不可抵抗的磁力。本吉的球技實在令人著迷。

柯蒂斯這樣盯著看的時候，本吉並不會趕走他，而是一球接著一球投，就像全神貫注於工作的人，深邃的雙眼緊盯著目標。

一九八四年，本吉帶領西蒙高職（Simeon Vocational High School）的球隊獲得州冠軍，芝加哥第一位黑人市長哈羅德．華盛頓（Harold Washington）來到位於文森大街的學校祝賀他們的勝利。那年三月，本吉的名字在《芝加哥論壇報》（*Chicago Tribune*）上出現了不下二十次。他成了當地的名人，並走向全國的風口浪尖。該報甚至在頭版刊登了關於西蒙高職的報導，並在標題中稱其為「勝利者的學校[22]」。

這對柯蒂斯來說很重要，因為他周圍的社區正在發生變化。「畫紅線」（redlining）——也就是銀行拒絕提供貸款給某些非裔住民比例偏高的社區——在當時已被正式取締，但陋習繼續以不十分明顯的方式存在[23]。柯蒂斯的鄰居主要是非裔中產階級，家庭收入達到或高於全市平均水準，卻很難獲得貸款來修繕房屋或購買新居。因此在該社區的一百二十一幢建築中，有超過一半是閒置的[24]。

當時古柯鹼還沒有到達芝加哥，但大多數孩子都認識一個吸食海洛因或興奮劑的叔叔阿姨。曾經熱鬧不已的七十九街商業區，正在轉變為毒品、賣淫和酒類商店的集散地。

但不可否認的是，芝加哥還有本吉·威爾遜。他在球場上點亮了這個地方，證明福斯特公園的希望。根據群體認同的傳遞性，本吉屬於南區的所有孩子，尤其是對他的石頭幫同伴而言更是如此。在課間休息時，十二歲的柯蒂斯衝上球場，瘋狂地投出一球時，他覺得自己就是本吉·威爾遜。

至此之後的一學年裡，《體育新聞》（*Sporting News*）將本吉列為全國排名第一的高中籃球運動員，而他所屬的西蒙高職球隊，有望再次贏得州冠軍。隨著名氣越大，本吉似乎就越努力練習。如果他去年在福斯特公園每天投三百球，今年他將投四百球。

到了當年十一月，他已將大學的前三志願選擇範圍，縮小到伊利諾大學（University of Illinois）、德保羅大學（DePaul University）和印第安納大學（Indiana University）。前往德保羅大學參觀時，本吉站在離籃框約四公尺的地方投了二十球，只有三球沒進。德保羅的球隊當時在全國排名第二，但他們隊上沒有人能與本吉匹敵。

麥克·喬丹那年秋天來到芝加哥為公牛隊效力，顯然是球隊中最優秀的球員。柯蒂斯為他的家鄉球隊感到興奮不已，希望有一天本吉也能為公牛隊效力，因為喬丹畢竟來自北卡羅來納州。這沒什麼不好的，但本吉可是來自芝加哥城南邊的石頭幫啊！

十一月的某一天，大約就在感恩節前夕，柯蒂斯像往常一樣躺在沙發上，和祖父一起收看晚間新聞。其中一則新聞讓他坐起身來仔細傾聽。電視裡的主播說，當天稍早，高中籃球明星本吉．威爾遜在光天化日之下被開了兩槍。事情發生在本吉學校附近的文森大道上，當時是午餐時間，本吉正和他的女友在路上散步。

「他們射殺了那個孩子？」他祖父輕聲問道。

柯蒂斯沒有回答，他正在努力理解方才聽到的消息。新聞說，子彈貫穿了本吉的肝臟和主動脈，但主動脈是什麼呀？那時醫生正在為本吉做手術，而孩子們在醫院守夜。大家說本吉的情況很嚴重，但他才十七歲，還很強壯，希望上帝保佑他。本吉這個賽季的第一場比賽原訂在次日晚上進行，柯蒂斯祈禱本吉康復後仍然可以打球。

新聞結束後，柯蒂斯和祖父一起看了接下來的比賽，但他無法不去思考剛剛聽到的消息：想像本吉．威爾遜遭槍殺，就在文森大道上，一個他經過許多次的地方。這怎麼可能，本吉沒有敵人呀，為什麼有人要傷害他呢？

本吉於次日早上六點去世。

柯蒂斯隔天在福斯特公園聽到這個消息，覺得自己好像再也無法呼吸了。

他心中充滿疼痛，那種痛像強酸一樣蔓延全身，從內部侵蝕他的身體。

人都會死。十二歲時柯蒂斯就知道，不僅是老年人會死，只要捲入毒品交易的暴力之中，年輕人也會死。但英雄不應該死啊，不應該是這樣的……種種思緒開始在他腦海中交互盤旋。

為什麼是本吉？

他覺得喘不過氣來。

本吉死了我們還有誰？我們再也無法出頭了呀！

「你猜怎麼著？」一個孩子對柯蒂斯說，「比利和奧馬爾殺了他。」

這條消息又是一記重拳打在柯蒂斯胸口上。

比利和奧馬爾？柯蒂斯認識這兩個人，他們就住在附近轉角，只是再普通不過的孩子，兩個無名小卒。

報紙上說，十六歲的比利．摩爾（Billy Moore）用一把點二二口徑手槍近距離開槍，而事發當時他的朋友奧馬爾．迪克森（Omar Dixon）在他身旁。「這是一起隨機、無特定目的的槍擊事件。」一名警探告訴《芝加哥論壇報》，「這只是典型的街頭暴力[25]。」但柯蒂斯不接受這樣的說詞，他的自我意識在某種程度上無法忍受隨機和無目的的生活。

不，比利一定是認得本吉的。本吉是附近最高的孩子，又那麼有名，大家都認識他。比利一定是嫉妒本吉，事情就是這樣。

現在怎麼辦？

謠言悉悉簌簌地蜿蜒穿過福斯特公園。有人說，比利追趕本吉，是因為本吉把帽子轉向了左邊。

因為本吉把帽子轉向了左邊。

「他們在哪裡？」柯蒂斯懇求道。他知道去比利和奧馬爾家的路，他想讓這兩人感受到自己的痛苦。他們永遠帶走了他的一名家庭成員，並奪走了整座城市的希望。到底為什麼？現在他感到憤怒，一種超越痛苦的憤怒。

葬禮在感恩節後兩天舉行，本吉躺在棺材裡，穿著他的藍金色西蒙高職球衣，棺材旁邊放著一束籃球形狀的花，上面裝飾著本吉的號碼：二十五。芝加哥街頭湧入了一萬人為本吉送行，三小時的葬禮演講透過安裝在卡車上的喇叭，沿街傳遞給哀悼者。市長哈羅德・華盛頓講話時聲音哽咽，承諾將採取新措施來結束幫派暴力。傑西・傑克遜牧師為這種愚蠢感到痛惜：「一位超級巨星死了——在手無寸鐵的情況下，冷血無情地遭受重擊後隕落[26]。」

但柯蒂斯沒有出席葬禮。他正忙著喬好事情，那個周末柯蒂斯偷了祖父的點三五七麥格農左輪手槍，開始了一項未來將困擾他多年的行動。

「情緒的核彈」

當心理疼痛變得難以忍受、比排斥更糟糕，或轉變為羞辱時，就會暴發衝突。

「羞辱是『情緒的核彈』[27]」，心理學家暨醫生伊芙琳・林德納（Evelin Lindner）寫道。這就是為什麼「羞辱」是繼「群體認同」「衝突企業家」之後的第三個衝突點火器。羞辱構成一種生存威脅，危及我們內心最深處的部分，即我們認為自己很重要、自己有價值的這種感覺。林德納表示，羞辱是「對個人或群體的強制貶低，也是一種損害或剝奪對方驕傲、榮譽和尊嚴的征服過程」。

人們需要一份「重要性」。這就像氧氣，是生命的基本需求，而我們對重要性的需求隱藏在各種群體衝突的背後。就像在柯蒂斯的故事中，若發現團隊中受人尊敬的成員會隨意遭到扼殺時，我們會輕易導出一個結論：這代表自身也輕如鴻毛。這是一種對尊嚴的碾壓，就像生命失去氧氣。

請注意！柯蒂斯聽到本吉死亡的消息後，冒出的第一個想法竟是關於自己在世界上的位置：「我們還有誰？我們再也無法出頭了呀！」屈辱令人產生絕望。

林德納對參與索馬利亞和盧安達衝突的兩百多人進行採訪時，發現「羞辱」在受害和迫害的故事中無所不在——而受害與迫害的故事，通常是由同一個人講述的：羞辱的感覺會導致羞辱的行為，並形成惡性循環。林德納發現羞辱可以成為一種癮頭：「與任何形式的成癮或依賴一樣嚴重且消耗精力[28]。」

而這麼長的時間裡，羞辱竟遭到人們忽視，實在非常令人驚訝。我們很少在歷史書籍或政治衝突的新聞報導中讀到羞辱。《紐約時報》專欄作家湯馬斯．佛里曼（Thomas Friedman）在周遊世界時，注意到這一疏漏。他寫道：「我學到關於國際事務最重要的一件事就是：『國際關係中最被低估的力量是屈辱[29]。』」大多數記者更關注戰鬥策略或對土地、石油、權力的追求。但忽略了屈辱，等於無視這股引發各種衝突的強大伏流。它折磨著首相和將軍，就像它折磨著游擊隊員和幫派成員一樣。

身為監獄精神病學家，詹姆斯．吉利根（James Gilligan）曾多次採訪犯下嚴重罪行的犯人，並開始注意到羞辱與暴力的直接聯結，就像火焰與煙塵那樣息息相關。他在書中寫道：「我未曾看到一場嚴重的暴力行為，不是由羞恥和屈辱、不尊重和嘲笑所引起的。除此之外，還有各種因為想要避免丟臉，或因為想要找回顏面而進行的種種暴力[30]。」

對某些人來說，這個循環永遠不會有休止的一天。林德納寫道：「有些人在屈辱中茁壯成長。這樣的人沉迷於羞辱感，因此會有系統地激怒他人做出羞辱的行為後再加以『報復』，以平衡自己所遭受的羞辱[31]。」林德納警告我們要小心這些人，如果像這樣的人登上領導地位，並把一個國家刻意蓄滿了羞辱的情緒，那麼戰爭和種族滅絕就會隨之而來。

但究竟什麼是羞辱呢？這是一個難以回答的問題。大屠殺倖存者告訴心理學家尼可·弗里達（Nico Frijda），二戰期間集中營的警衛，會命令囚犯一再重新整理床鋪，直到鋪位看起來完美為止。男性倖存者說，他們對這樣的經歷感到羞辱，但女性倖存者並沒有同樣的感受[32]。在許多集中營的侮辱手法中，囚犯們對這件事有不同的解釋：警衛蓄意騷擾囚犯是事實，但是否要對這種騷擾感到羞辱，取決於一個人的身分和世界觀：怎麼做才「夠男人」？什麼事是重要的？而什麼事較不重要？

事實證明，羞辱不是一種客觀的感受，而是一種主觀的情緒，而我們的文化和價值觀塑造了解讀情緒的方式。這並不表示羞辱是虛構的——羞辱所帶來的痛苦既真實又難以忍受——而現代科學最令人驚訝的發現之一，就是證實情緒和思想不能相互分離，兩者是緊密交織在一起的。

若我們感到羞辱，是因為大腦快速評估了發生的事件，並將評估結果融入我們對世界的理解。會覺得自己遭到貶低，也是因為我們自認位於高處。舉個簡單的例子：我一生中只打過一次高爾夫球，說實在的，我根本一點也不在乎打得好不好。如果我用盡全力揮動球桿，卻完全沒碰到球（我至少做過一次這種事），我會覺得自己有點愚蠢，然後可以開開自己的玩笑，但我不會覺得丟人，因為擅長高爾夫球並不是我身分認同的一部分。但如果老虎伍茲做出同樣的事情，他可能會感到丟臉，尤其是這個情景被相機捕捉到的話。

最嚴重的羞辱，是那些公開的羞辱。二〇〇四年在北愛爾蘭的和平談判中，愛爾蘭共和軍同意銷毀武器，但他們的對手要求拍照存證，以證明達到要求，並認為這僅僅是一個行事透明度的問題而已。但愛爾蘭共和軍領導者拒絕了，認為要求照片的行為太過分，和平談判因此陷入僵局。「一人的透明度，是另一人的恥辱[33]。」愛爾蘭共和軍政治部門主席格瑞．亞當斯（Gerry Adams）說。

如果羞辱既是衝突的核彈又同時是一種主觀感受，那麼它就是可以被操縱的，也能夠被故意煽動。這是個激進的觀點。今天許多人都認為（或許比以往任何時候都強烈），情緒是由事件引發的反射性反應，這也是許多大學校園中的「安全空間[34]」概念來源：人們需要受到保護，以避免被可能引起情緒反應的事件所刺激[35]。

然而一世紀以來的研究，依然未能確定產生情緒的物理途徑，例如沒有具辨別度、一致性且客觀的標準可以用來衡量憤怒。情緒體驗因文化而異，而就如何理解情緒、在什麼狀況下可以表達情緒等問題上，不同文化之間存在很大的差異。換句話說，情緒是社會性的，我們每個人都參與形塑情緒的過程。

這樣一來，感到屈辱就與缺氧有所不同了。屈辱的情緒有一部分是我們思想和經驗的產物——情感是真實的，就像國家認同是真實的一樣，但它們不是客觀事實。

在本吉死去那天，柯蒂斯無論如何都會感到痛苦。但是換個角度來說，在平行宇宙中，柯蒂斯或許可以用不同的方式解釋這種損失。

記住，本吉並不知道柯蒂斯的名字，他們不是朋友；本吉去世後，柯蒂斯的日常生活也不會改變。當本吉被殺時，我們可以想像柯蒂斯會經歷深深的悲傷甚至恐懼，但這並不是屈辱。

當時，在柯蒂斯唯一能感覺到的現實中，立即認為本吉的死，是對自己內心深處的威脅、對自尊的打擊。他因本吉感受到一種洶湧的情緒，而他並不是唯一一個有這種感覺的人。柯蒂斯與他的朋友們看到本吉打球時，體驗到集體自豪，而它的另一面就是集體屈辱：當英雄被剝奪，團體中的其他人也會經歷這種屈辱。這是將高高在上的人強行貶低，並且是在公開場合下進行的，有目共睹。

在本吉之死背後，許多不同的力量和經歷塑造了柯蒂斯對這件事的解釋，其中最重要的是他驟然遭受的暴力。從七歲左右開始，柯蒂斯就近距離目睹了種種暴行，受害者不僅包括幫派成員，也有他最親密的團體，也就是他的家人。柯蒂斯一次又一次地看到母親被每一任男友毆打，而柯蒂斯本人甚至曾遭其中一人騷擾。

柯蒂斯很早就決定，他不會讓發生在母親身上的事情發生在自己身上。正如同他所說的，他不會成為「獵物」，所以需要時刻保持警惕。他的大腦不得不在最微小的事情中尋找線索和警告，以保護自己免受這種難以預測的威脅：有時可能是某人看他的方式、某人戴帽子的方式。這個世界充滿威脅，而他必須保持高度警惕。

這就是慢性壓力和創傷對人的影響：任何讓大腦回憶起創傷的事情，都會被解釋為威脅，即使它並不是。在這樣的狀況下，衝突變得極其難以避免。

還有其他因素也影響了柯蒂斯對本吉之死的解釋。群體會影響一個人看待世界的方式，塑造預設框架來幫助人們瞭解正在發生的事情，而其中的領導者也會優先放大某些情緒。

這也就是為什麼某些語言具有特殊的情感詞。例如在芬蘭語中，「sisu」（發音為 SEE-su）是一個重要的詞彙，指稱面對巨大困難時的內心澎湃。在芬蘭，描述民族各種成就（從在凍土中種植馬鈴薯，到建立當今世界上最好的教育體系）的各種文獻中，都曾使用這個詞。但是英語中並沒有這種詞。

一九六〇年代，人類學家珍．布里格斯（Jean Briggs）住在北極圈內的因努特烏特庫族（Utku）的聚落中，發現烏特庫族人會拒絕憤怒。這樣的情緒在他們的文化裡是不被允許的。他們容許孩子生氣和發脾氣，但大約六歲之後，就應該表現出「ihuma」——這是一種深刻的自我控制，讓人不會憤怒，而能產生外在的平靜或笑容。雖然仍然會有看得出來的怒氣，但發生的頻率不是很高[36]。

許多幫派文化與烏特庫人相反，認為憤怒代表強大，而任何輕微的摩擦、被盯著看、被罵賤人或被推搡都是潛在的威脅。這不僅是為了幫派成員的人身安全，也是為了展現男子氣概、個人對世界的重要性。就像烏特庫人壓抑憤怒一樣，幫派中也會壓抑憤怒以外的情緒。他們無法容忍恐懼，尤其是在面對挑釁時，不做回應就等於是被羞辱。因此在幫派中，羞辱可說是種預設框架，一種立即解釋世界上任何混亂和不公正的方式。

柯蒂斯從很小的時候，就被種種威脅所包圍，包括真實存在的威脅，以及認為自己受到威脅的感受。有太多事情都告訴柯蒂斯，他的存在無關緊要。因此，他在幫派中找到後援，任何讓自己感到渺小，或以壓倒性力量使他感到害怕的事情，他都學會要做出反應。

槍擊事件後，比利和奧馬爾幾乎立即遭逮捕並關押在監獄中，傑西．傑克森和其他領導者則呼籲儘速起訴這些犯罪的青少年。「如果本吉在太平間度過感恩節，」傑克森說，「兇手就應該在監獄裡過聖誕節[37]。」

但對柯蒂斯而言，監獄聽起來與正義沒什麼關係，他必須想辦法平息心中的痛苦。他知道比利和奧馬爾是石頭幫敵對幫派「門徒幫[38]」（Gangster Disciples）的成員，本吉的死是具有針對性的，而不是隨機殺人。柯蒂斯聽到人們說，他們開槍殺了本吉，因為本吉的帽子轉向左邊。這實在太有道理了，所以柯蒂斯認為自己接下來必須做的事情也有其道理。

心愛的石頭幫兄弟遭門徒幫的混混殺死，如果他不能找到比利和奧馬爾，其他門徒幫眾也可以替代，群體內本來就包含許多個體嘛。

「我真的對門徒幫一無所知，只知道他們穿著跟我們相反的顏色，戴帽子的方式不同。」柯蒂斯說，「然後人們開始告訴你，門徒幫當年對石頭幫所做的這些事、那些事……」

透過這種方式，石頭幫培養出對門徒幫的仇恨。石頭幫的人都說，門徒幫的傢伙既無知又下流。「髒鬼」是他們對門徒幫的稱呼，將對方貶得很低，而將自己抬得很高。

「『我們比那些髒鬼更好』，這種看法深深根植於我們腦海中。」柯蒂斯說，「我們總是抱著一種優越感，認為自己比他人更好。事實上，無論是比他人好還是比他人糟，這種想法總是能夠創造出戰爭的空間。」

柯蒂斯認為，如果門徒幫用槍，那麼他也需要一把槍，才能保護自己。他必須報復。不久之後，柯蒂斯就在比利家附近的街區，朝門徒幫的幫眾們開槍。而這些遭到他追殺的男孩們，幾個星期前才和他一起練習月球漫步。

柯蒂斯不記得當時心中曾存有任何懷疑，一切沒有懷疑的餘地。

如果本吉是被石頭幫自己人殺死的，而不是門徒幫，事情該怎麼發展？這並非不可能，被自己人幹掉這樣的事情每天都發生在混亂的街頭，但是柯蒂斯很難想像自己會有什麼反應。

「這會很令人痛苦，但我想自己心裡這一關可能比較容易過，對吧？」柯蒂斯這麼說，雙眼望向遠方。「我覺得這種傷害會更偏向內在，我會受很重的內傷，或許會把一切都悶在心裡，一個人坐在角落裡痛哭。但誰曉得呢……」

當時柯蒂斯的朋友傑西，對本吉之死的反應與柯蒂斯略有不同。他有時會加入對抗門徒幫的戰鬥，有時卻保持距離。他的心情非常複雜。

「哥兒們，這幫混蛋人還不錯，但我想做些不同的事情。」傑西這麼說。他是個積極進取的人，不久之後便開始在離福斯特公園不遠的藥局停車場裡賣熱狗，建立起一樁可以賺錢的小事業。

本吉被殺後不久，傑西被發現陳屍在那個停車場。他被一塊帶釘子的木頭打死了。傑西最終躺在敞開的棺材裡，戴著假髮，看起來像個陌生人，因為他的頭部嚴重受損。柯蒂斯看到這一幕時，內心發生了變化。他無法告訴自己傑西的生命無關緊要，因為這也意味著柯蒂斯自己的生命並不重要。

柯蒂斯再一次遭受突然且毀滅性的損失。而且再一次地，做出連自己都感到不適的解釋：藥局是門徒幫的地盤，每個人都知道傑西是石頭幫的人，他們因為傑西隸屬石頭幫而殺了他，就像他們殺了本吉一樣。

柯蒂斯處於戰爭狀態，而那就是他當下真實的感覺，一點也不誇張：男孩們隨時都可能被屠殺，對方沒有充分的理由，事後也沒有悔意。這一切只因為他們屬於不同的群體。

因此，隨著一件件犯行的積累，幫派衝突對柯蒂斯來說變得越來越有發生的必要。群體競爭提供了目的和秩序，為沒有連貫性的世界找出一種連貫性——事情不是無緣無故發生的，即使有些事看似偶然，背後都有所必然。

我們內心都有這種傾向，想找到一種對世界有意義的敘事，這就是陰謀論盛行的原因，也是為什麼許多人至今仍確信九一一事件一定是政府的陰謀，或者在康乃狄克州新鎮發生的二十名學童大規模槍擊事件絕對是場騙局——就像新冠疫情一樣。這些陰謀論與謊言會帶來一種反常的安慰，讓我們可以放下心來，認為生活並不是脆弱而混亂的——不，事實上一切都是由背後的權勢團體故意促成，而我們必須阻止這些人。

傑西死後，柯蒂斯從普通的幫派成員演變為成熟的幫派分子；從攜帶武器的人轉變成了使用武器的人。錯誤堆積如山，一切因果的線頭似乎都聚集到門徒幫身上。柯蒂斯認定這是唯一的解決辦法，即使這個辦法並不合理。

「目測一下」

「戰爭的持續吸引力在於，即使它帶來破壞和屠殺，卻也能給我們一生所嚮往的東西。它可以給我們生活的目的、意義和理由[39]。」——克里斯・赫傑斯（Chris Hedges），《戰爭賦予我們意義》（*War Is a Force That Gives Us Meaning*）

群體衝突往往比人們聲稱的要複雜、深入許多。人們受到情緒和偏見的推動，過於簡化事情。在這些層面上，群體衝突類似蓋瑞故事裡的人際衝突，但是群體衝突能持續得更久，其原因有二。

首先，群體會分享衝突並將其散播開來[40]。在馬克．吐溫（Mark Twain）的《赫克歷險記》（*Adventures of Huckleberry Finn*）中，巴克這個角色描述了一場困擾他家人長達三十年的衝突。「『好吧，』巴克說，『世仇就是這樣：一人與另一人吵架並殺了他，然後死者的兄弟殺了對方，然後兩邊的其他兄弟再開始互相殘殺。然後堂兄弟們一個接著一個插手，直到每個人都被殺死了，衝突也就結束了。但這麼做有點慢，需要很長時間才能完成[41]。』」

情緒比任何病毒都更具傳染性，我們可以簡單地透過故事就受到影響，無需任何人際接觸。人們在衝突中經歷的所有情緒裡，仇恨是最難處理的情緒之一。如果羞辱是情緒的核彈，那麼仇恨就是情緒的放射性原子塵，因為仇恨中所假設的敵人是不可改變的。如果敵人永遠是邪惡的，我們就沒有理由考慮任何創意的衝突解決方案，反正敵人永遠不會改變。從這個意義上來說，仇恨不同於憤怒：憤怒至少提出美好未來的可能性，潛在目的是糾正他人的行為；而在仇恨之下，合乎邏輯的結果是消滅對方。

仇恨會延長和升級衝突，並促使人們進行殺戮。一位研究參與者在描述自己對巴勒斯坦人的仇恨時，告訴以色

1972 年 8 月，在北愛爾蘭德里（Derry）針對英國陸軍巡邏發起的抗議活動附近的兒童。©Eamon Melaugh（cain.ulster.ac.uk/melaugh）

列研究員伊藍．哈普林：「這些人永遠不會改變，他們天生就是不誠實，他們也會這樣死去。一個阿拉伯人就算在墳墓裡埋了四十年，還是不值得相信[42]。」

久而久之，不斷累積的屈辱和仇恨使人無法放棄衝突：越多人投入衝突之中，就越難退出，就算退出衝突比較符合利益也是一樣。因為任何從衝突中叛變的人，等同於背叛自己的群體。因此群體衝突在所有啦啦隊和增援部隊的加固下，周而復始地持續進行。

這是使群體衝突如此強韌的部分原因。如果你找不到罪犯本人，你可以找到他的孩子或朋友，甚至只是住在同一街區的其他人，目標是無窮盡的。

而群體認同在這個情況中所做的第二件事是，加快一切發生的速度。它讓我們跳過正常的步驟，導致衝突升級得更快。為了識別朋友或敵人，群體中的成員必須走捷徑，有時甚至必須發明出一些差異。在一九八〇年代的芝加哥街頭，門徒幫穿著查克．泰勒鞋[43]，並把上頭的五星徽章刮掉，因為它看起來像石頭幫的金字塔符號；門徒幫穿藍色和黑色，而石頭幫穿黑色和紅色；門徒幫把帽子和皮帶扣戴在右邊，石頭幫則戴在左邊；幫派成員甚至可以透過姿勢來識別彼此，石頭幫交叉雙臂時右臂放在左臂上，而門徒幫則是左臂放在右臂上。

石頭幫的成員穿著 Polo 衫和便士樂福鞋[44]。他們通常是大專預科生，祖父母有工作並住在附草坪的房子裡；門徒幫的成員往往來自低收入戶並住在公寓，或至少柯蒂斯是這麼認為的[45]。兩個幫派之間有階級分界，雖然這條分界並不寬，有些門徒幫的人很窮，石頭幫的某些人也一樣，但他們不認為自己窮。如同大多數的群體衝突，對立的雙方之間存有實際上與想像中的差異，而這兩種差異都將使衝突繼續下去。

而事實是，這些差異完全是隨機且無意義的。假若柯蒂斯住在五個街區外，他就會加入門徒幫並將帽子向右轉。但他完全無法想像這件事，因為他對石頭幫的忠誠和對門徒幫的仇恨是如此地深。而就像大多數捲入群體衝突的人一樣，無論衝突的原因是宗教、政治還是犯罪，柯蒂斯的命運都被家庭、環境和雙重的差異所左右。

在北愛爾蘭，有三千六百人死於所謂的「大麻煩」，也就是眾所周知的北愛衝突。雙方必須想辦法在衝突中區分彼此，就像石頭幫和門徒幫一樣。新教徒主要希望繼續與英國的聯盟關係，因此支持愛爾蘭聯合主義者；大多數天主教徒則希望看到一個獨立於大不列顛的統一愛爾蘭，因此支持愛爾蘭民族主義。

但聯合主義者和民族主義者從表面上看起來完全相同，也慶祝同樣的節日、向同一個上帝祈禱。但攤在陽光下，大家都是脆弱的，就像我們的祖先一樣。因此為了區分彼此，人們會根據名字或運動衫來猜測彼此的身分。新教徒比較可能會觀看足球和橄欖球等典型的英國體育賽事；天主教徒則傾向曲棍球這樣的蓋爾[46]愛爾蘭運動。名叫威廉（William）或維多利亞（Victoria）的人，往往被推定為新教徒；名叫西莫斯（Seamus）或西歐班（Siobhan）的人則被認為是天主教徒。

人們也非常關注地理分布，大家都知道天主教徒住在這個街區，而新教徒住在另一個街區。真實和想像差異之間的界限是流動的。許多人說，他們可以根據眼睛的間距、頭髮的顏色，甚至是佩戴多少珠寶來區分天主教徒與新教徒。這種分類方式，後來被稱為「目測一下[47]」。

一九八〇年代初期的福斯特公園周邊，有兩個街區住著隸屬於門徒幫的家庭。這就是柯蒂斯在本吉和傑西被殺後，選擇發洩憤怒的地方。這兩個街區變成了戰場。

即使在暴力程度較低的群體衝突中，人們也會參與「目測一下」的活動。在大多數民主黨和共和黨都是白人、中產階級和異性戀的情況下，我們該怎麼分類呢[48]？美國民眾現在會根據人們吃的食物、駕駛的車、喝的飲料來猜測彼此的黨派傾向。去星巴克或奇波雷墨西哥燒烤（Chipotle）的人，被認為是民主黨人；經常光顧Dunkin'Donuts甜甜圈店或福來雞速食（Chick-fil-A）的人，則被認為是共和黨人。而基於這些不可靠的線索，接受調查的美國民眾表示，他們會因為這些吃穿用度的選項來決定親近或疏遠彼此[49]。

幫派衝突和其他多數衝突一樣，其中政治偏好的形成往往比我們想像的更隨機。絕大多數美國人並沒有「選擇」自己的政治傾向，只是聽從了父母的政治勸說，沒有長期研究所有選項，再做出關於政治的理性選擇——就像他們在選擇信仰宗教（或一個都不選擇）之前，也不會先研究所有宗教一樣。政治傾向比較像是一個隨機的問題，但人們往往並不這麼認為。

若我們將北愛爾蘭與美國進行比較，或以幫派爭鬥比擬政治兩極分化，看起來好像有點蠢。然而這些衝突具有共同點：若將群體認同簡化為膚淺的表象判別，會為衝突雙方帶來嚴重的後果，因為敵對的一方遭到醜化與扁平化了。無視和貶低這樣的角色是相對容易的。我們在衝突中會鄙視被醜化的對手，在和平時期則可能會避免與他們討論政治。這一切都使我們無法瞭解彼此真實的身分認同，進而使衝突永久化。如果明天在某個美國小鎮上發生民主黨和共和黨之間的暴力衝突，咖啡杯和三明治包裝紙之類的細節，就可能會成為生死攸關的問題，就如同一頂轉向左邊的帽子。

復仇大業

在本吉和傑西死後，柯蒂斯基本上不再跳街舞了。他的身分被重新定義，因此其中留給他自己操縱的彈性越來越小。現在最重要的是：他是石頭幫的人，而這個認同感屏蔽了他個性中的其他部分：「做一名硬漢和跳舞這件事很難兼顧，兩者是對立的。」

此外，到了一九八〇年代中期，機械舞和鎖舞已然退燒，浩室音樂（House music）才是最新的流行。這種新型電子舞曲在芝加哥的地下俱樂部裡被創作出來，而這座城市中最著名的浩室DJ和夜總會裡都是同性戀，因此柯蒂斯與這一切統統無緣。

幫派生活告訴柯蒂斯，真男人應該富有攻擊性且脾氣暴躁。這個群體為羞辱設定了標準，而且低得驚人。它讓柯蒂斯覺得，自己不能允許任何一點不尊重，否則羞辱就不會停止。當他跳舞遭到孩子們取笑時，他從此不去福斯特公園練習，甚至完全放棄跳舞。柯蒂斯在胸前紋了一個金字塔的紋身，因為這是石頭幫的標誌。他更放棄了所有不符合幫派中定義為「男人」的事物。

八年級時，一名女孩說柯蒂斯是同性戀。他一聽到消息，就去這女孩的教室找她，然後當著所有人的面狠狠地扇了她一巴掌。柯蒂斯因此被停學，但他覺得自己別無選擇。柯蒂斯的朋友說他有個不可思議的綠巨人開關：他通常表現得友好冷靜，然後突然「碰」一聲，他就開始傷害人。

為了逃避屈辱帶來的痛楚，報復成為可行的選項之一。短期看來，這合乎邏輯且有效，因為可以重新平衡雙方的勢力，但長期看來，可能只會導致更多損失[50]。

柯蒂斯並沒有沉浸在身邊毫無意義的生活中——在失業率高達四〇%、政客腐敗、警察不可信、學校老舊破敗的慢鏡頭悲劇中，柯蒂斯屬於一個比自己更偉大的群體，他是石頭幫的成員。

暴力衝突給予人們一種意義感，而人們不想失去這種感覺。衝突越是激烈，這種意義感就越重要。衝突點火器加速了這個過程，衝突企業家則鼓勵人們在衝突中尋找意義。其實，為衝突創造意義並不困難，只要將事件描述為「羞辱」，人們就可以輕鬆地引爆情緒的核彈。

在美國發生九一一恐怖襲擊之後，奧薩馬・賓拉登（Osama bin Laden）發表了這樣的聲明：「與我們幾十年來嘗到的痛苦相比，美國現在嘗到的東西微不足道。八十多年來，我們的國家（伊斯蘭世界）一直吞下這種屈辱和貶抑。我們的孩子遭殺害，我們的血液被迫流淌，我們的聖所被攻擊，而世界上卻沒有人聆聽，沒有人注意[51]。」

在東歐共產主義垮台和天安門廣場的抗議遭到血腥鎮壓之後，中國政府需要想辦法重新獲得公眾的支持，尤其是在年輕人之間提高聲望。一九九一年，中國政府發起一場教育運動，強調中國遭受日本和西方帝國主義的侵害，可追溯到一八〇〇年代中期。在這場運動中，樹立了紀念碑，並要求所有教師、士兵和國家僱員，定期參加愛國主義教育課程。二〇〇四年，政府推薦了三百部旨在弘揚愛國主義的電影、書籍和歌曲，其中包括一本書《勿忘國恥[52]》（*Never Forget National Humiliation*）。

衝突企業家利用絕對性的語調與籠統的言詞，讓人們更依賴衝突，缺乏自我跳脫的靈活性。在規模較小的例子中，這就是蓋瑞的顧問譚雅在梅爾比奇所做的事。她用自己在勞工組織工作時所使用的宏大語言，描述蓋瑞與舊衛隊的戰鬥。譚雅在我們於梅爾比奇附近共進晚餐時告訴我：「我的世界裡有清楚的兩邊，我們面對的是一場戰爭。」

在我們的談話中，譚雅三次將舊衛隊比喻為川普，並將新衛隊比作歐巴馬。她談到社區中的「好人」和「壞人」。聽起來，在蓋瑞失去董事會權力整整兩年後，譚雅準備再次參戰。「我身體裡有一部分在叫囂，覺得我們應該組建一個團隊，將這些人踢出去，以便證明我們做得到。」

用書寫的方式呈現這些話很像在寫諷刺文學，誰會這樣談論社區選舉？但面對面相處談話時，譚雅倒是非常令人折服。她的信念如此強大且堅定，像股從內而外點燃她的力量，讓人難以抗拒。

這讓我想起另一次有人試圖拉攏我，並堅稱我們正處於戰爭狀態。當時我是《時代雜誌》跑國土安全線的記者，與時任國土安全部部長的麥可·謝爾托夫（Michael Chertoff）在交談。九一一事件已經是五年多前的事了，但他似乎依然很擔心，希望我對恐怖主義有些認知。「這是場戰爭。」謝爾托夫不斷告訴我，即使我並沒有開口詢問。

我曾在曼哈頓報導九一一事件，當時我和丈夫住在那裡。我記得戰鬥機劃過天空的聲音；看到成千上萬的美國人在塵土飛揚的上城街頭逃竄，好讓自己遠離崩塌的瓦礫堆，以及事件幾周後空氣中瀰漫的苦味。我花了數年的時間報導這些攻擊和其他的攻擊事件，聆聽受害者和倖存者的故事。我寫過一本書，講述他們告訴我的事情，所以恐怖主義對我來說並不抽象，我明白其中的利害關係。

但那天在黑頭轎車裡，當我提到很多專家建議，考慮到恐怖組織的運作方式（與戰爭時期的民族國家相比），我們應該以犯罪網絡來應對恐怖分子，謝爾托夫立即拒絕了這種說法。他認為恐怖主義與犯罪完全不同，而是一種「生存威脅」。對他自己、他的部門，以及或許對他的預算來說，以這種方式構建恐怖主義似乎非常重要。

當然這種描述事情的方式從謝爾托夫口中說出，比從譚雅口中說出更合理。可是，一旦有人使用「戰爭」這個字眼時（當然，描述貨真價實的戰爭除外），我學會要暫停下來並反問自己：這種描述方式是為了誰的利益？誇張的語言是衝突企業家操縱人們情緒的一種方式，試圖讓一切沒有模糊地帶，並漂洗掉重要的細節，刺激大家去戰鬥、犧牲，並忽視其後的成本。

二〇一五年，伊斯蘭國在巴黎發動一系列襲擊，造成一百多人喪生。三周後，心理學家丹尼爾・羅文波（Daniel Rovenpor）和同事要求一群來自巴黎的受試者，閱讀一篇關於法國政府如何防止未來類似攻擊的文章。其中一個版本將這些行動描述為經過「計算」和「衡量」的決定；另一個版本則用更崇高的詞彙，例如「比預期更強大」和「全面戰爭」等，去描述相同的反制措施。相較於閱讀「克制版」內容的巴黎人，閱讀「戲劇版」的巴黎人更可能認為自己在衝突中找到了意義，也更可能同意諸如「由於最近的恐怖行為，我現在對生活有了更強烈的目標感」之類的說法[53]。

追求復仇可以讓人們團結在一起，並在群體中傳遞一種興奮和使命感。衝突企業家明白這一點，因此將衝突視為一種宗教、一種理解自身在世界中扮演角色的方式、一種永遠不能熄滅的神聖火焰。

復仇可以遏止遭受羞辱的痛苦，卻需要付出懲罰性的代價。它需要全心全意的投入，最終甚至會變成一種監禁自我的方式。現在無論走到哪裡，柯蒂斯都會四面掃視街道，看看誰走過來、哪些車輛無緣無故減速。他試圖成為最後一個離開房間的人，以便從來不把自己的背暴露在任何人面前。他從學校回家時，還有好幾種不同的路線。

最後，社區鄰里間變得不再那麼寬容了，門徒幫成員的家庭不得不搬離福斯特公園。有一堆地方現在不容柯蒂斯踏足。當他大約十二歲時中了兩次槍——一次在腳上，一次在身側。你覺得是誰對他開的槍？當然是那些門徒幫的人。

謀殺之城

冷戰結束後，各種類型的戰爭急劇減少。就算發生戰爭，死傷人數也往往比過去更少。為什麼會有這樣的現象呢？部分原因是，人類在預防戰爭和維持和平方面做得更好。我們越來越依賴聯合國和其他第三方團體，協助促進和平協議並監督各方的遵守情況[54]。這些機構在組織設計上即使尚有不完美之處，其運作都是為了激發人們的合作本能，而不是對抗本能。就像巴哈伊選舉一樣，機構中不容許競爭，也有很多內置的措施防止激烈的衝突。

然而這些機構也經常失敗。人類作為一個物種，在創建這種互惠合作架構時，離理想還有很長的路要走。但不可否認的是，隨著時間推移，戰爭和暴力死亡在大多數時候變得越來越罕見，謝天謝地。

時至今日，大約每十起暴力死亡事件中，就有八起發生在公認的衝突地區之外，例如芝加哥[55]。二〇一五年，「未處於戰爭狀態」的巴西因暴力而死亡的人數，比「處於戰爭狀態」的敘利亞更多。在許多地方，這種殘酷的暴力近似少年柯蒂斯在芝加哥遭遇的幫派衝突和日常暴行；在其他地方，暴力則以準軍事殺人和組織犯罪為主。

在某些地方，針對戰爭的預防措施做得比從前更好；但在世界範圍內遏制這種長期的非戰爭暴力，卻還有很長的路要走。舉例來說，為什麼芝加哥在二〇一八年比洛杉磯或紐約市「暴力」得多？為什麼密蘇里州聖路易距芝加哥不到五百公里，死亡率卻幾乎是芝加哥的三倍？二〇一八年，聖路易的謀殺率甚至高於哥倫比亞的卡利、墨西哥的奇瓦瓦州或瓜地馬拉城[56]。

幾個世紀以來，學者們一直試圖找出導致地方性暴力的因素：是因為貧窮或文化嗎？是關於資源的競爭嗎？還是敵對群體的數量？

種族或宗教團體的存在，似乎並不會使一個國家更容易發生內戰。事實上，有些非常多樣化的區域非常平靜：阿姆斯特丹是個擁有大約一百八十個不同民族的家園，每兩個居民中就有一人是第一代或第二代移民。但在二〇一八年，阿姆斯特丹只有十四人遇害。僅僅十四人。我居住在華盛頓特區旁的一座小城市，當年遭謀殺的人數是阿姆斯特丹的十倍之多[57]。

那麼獲得槍枝的途徑會影響暴力嗎？在某種程度上會。若沒有強大的武器，就更難殺死大量的人。儘管美國人口不到世界人口的五％，卻擁有世界上將近一半的民用槍枝[58]。正如你所料，美國的兇殺率也比已發展國家的平均高上五〇％[59]。

如果群體認同會讓衝突更容易升級，槍枝則是讓衝突更容易以謀殺告終。但與其他複雜的社會問題一樣，暴力衝突就像化學方程式，是許多不同事物相互作用下的結果。槍枝是很重要的因素，但還有其他重要的條件，而兩者要組合起來才會讓我們陷入致命危機。

疲弱的警察系統或政府會影響暴力嗎？當政府搖擺不定或失效時，暴力就會像人們所預料的一樣，接手填補政府留下的空白。但究竟是什麼導致一個國家的衰敗？這不是一個單純的經濟衰退問題，在大多數情況下，暴力犯罪並不會與國內生產毛額（GDP）同步上升或下降[60]。

正如外交政策學者瑞秋．克萊菲爾德（Rachel Kleinfeld）所提出的，最令人煩惱的問題，尤其對民主國家而言，似乎是同謀國家[61]。例如在巴基斯坦，情報部門會向激進的伊斯蘭團體提供資金，有時甚至會提供武器，以用來對付各種政治對手。政府這麼做的同時，也會指出激進伊斯蘭主義者所造成的威脅，以證明自己提出的預算合理。然而，腐敗就像腫瘤一樣四處轉移。

普通人知道自己不能依靠政府，因此改以其他方式尋求正義，使暴力常態化、讓社會失去文明秩序。「普通人變得更衝動、更易怒、更願意將暴力視為常態。」克萊菲爾德寫道。此時政府將更難恢復秩序。國家力量創造了一個怪物，而這隻怪物接管了國家[62]。

芝加哥首個幫派是個白人幫派，成員主要出自義勇消防隊。當專業人士接管了芝加哥的消防工作後，幫派就轉移到附近的小酒館裡，而政客開始出資贊助他們。十九世紀後期，這些政客創建了「體育俱樂部」。這是一個主要由愛爾蘭移民組成的幫派，恐嚇選民並在票匭中塞滿超額選票[63]，以確保背後的金主能夠連任。接下來的五十年，這些幫派也執行了種族隔離手段：芝加哥政客制定了限制性的種族公約，禁止黑人在白人地區購買或租賃房產。而其他無法透過法律完成的事情，幫派也都會出手打理。當時芝加哥政治由民主黨機器所掌控，而幫派襲擊投票反對民主黨的非裔美國人，並使用暴力和恐懼來確保黑人家庭遠離白人社區[64]。

政客們將自己想做的骯髒活外包給幫派，以保全自己的權力。當時伊利諾州是芝加哥暴力事件的同謀，就像今天的巴基斯坦一樣。一九二〇年代，黑幫老大艾爾・卡彭（Al Capone）經營價值數百萬美元的走私、賣淫和賭博業務。他選擇在芝加哥落腳發展並非巧合。大約在這段時期，芝加哥贏得了「謀殺之城」的稱號，因為此處的凶殺率是全國城市平均的二十四倍[65]。

在政治機器失去對其他美國城市的控制後，市長理查・戴利（Richard J. Daley）繼續像封建領主一樣統治芝加哥。從一九五五年到一九七六年，他手上握有大約三萬五千個可以黑箱分配的工作，並用這些工作要求民主黨支持者展現忠誠，使共和黨支持者變得無關緊要。

自柯蒂斯出生以來，芝加哥已有三打市議員因貪汙而遭定罪。這等於在那段時間，市議會幾乎五分之一的成員都犯下一樣的罪行[66]。芝加哥因聯邦政治腐敗遭判有罪的人，比美國其他任何大城市都多，到處都有關於回扣和賄賂的骯髒故事[67]。全美極少數幾位因操縱謀殺案判決而遭定罪的法官中，就有一位來自芝加哥，因操縱三起涉及幫派衝突的謀殺案判決而被定罪[68]。

我們今天無法再拿芝加哥與巴基斯坦相比，但是政府支持暴力的歷史，以及州級、市級政府持續的腐敗傳統，使暴力永遠不斷循環。事情變了很多，但還遠遠不夠。如果不充分瞭解衝突底下的伏流，就不可能理解今天芝加哥街頭的流血事件。

每發生一起兇殺案會使芝加哥市損失約一百五十萬美元，但大多數殺戮都沒有結案。芝加哥公共廣播電台（WBEZ）在二〇一九年調查時發現，如果你在芝加哥謀殺了一名白人，大約有五〇％的機會可以僥倖逃脫制裁；如果謀殺了一名黑人，則有七八％的機會逃脫制裁[69]。芝加哥的警察不可信，市政府或州政府也不可信（伊利諾州對州政府的信任度在全美排名倒數第一[70]），因此暴力團體開始介入，並試圖在沒有正義的情況下，尋求某種正義。

今天芝加哥最嚴重的暴力事件集中在少數幾個街區。在這些地方，群體對抗加劇、幫派血仇延續，使此處與世界上最不穩定的國家一樣危險。事實上，大多數暴力事件與毒品市場無關，這些衝突反而往往始於個人之間的爭執[71]，而後才升級為仇殺，在社交媒體上引起風浪，並在現實生活中促使槍戰暴發。

這些危險社區其中之一，就是福斯特公園周圍的社區，也是柯蒂斯長大的地方。

「迷人的浪濤」

「暴力幫助個人擺脫其無關緊要的存在，填補其生活的空虛，並為其提供對自己和對他人那種令人陶醉的掌控權。」——艾莉森．傑米森（Alison Jamieson），《被攻擊的心：義大利的恐怖主義與衝突》（*The Heart Attacked: Terrorism And Conflict In The Italian State*）

柯蒂斯一生都和母親很親近，然而就在他加入石頭幫的那段時間，母親開始了一段新的婚姻，新丈夫是個吸食可卡因和海洛因的壯漢[72]。

因此柯蒂斯有了新興趣，比起街舞更適合他的新身分：他放了一套舉重器材在廚房，一天天訓練自己變得更強壯，因為他需要保護自己和母親免受臥室裡那隻怪物的傷害。

柯蒂斯也開始踢美式足球。他在球隊裡表現優異，家人們開始談論專科學校和職業球隊。一時之間，他覺得自己的人生選項很豐富。美式足球幫助他保持生活節奏，每天都必須去練習，因此減少了他混在幫派裡的時間。柯蒂斯八年級畢業時獲選為畢業典禮的致詞代表，還考進一所技術專業高中。此時，他的個人生活比幫派重要多了。

但就在畢業典禮之前，柯蒂斯戴著轉向左邊的帽子在自己的街區外晃蕩時，遭到門徒幫的成員攔截，被對方用球棒敲昏。柯蒂斯後來在救護車裡醒過來，但由於腦震盪，他無法上台發表畢業致詞，更因為腫脹的後腦，也無法戴上畢業生的帽子。

而後柯蒂斯在高中時發生車禍，他的朋友開車撞上了路燈，坐在後座的柯蒂斯膝蓋前交叉韌帶撕裂傷。那是他美式足球生涯的終結。

最讓柯蒂斯心痛的是母親的眼神，那不僅僅是失望而已，至少在他看來，那裡面似乎還有厭惡：母親的舞者兒子不再跳舞、足球員兒子不再踢足球了。柯蒂斯曾經是整個家庭走向光明未來的入場券，他卻隨手扔掉了這個機會。他的足球教練到家中拜訪，把他踢球的精彩片段集錦送給他作為離隊紀念品。

柯蒂斯不知道自己和家人現在究竟是否還能有條出路。這種人生道路縮小的過程，使人們的轉身空間變得越來越小，也使衝突變得更加棘手。在某些時候，柯蒂斯的生活中似乎只剩下與門徒幫的衝突——他的人生裡至少還有這件事在繼續發生。

一九八九年三月，十七歲的柯蒂斯在一條小巷裡發現了母親的屍體，她被柯蒂斯的繼父一刀刺進心臟。他殺害妻子後拿走了她的錢包，用裡面的錢購買毒品[73]。

柯蒂斯最終沒能挽救母親的生命——儘管他練了舉重、儘管他在幫派中為自己找到了一支後備部隊、儘管那天晚上他警告母親出門要帶槍，依然沒能阻止最害怕的事情發生。柯蒂斯當時甚至還拄著拐杖，正在從車禍的後遺症中復原。他一直想當母親的保護者，現在卻失去了他最親密的知己、他的舞伴。柯蒂斯很傷心、很孤獨。

柯蒂斯當時最想要的，是殺死結束母親生命的那個人。他想要讓對方緩慢地、極其痛苦地嘗到後果，但此時他必須先想辦法減輕自己的痛苦。根據他小時候在芝加哥和石頭幫學到的一切，復仇是平衡不公正的唯一方法，一個人不能依靠政府機構去做自己必須做的事情。於是，他請來石頭幫的兄弟協助進行復仇。

他們一起去了他繼父的家。柯蒂斯仍然拄著拐杖，他的弟兄們簇擁在他身邊。柯蒂斯敲響了門，沒有人應答，因此他用還能行動的那條腿踹門。最後屋子裡總算有人應聲，但堅持說柯蒂斯的繼父不在，不過他並不相信。

柯蒂斯帶了汽油彈，可以從窗戶扔進去，讓整間屋子付之一炬，那麼裡面的人就不得不跑出來了。他轉身上車去拿汽油彈。他還記得那顆自製汽油彈用的是野生愛爾蘭玫瑰甜酒的瓶子，但他還沒來得及扔，就被一個石頭幫的兄弟攔住了：「我們的目標是那傢伙，不是他的家人。」柯蒂斯因此讓了步。這個一念之間的例子，證明了高衝突的第二個悖論：群體可以煽動暴力，也可以制止暴力。

四天後，柯蒂斯的繼父被捕，遭指控犯下一級謀殺罪，並被判處三十九年徒刑。審判中，柯蒂斯家裡請不起律師。柯蒂斯還有祖母，但她因爲必須撫養柯蒂斯的小兄弟姐妹，也同時因悲傷而茫然不知所措。這段日子裡，柯蒂斯的家人只有石頭幫的兄弟們。

在此之後，暴力只不過是舉手之勞而已。每次柯蒂斯扣動扳機時，他都能看到繼父的臉。復仇讓受傷的人感到滿足，與門徒幫的衝突成了代理人戰爭，或者心理學家所說的遷怒。柯蒂斯無法向芝加哥破敗的政府機構開槍，也不能殺死繼父，亦不能殺死射殺籃球英雄本吉的男孩。在他看來，造成自己痛苦的真正原因，沒有一個能被解決。但是這並沒有阻止他進行戰鬥，反而更強力地將他推動向前。

「在憤怒之中，我們找到一種活著的感覺。」托妮・莫里森（Toni Morrison）在《最藍的眼睛》（*The Bluest Eye*）中寫道：「一種現實感和存在感、一種價值意識。這是一道迷人的浪濤[74]。」能夠主宰他人總是令人滿足，即使對方不是我們真正該復仇的對象也依然如此。

那一年十月，聯邦調查局在星期五的穆斯林祈禱期間，突襲了石頭幫的聖殿。五十多名聯邦特勤人員包圍這個地方，用重錘和火焰噴槍突破不鏽鋼大門。他們圍捕了石頭幫的大部分高層，以敲詐勒索、謀殺、綁架、非法持有槍枝、毒品和其他罪名，起訴了六十五名成員。石頭幫的創始人傑夫・福特自己也被抓，因涉嫌謀畫國內恐怖主義活動而遭定罪[75]。

這些逮捕行動造成石頭幫的領導真空，因此柯蒂斯在團伙中的地位迅速上升，連滾帶爬地跳過數個階級。在他自己迫切需要被領導的時候，卻成為了領導者。

柯蒂斯也成為家人的保護傘。他絕不會讓弟妹或任何親戚像母親那樣死去。他的家人學會遇到問題就打電話給他，而他會派一整營的弟兄去支援。

柯蒂斯說：「我當時明明那麼年輕，卻已經開始讓成年人感到害怕；我明明對人生感到無能為力，卻手握強大的武力。這一切都非常瘋狂。」

柯蒂斯的女友在一間麥當勞工作。某天他去探班，像往常一樣走進店裡上下掃視一遍環境，尋找潛在的威脅。負責炸東西的人把帽子戴向右邊，柯蒂斯瞟了他一眼，然後走向經理，表示必須讓那傢伙捲鋪蓋走人，因為他不能讓一個門徒幫的傢伙就站在他女友旁邊工作。門都沒有。

幾天後柯蒂斯再度回到麥當勞，那個門徒幫的傢伙還在，帽子依然轉向右邊。柯蒂斯簡直不敢相信，那頂帽子就像是種嘲諷，狠狠打在他臉上。此時他還能做什麼呢？柯蒂斯和朋友跳過櫃檯，開始毆打經理。看到一名成年男子在他們面前畏畏縮縮，激起他們心中巨大的興奮感。

柯蒂斯的祖母某天參加了一場社區安全會議，回家後開始哭泣。她告訴柯蒂斯：「整場會議都在談你。你和你的朋友們正在摧毀這個社區。」他永遠不會忘記那一刻，看著他的祖母——他認識最堅強的人之一——在他面前哭泣。「你是我的孫子，但他們談論你的方式，就像你是隻動物。」

有幾天，柯蒂斯感覺自己就像被綠巨人浩克接管，幾乎不記得自己曾經是那個在公園裡快樂地後空翻的男孩。當他回顧發生在身上的事情時，感到一種非常真切而可怕的荒謬，而這也就是柯蒂斯不喝酒也不吸毒的原因：他的人生已經夠失控了，他不想讓自己更加失控。

在母親去世一個月後，柯蒂斯和其他幫派成員用碎玻璃瓶毆打一名男子，導致對方最終因重傷而癱瘓。

不久之後，柯蒂斯再次中彈，而這次子彈打在頭上。他曾與一位邪惡領主幫的成員發生爭執，不過他和那傢伙在街頭稍微喬一下就決定握手言和。但幾秒鐘後，另一位邪惡領主幫的人在不知道衝突已經結束的情況下，開槍打中柯蒂斯。群體裡總是包含著許多不同的個體。

柯蒂斯癱在自家門廊上，說不出話來，只聽見聞訊到來的一名警察說，其實他們可以乾脆把他做掉。他當時沒死還真是個奇蹟。

無論如何，柯蒂斯還是從高中畢了業，但在他滿十九歲的三個月後，他帶著一把裝滿子彈的史密斯威森點三五七口徑左輪手槍，在距離福斯特公園四個街區的地方被捕。一名婦女報了警，聲稱柯蒂斯闖進她家，並威脅要殺死她的親戚。柯蒂斯認罪並遭判處兩年半有期徒刑。由於他在幫派中深具影響力，因而被送往斯泰特維爾懲教中心（Stateville Correctional Center），這是一座戒備極度森嚴的監獄[76]。

柯蒂斯想，也許自己可以在監獄裡找到殺死本吉的兇手，又或者他的繼父，而這總是值得期待的。

各位可能會一邊讀一邊想，自己又不是幫派或是仇人的家族成員——至少現在還不是——這個幫派故事與政治兩極分化有什麼關係？跟去年聖誕節和哥哥的爭執又有什麼關聯？

柯蒂斯的故事是個極端的例子，但正是透過極端，我們才更容易看清平凡事件中的衝突輪廓。幸運的是，並非人人都生活在一個鼓勵和將暴力正常化的世界，但我們之中有許多人都深知被困在某種瀝青坑、身處入不敷出的爭端之中的感受。我們可能與配偶或同事，甚至是陌生人發生衝突，而不是與黑幫結仇，但兩者帶來的感覺是相似的：與對方進行想像中的對話，心中的憤怒明明已消退，自己卻莫名其妙地又火上澆油，提醒自己必須感到委屈的種種原因，甚至去發掘新的原因。

而群體會在衝突中煽風點火。一旦因為生活中的其他事物分心，群體就會提醒我們衝突的存在，其他成員也不斷地條列出你所經歷的不公不義，不讓憤怒稍有消退。這種現象常常發生在談話性節目和 Twitter 上。群體的煽動性使衝突長存，如同永不熄滅的火焰。

這種現象當然也會發生在監獄裡。柯蒂斯並沒有在監獄中找到殺害本吉的兇手或繼父，卻找到讓他的群體認同繼續前進的意識形態。

在監獄裡，他瞭解到維繫石頭幫的思想體系。傑夫．福特的一個好兄弟和其他幫派高層也被關押在同一個設施中，他們之間有個權力命令結構，一種正確做事的方法。

「這種尊重是我從未見過的。」每個人都在特定的時間祈禱，讓伊斯蘭教成為一種生活方式，而不僅僅是紙上空談。如果你接到命令必須去做某事，就必須去做，不准問問題。這一切就像電影

《教父》（*The Godfather*）裡演的一樣，讓柯蒂斯印象深刻。

他閱讀並記住了石頭幫的章程、法則和誓言，並花了幾個小時與年長的石頭幫元勳們交談，聆聽他們的故事。柯蒂斯有很強的紀律性和奉獻精神，而這些石頭幫大老也是如此。「我只要參與一件事情，就會投入得很深。」柯蒂斯這麼說，然後哈哈大笑。

石頭幫在監獄裡的人數不及門徒幫，但他們似乎從未輸過任何一場戰鬥。他們在人力上的缺乏之處，都能以組織精神和奉獻來彌補，這實在是種了不起的成就。現在柯蒂斯找到一個與他的幫派身分相匹配的精神骨架，這比麥當勞裡的爭執事件更能有效地減輕他心中的痛苦。

柯蒂斯就像發現特種部隊精銳師的普通士兵，知道還有更多東西在那裡等著他去取經，而他最終成為這個精銳部隊的一部分。

直到今天，柯蒂斯都能不假思索地憑記憶背誦《石頭幫信條》：

「走出黑暗，走向光明，
黑石給我們勇氣，黑石給我們視野，
黑石給我們一種任何人都不應剝奪的東西，
一種叫做石頭幫之愛的幸福。」

對於群體衝突而言，意識形態不如情感重要，卻仍然有巨大的影響力。它就像浮誇的語言一樣，可以為暴力辯護、為衝突編造出遠比其內涵更深廣的意義，更可以讓人們覺得自己是某種更偉大事物的一部分。

一九九三年，柯蒂斯帶著比入獄時更多的責任和信念離開監獄，那時的芝加哥城也發生了變化。古柯鹼終究進入了社區，而這項新生意中流動著巨額資金。不久之後，這座城市的凶殺率達到頂峰，部分原因是石頭幫和門徒幫之間激增的暴力事件。

「街上到處都是屍體。」柯蒂斯說，他開始帶著保鑣在芝加哥四處巡遊。無論他走到哪裡，全副武裝的打手都在他周圍形成一個保護圈，就像石頭幫的創始人傑夫·福特一樣，而當時福特已被判決終身監禁。

柯蒂斯在毒品事業中賺到的錢，比他這輩子見過的所有錢都還要可觀。他買了車，然後開了一家脫衣舞俱樂部。他知道這些事情與伊斯蘭教、與石頭幫聲稱支持的價值觀直接衝突，他還是選擇這麼做。反正他仍舊會去參加星期五的祈禱，不是嗎？當我們有敵對目標可以吸引注意力時，便很容易忽視自己的虛偽。

一年後，二十二歲的柯蒂斯再次遭控擁有槍枝。這次，他被判處三年半有期徒刑。

服刑期滿從監獄出來後，柯蒂斯又再度被捕，這次則是因為持有古柯鹼。他運氣不錯，最後針對他的指控撤銷。但在看守所裡，柯蒂斯有足夠的時間和空間好好思索警察如何得知他的行蹤。他的行蹤只有石頭幫兄弟知道，而柯蒂斯其實早就自問，弟兄們的忠誠度到底是針對石頭幫還是針對美元。

現在，這個問題的答案越來越微妙了。

第二部

走出衝突

Chapter 04

爭取時間

隨著年齡增長，柯蒂斯越來越善於打擦邊球，讓自己免受牢獄之災。他仔細研究了與所謂「毒品戰爭」相關的法律與可能會踩雷的事情。舉例來說，法律對非法持有「快克古柯鹼[1]」的刑責，比持有一般古柯鹼重得多，所以柯蒂斯從不帶在身上。他知道如果被抓到持有五公斤未加工的純古柯鹼，自己會面臨大約十年的刑期，這刑罰遠遠少於他持有相同數量的快克古柯鹼。如果需要的話，他願意坐這十年牢。

柯蒂斯已經習慣那種時常湧上心頭的沉重感，尤其是在母親節和母親生日當天。他仍然幻想可以找到繼父和殺死籃球英雄的男孩比利，但現在他更擅於控制大腦中的綠巨人。他娶了相伴一生的女友，就是多年前曾在麥當勞工作的那個女孩，兩人一起育有四個

1999 年一架飛越芝加哥南區的飛機。©Chicago History Museum, ICHi-174009/ Ron Gordon

孩子；他不再需要進行幫派生活中比較暴力的業務，因為現在有其他年輕人去承擔這些風險。幾年的日子就這樣過去了，柯蒂斯此時已經三十出頭。在他看來，餘生似乎都必須在永無止盡的警戒中度過——或者在監獄裡。

然而在柯蒂斯兒子小學四年級畢業時[2]，一件意想不到的事情發生了。柯蒂斯當時預期自己隨時可能會回到監獄，因為聯邦調查局正將芝加哥的幫派頭目列為重點清查對象，他周遭的人都被關起來了。他知道一切只是時間早晚的問題而已。

然而那天畢業典禮上，他兒子和同學們站起來，唱起芝加哥樂團（Chicago）那首膾炙人口的單曲〈你就是靈感〉（*You're the Inspiration*）。柯蒂斯理智上知道這不過就是首老掉牙的歌，但不知為何，當他站在那裡看著兒子唱歌時，這首歌就像一把尖刀，銳利地刺在心上。

柯蒂斯的兒子患有自閉症，而他很清楚原因：他曾經在孩子母親懷孕時對她施暴；孩子出生後，他曾把兒子放在汽車後座，然後開著車在城裡四處轉悠，在街上朝敵人開槍，或者被敵人開槍。難怪這個孩子對巨響懼怕不已。事情的線索並不難找，柯蒂斯想，而所有線索都指向身為父親和幫派頭目的自己。

「你是我生命中的意義，你是我的靈感[3]……」

柯蒂斯邊聽著孩子唱歌，邊在腦中做數學題：如果聯邦調查局今天逮捕他，當他出獄時，兒子就已經十八歲了。此時此刻，柯蒂斯覺得那些曾經拿來說服自己的理由——本吉．威爾遜之死、石頭幫的生活、必須以暴力來應對等謊言，似乎一瞬間自動崩塌。

而其中最大的謊言是：他是為了向家人提供生活資源和保護才會做這些事。柯蒂斯突然無法再自欺欺人了。如果他是為了家人才出門販毒，那他為什麼會擁有四輛豪車？如果他在鐵籠子裡蹲上十年，這對他的家人會有所幫助嗎？

柯蒂斯忍不住在內心咒罵了一句，他木然地坐在那裡，任由淚水順著臉頰流下，一邊在心中默念一段他從前說過很多次的禱告：神啊，請再給我一次機會……他的妻子瞄了他一眼，然後再細細地看了一遍：他哭了嗎？柯蒂斯不是一個會在公共場合哭泣的人，甚至私底下也不掉眼淚；柯蒂斯原本是個會因某人帽子戴錯邊而毆打麥當勞經理的人，現在這個滿臉淚水的傢伙是誰？

柯蒂斯並沒有向妻子解釋自己的感受，因為他當時不知道該怎麼說明。

在此之後，柯蒂斯試圖恢復往常的生活。他抄起一批要出售的毒品出門交貨，但這一次，開著裝了毒品的汽車在街頭行駛的感覺很不同。他不再感受到從前那股令人著迷的快感、力量感和目標感，只剩下一種純粹的無力感。他知道自己必須像往常一樣，將毒品裝袋並分發，但這一切似乎已經毫無意義。「我為什麼要這樣做？」他不停地質問自己，但已經找不出什麼可以拿出來用的答案了。

送完貨回到家後，柯蒂斯什麼也做不了。他把手上的貨晾在那裡，一個禮拜都沒去碰。他以前從來不會這麼做。柯蒂斯的表弟不停打電話來催，但他沒有接聽。他的頭腦似乎知道該做什麼，但身體就是無法服從。最後表弟找上門來，要求他交出毒品，他照做了，並給表弟一輛克萊斯勒，讓表弟賣掉車並用這筆錢僱人，完成柯蒂斯原本應該完成的任務。

這就是所謂的飽和點──衝突中損失終於大於收益的黃金交叉。柯蒂斯已經觸碰到自己的底線，對於任何想要擺脫高衝突的人而言，這是一個關鍵時刻。柯蒂斯坐在那裡，周圍放滿他沒有力氣打包的毒品。他的心態和其他許多終於再也受不了衝突的人並沒有太大不同──想要離婚的配偶打電話給律師同意簽署協議、參議員宣布不會競選連任、游擊隊員悄悄離開部隊，永不回頭。

大約六個月後，柯蒂斯打電話給表弟。

「我受夠了。你可以擁有一切。」

對方一片沉默。柯蒂斯意識到，表弟正在等待他說出暗號。

所謂的「暗號」是個事先約定好的詞彙，如果柯蒂斯不幸落網，就會說出來，讓表弟知道要趕快把一切處理乾淨──毒品、金錢、槍枝。但柯蒂斯並沒有說出暗號，他此時沒有說，此生也不再有機會說，永遠不會。

一陣令人不適的沉默蔓延開來。

表弟最終打破沉默：「怎麼了？他們抓到你了？」

柯蒂斯以更多沉默回應。

那就只有另一種解釋了。「混蛋，你想陷害我！」表弟在電話中吼道。

「不，別傻了，」柯蒂斯說，現在顯得很惱火，「我只是覺得受夠了。」

他給了表弟一大筆現金和一些迷幻藥，還順道贈送自己開的那間脫衣舞俱樂部。此時他覺得自己一瞬間輕鬆了起來，終於可以自在地呼吸；他丟掉了長期壓在身上的種種謊言，現在終於可以挺起身子，成為自己想要成為的人。「即使我被抓了也沒關係，」柯蒂斯告訴自己，「就算必須服刑，我也有臉面對我兒子。」

「我決定金盆洗手。」

飽和點

高衝突無處不在，但不同文化會將其冠以不同的名稱。在菲律賓民答那峨島（Island of Mindanao），高衝突被稱為「rido[4]」。這就像幫派衝突一樣，通常都是從一起誤會開始：一頭走失的牛在某人土地上徘徊，破壞了莊稼，於是他把牛牽去賣了，但牛的原主認為他偷了自己的牛，因此尋求報復。對氏族的忠誠，將兩人間的爭端變成了全面的家族仇恨，不久之後就造成兩名男子中彈。

謠言可以殺人。對一件事稍有不慎，就會造成對整個群體尊嚴的侮辱，而 rido 通常會在選舉周期前後加劇。這些衝突與不和跟芝加哥案裡看到的一樣，讓所有參與其中的人都感到某種一體同仁的痛苦。

這種痛苦是高衝突的最大弱點，也是可以善加利用的一點。正如一位前戰鬥人員所描述的：「與 rido 一起生活，就等於只能窩在家裡當囚犯。」這與芝加哥幫派成員所說的一樣：「你不能工作，不能出門，不能幫助任何人，因為你害怕敵人會殺了自己。」

痛苦創造了飽和點，而飽和點則提供我們擺脫高衝突的黃金機會。對於幫派成員而言，飽和點可能發生在被槍擊後（尤其是如果幫派弟兄沒有來探望的時候），或者是你預計會被捕，但突然聽到年幼兒子唱了首歌的瞬間。但我們必須認清並抓住飽和點，否則機會轉瞬而逝。因此不在衝突中的旁觀者可以幫助戰鬥人員確定飽和點，以作為解決衝突的催化劑。

在菲律賓，一般在正式的司法系統中無法解決 rido，因此通常是群體中的成員幫助衝突者看到飽和點。其中，女性發揮著關鍵作用。她們往往不是報復性攻擊的對象，因此可以扮演「盾牌」的角色，並試圖發起談判。而後地方長老和其他氏族領袖則透過婦女們建立的網絡來修復損害，通常是以支付撫卹金作為補償。藉由這種運作方式，婦女和長者可以緩和衝突，並在原本看似打了死結的地方創造生機。

可以作為「盾牌」的人往往就在你我身邊，他們擁有巨大的和平力量。一八〇九年，約翰．亞當斯和湯瑪斯．傑佛遜的一個朋友開始悄悄地計畫，想讓兩人言歸於好。多年來，《獨立宣言》的另一位簽署人本傑明．拉許（Benjamin Rush）為兩人創造了飽和點——他分別告訴亞當斯和傑佛遜，對方渴望重新建立聯繫[5]。

拉許甚至告訴亞當斯，自己做了一個夢。夢中亞當斯寫信給傑佛遜，而後兩人重修舊好。拉許真的做過這樣的夢嗎？我們不得而知。但拉許告訴亞當斯時，他甚至說出亞當斯在夢裡寫給傑佛遜的信中所用的確切詞彙，替亞當斯創造一齣可以在現實生活中使用的劇本，也替兩人的高衝突開闢了一條道路。同時，正因為拉許非常瞭解他的朋友，所以稱讚只有像亞當斯這樣「擁有偉大心靈才得以匹配的寬宏大量」之人，才能做出如此仁慈高雅的讓步。

雖然一切看起來都顯得刻意，但這招最後確實奏效。

一八一二年元旦，亞當斯寫給傑佛遜一封短箋，後來就像拉許的夢所預言的那樣，傑佛遜回了信。接下來的十四年裡，兩人共來往了一百五十八封信。亞當斯曾寫道：「你我必須在生命盡頭前，向彼此解釋自己。」兩人並不總是同意對方的看法，但一直處於良好的衝突中，沒有再掉入高衝突的陷阱裡，直到兩人在同一天——即一八二六年七月四日，美國獨立五十周年時，雙雙與世長辭。

「人們習慣那個冒牌的我」

從高衝突中抽身，會帶來的一個問題是：其他一切都不會改變——你的敵人仍然認為你是敵人，你的朋友仍然認為你是同盟，而不是你真正想成為的那個人。

在最初的六個月，柯蒂斯試圖離開「工作」，但仍堅持自己的石頭幫成員身分。最特別的是，他試圖維持自己的生活方式，每月開銷九千四百二十六美元，結果現實生活很快就逼得柯蒂斯必須賣掉汽車換取現金。

他知道自己無法身為黑幫頭目卻不參與毒品交易，也無法在毒品交易時不進行暴力活動，所以他捨棄了昂貴的轎車，搬到芝加哥另一頭的公寓中，而這是他此生做過的最好決定之一。如果人們在需要柯蒂斯時找不到他，就不能向他要錢或要求支援。透過這種方式，他為自己創造了實體上的空間，以便建立一個新的身分。事實證明，在走出衝突的過程中，這樣的空間不可或缺。

但柯蒂斯仍然會回到福斯特公園裡閒逛，仍然會與所愛的家人和朋友來往，因此誘惑一直存在。他想念電話響起的感覺，那讓他覺得自己屬於某種重要的團體。

與此同時，柯蒂斯要找到一份體面的工作就像中樂透一樣難。他有很長的入獄紀錄，並因參與幫派活動而在警方的黑名單上頭。除了幫派領袖之外，他沒有任何工作經驗，也沒有僱主可能想聽的故事。

其他人也想念從前的柯蒂斯，他們不認識這個新來的柯蒂斯，似乎也不是特別想認識他。「人們早已習慣那個冒牌的我。」柯蒂斯說。

他和妻子十幾歲時就在一起，他們對彼此瞭解得更深刻。但是當柯蒂斯開始他所謂的「轉變」時，妻子卻幾乎認不出他來：這個當歐普拉在電視上送汽車時，流下眼淚的男人是誰？這個一直在談論「和平」的男人是誰？她愛上的那個街頭戰士到哪裡去了？

就在柯蒂斯開始用「正確」的方式生活時，妻子卻表示想要離開他。柯蒂斯很害怕，他此生已經失去太多人，他們要不是死亡就是入獄，但從來沒有像這次一樣，是主動選擇離開。妻子的反應證實了柯蒂斯心中最大的恐懼，而這也是大多數人試圖擺脫高衝突時的恐懼：他唯一的價值是那個舊自我、那個在衝突中展現的自我，若沒有這份自我，他就一文不值。

在柯蒂斯最為低潮的某日，他的表弟開著一輛全新且價值十萬美元的賓士S550來找他，然後打開裝滿毒品的後車廂。

「兄弟，你知道那裡沒有你就不一樣了。我需要你。」

柯蒂斯站在門口，盯著後車廂。表弟剛剛把球扔給他，因此他又回到比賽中。被需要的感覺真好。柯蒂斯在心裡估算，如果他能重出江湖九十天，就可以還清帳單，讓生活恢復正常，並修復婚姻。他可以暫時停止讓所有人失望。

動搖

大多數試圖擺脫高衝突的人，會在舊生活和仍在進行中的未來自我間搖擺不定，這個過程有時會持續數年。然而擺脫高衝突的道路不是線性的，即使在政治領域也是如此。

廣播和電視名人葛倫·貝克（Glenn Beck）是美國政治中，一位典型的衝突企業家。他花了十年在福斯新聞（Fox News）、CNN和他自己的會員制網路電視上，積極地宣傳黨派衝突。就像其他衝突企業家，貝克販賣種種宏大的政治類比及陰謀論，讓聽眾對他的理念產生一種正義的道德感。在福斯新聞主持節目的頭十四個月裡，貝克和他的嘉賓提到了一百一十五次「希特勒[6]」、一百三十四次「納粹」、一百七十二次「法西斯主義」、五十八次「大屠殺」、八次「約瑟夫·戈培爾[7]」。貝克的多數觀眾是白人，他很明白該如何利用這些人的恐懼，告訴他們當時的總統巴拉克·歐巴馬是個「對白人恨之入骨」的種族主義者。他將數以百萬計的觀眾引向了憤怒的篝火[8]。

但大約從二〇一四年開始，貝克的言行開始與以往不同。在採訪中，他開始對自己從前的所作所為表達遺憾，並在發言時學會尊重細微的差異，也展現以前很少在媒體上表現出來的模糊性。「我希望能回到過去，讓自己的用語更加有助於國家的團結。」貝克在電視台主持節目時說，「不幸的是，我認為自己分裂了國家，而這不是媒體該做的事[9]。」

考慮到貝克過去利用衝突為自己謀取利益，就很難驟然相信他所說的話。然而他的行為應該是誠實的，否則一切就不合理，因為這麼做在很多方面都違背了他本身的利益。在二〇一六年大選前夕，貝克與其共和黨同僚及大多數觀眾決裂。他反對川普參選，並稱其為「危險的精神錯亂分子[10]」。為了反對川普關於移民的煽動性言論，貝克前往美國與墨西哥邊境，並向移民分發價值兩百萬美元的玩具和食品，此舉激怒了許多貝克的長期追隨者。他還邀請了幾位「黑人的命也是命」活動組織者到工作室討論。貝克告訴《紐約客》雜誌：「非裔美國人的經歷很獨特，而我個人的經驗無法幫助自己充分理解他們，所以我必須聽聽他們怎麼說[11]。」

隨著這個國家變得越來越兩極分化，貝克開始警告喜劇演員和評論員薩曼莎．比[12]（Samantha Bee）等左翼媒體人士，不要陷入曾經令他失足的衝突陷阱。「身為一個曾經造成傷害的人，我不想再傷害任何人了。」貝克在薩曼莎的節目中，以一種不符合先前人設的超現實形象發言，「我知道自己做過什麼：我激起了人群的分裂，我願意接受批評。而我想要傳遞的訊息是，請不要犯我犯過的錯誤。我認為我們所有人都在這樣做，在 Facebook 和 Twitter 上不斷引戰[13]。」

這些話對貝克來說很難啟齒，因為他可說是美國現代「衝突工業綜合體」的創始人。他的媒體帝國建立在妖魔化和恐懼之上，讓他很難突然轉變風向。實際上，他在克麗絲塔．蒂皮特[14]（Krista Tippett）的 Podcast 採訪中也承認這一點：「告訴某人：『來吧，現在就放棄你的職業生涯，直接停止所有你正在做的事！』是不合理的。我有三百名員工每天靠我吃飯，」貝克說，「我現在該怎麼辦？我該怎麼做才能在改變的同時，不會害三百人丟掉工作[15]？」

在電視台上發表該評論三個月後，貝克不得不解僱他在水星電台（Mercury Radio Arts）和火焰電台（The Blaze Radio）中大約二〇%的員工。他知道反對川普使他失去許多觀眾：「保守派群眾非常要求忠誠度[16]。」

但與此同時，舊的衝突點火器也不斷死灰復燃。在貝克說希望自己的言論能更加「促進團結」僅僅三個月後，他忍不住稱歐巴馬是「羽翼豐滿的獨裁者」和帶有「反社會人格[17]」。

無論貝克腦子裡究竟在想什麼，很明顯地，他正在自己的身分、團隊和商業模式中努力掙扎。他想讓自己的聽眾對新議題充滿熱情，而不是整天圍著「討厭歐巴馬」打轉；他關心打擊人口販運和兒童剝削議題，但不知道該怎麼做才能把這些資訊傳遞給觀眾。「我找不到方法讓這些議題觸及到我的觀眾，並同時不引起負面效果[18]。」就像蓋瑞在他的社區理事會遇上的困境，貝克試圖帶大家玩一個新遊戲，卻同時被困在舊遊戲中動彈不得。

二〇一八年，貝克在電視節目上戴了一頂寫著「讓美國再次偉大」的帽子，宣布他改變主意，將在二〇二〇美國大選中投票給川普。「我要告訴川普——你在總統任內所做的事情非常了不起！太卓越了[19]！」但是新貝克要變回舊貝克為時已晚。二〇一九年十一月，貝克的有線電視頻道停播。他的廣播節目雖然還在繼續營運，但也陷入經營困境[20]。

想要放下深刻而具有意義的衝突身分，從來都不像數學課上的線性方程式那樣簡單明瞭。對於某些人來說，在兩個身分之間搖擺不定的狀況甚至會持續一輩子。

距離

當柯蒂斯的表弟開著嶄新的賓士車來到他家門口時，柯蒂斯已經擁有一項寶貴的資源：距離。無論是物理上還是精神上，柯蒂斯都與衝突拉開足夠的距離，可以讓自己暫停下來好好思考。他一邊凝視著後車廂裡的「貨」，一邊思考表弟的提議，並提醒自己這幾天想通的事情：這場衝突不會結束。沒有所謂的「重出江湖九十天就好」，這場衝突是一台永動機[21]，身在其中的人會為一次侮辱尋求報復，然後總會有下一次侮辱接踵而來，就這樣一直持續下去——像政治一樣。

柯蒂斯還有一個務實的擔憂：他想活下去，他想陪在孩子身邊。他知道自己的心已經不在遊戲中了，而這會使他變得脆弱，因為他一在街上放鬆警惕或犯下錯誤，就會無法生存。

「不，兄弟，我這樣很好。」他最後說，拒絕了他的表弟。

「你是一個比我更好的人。」他的表弟回答說，並關上了後車廂。

「不，我不是。我剛準備好，而你還沒有。但是若有一天你準備好了，我們可以聊聊。」

柯蒂斯凝望著表弟開車離去。這種感覺不太好，他並不覺得自己這麼做有多正義，他只感到孤獨。

一周後，柯蒂斯開車回到自家車庫，卻在那裡遇到他的鄰居。「嘿，你表弟的事情真的太慘了。」鄰居說。柯蒂斯不知道對方在說什麼，他倒車出去，開到表弟家才在那裡得到消息：他的表弟被綁架並慘遭殺害。

柯蒂斯腦海中閃過的第一個念頭，來自過去的自己：「該死，如果當時我和他在一起，這種事就不可能會發生。」那是一種無比熟悉的內疚和後悔。

第二個想法，則來自他的新自我：柯蒂斯意識到，如果當時自己和表弟待在一起，自己也可能已經死了。而此時哭泣的將是他的家人，而他則會躺在太平間裡。這不是什麼難以想像的結局，但柯蒂斯很驚訝自己竟然會浮現這個念頭。

為什麼這次第二個念頭會和往常不一樣？為什麼他不再尋求報復，讓某人為他所感受到的痛苦付出應有的代價？

年紀會改變人，這是人們放棄犯罪和暴力時最可預測的方式之一。人會變老，也會變得更聰明，但柯蒂斯知道原因遠遠不止這些，真正重要的是他在自己和衝突之間製造了一些距離。在他達到衝突飽和點並意識到這件事後，他將自身從街頭幫派的日常、針鋒相對的循環中移除，而這大大地影響了他的思維，給了他空間去擁有其他想法，並培養不一樣的身分認同。報復不再是吸引柯蒂斯注意力的唯一想法，石頭幫並不是他效忠的唯一身分認同。

無論糾紛的類型或身分認同的差異，時間和空間都是擺脫高衝突的關鍵。正如柯蒂斯所說，「爭取時間」是絕對必要的，而我們有很多種方法可以做到：在菲律賓，婦女和其他保護者透過調查和扼殺虛假謠言來爭取時間，避免衝突升級為暴力；對於蓋瑞的客戶而言，進行「理解迴圈」有助於他爭取時間、放慢談話速度，並確保人們被傾聽。

社交媒體最大的危險之一是加速衝突，它讓我們陷入被動的思維模式，透過刻意的設計來剝奪人們的時間和空間。也就是說，社交媒體宛若一種自動武器。如果我們永遠不必停下來加載子彈，那麼身邊愛我們的人就無法拯救我們，讓我們清醒過來。

在蓋瑞自己的政治衝突中，正是因為連任選舉的失敗，他才有時間和空間意識到發生在自己身上的事情，發現自己離原本的理想有多麼遙遠。對於某些人來說，這種當頭棒喝會在遭到解僱、離婚或身患疾病時發生。有時，危機反而會造成突然的、意想不到的開放性轉機。

國家也可以爭取時間。一九九〇年代的喬治亞政府，將國家財產和國營機構贈送給商界領袖與黑手黨頭目，以便從各種團體手上換得忠誠度。這麼做背後有巨大的風險，因為這等於是讓原先已然腐敗的一切更加腐敗。但事實上，這項手段卻成功地讓暴力事件急劇減少，因為該國從前的衝突企業家開始意識到，自身的利益與政府的成功息息相關。喬治亞政府創造了空間而後進行重整，重建了公共機構並獲得國內民眾的信任[22]。

柯蒂斯在表弟去世後，意識到自己做了正確的決定。他的生活中仍然存在著各種問題，但他已經不再懷疑自己的選擇。那次經歷消滅了他對重回江湖的任何幻想，縱使他的生活並沒有因此變得輕鬆，但重返衝突的動力已經斷然消退。

柯蒂斯意識到，他需要的是一個新的身分認同：「你必須用別的東西，來填滿這個空白。」多年來，他用對門徒幫的仇殺來填補生活中的任何空虛，但這種短暫的滿足總是因為出現新的損失、新的報復而被打破。現在的柯蒂斯除了仇殺故事外，還有更多故事可以講：他同時也是一名父親、一名丈夫以及一名穆斯林，這些身分認同削減了他對石頭幫的注意力。

許多離開高衝突的人，都經歷過這樣的故事：僅僅達到飽和點是不夠的，還必須找到新的目標、扮演新的角色，填補衝突留下的空白。否則，我們最終還是會忍不住返回衝突的瀝青坑中。

「該死的，我曾想殺了你」

一九七〇年代中期，巴勒斯坦解放組織遇到了一個問題：它曾創建一個名為「黑色九月」（Black September）的祕密突擊隊，旨在為巴勒斯坦人民遭受的屈辱尋求報復，而這個無情的部隊在很短的時間內，就成為世界上最可怕的恐怖組織之一。一九七一年，黑色九月在開羅喜來登酒店大廳槍殺約旦總理；次年，他們潛入慕尼黑奧運村，綁架並最終屠殺了十一名以色列運動員。

但時代在變，新的外交選擇正在出現，而恐怖主義則在損害巴勒斯坦人的聲譽，因此巴勒斯坦解放組織主席亞西爾．阿拉法特（Yasser Arafat）決定解散黑色九月。然而這些訓練有素的刺客一輩子都奉獻給這場激烈的衝突，他該怎麼說服成員們放下過去，繼續前進？

經過幾個月的辯論，阿拉法特的副手想出一個連反恐專家布魯斯．霍夫曼（Bruce Hoffman）都評價為「非比尋常」的解決方案[23]。巴勒斯坦解放組織從中東各地招募大約一百名巴勒斯坦婦女，並將黑色九月的成員介紹給這些女子。他們鼓勵突擊隊員認識這些女性，並告知只要任何一對男女決定結婚，將得到三千美元的禮金、一套附有家電和電視的公寓，以及一份新的非暴力工作。如果這些已婚夫婦生了孩子，將再得到五千美元的獎勵。這就像場巨大的相親大會，只不過背後的賭注非常高。這個計畫希望為突擊隊員創造新的身分認同，而這些新身分將會排擠他們過去的認同。

出乎所有人意料的是，替戰士做媒這招大大奏效。阿拉法特的一位將軍後來告訴霍夫曼，黑色九月的所有成員都結了婚。此後每當要求這些人代表巴勒斯坦政府，前往另一個國家執行非暴力任務時，他們都拒絕了，因為他們不想冒著被逮捕或被殺害的風險。像柯蒂斯一樣，他們有了新的角

1972 年，以色列運動員在慕尼黑奧運村被扣押為人質。
©Everett Collection

色：父親和丈夫。他們在衝突中所創造的身分認同，在成家的過程中失去了大部分的力量。

在柯蒂斯離開他原來的石頭幫身分後，一件奇妙的事情發生了。這是一個貨真價實的巧合，但發生的時間點很剛好：另一名也叫柯蒂斯的男子，在一次摩托車事故中喪生。這位不幸的死者柯蒂斯二號與我們的故事主角柯蒂斯·托勒在同一個街區長大、就讀同一所高中，因此許多人聽到這個消息時，都誤以為是死者是柯蒂斯·托勒。

在意外之後的幾天裡，人們蜂擁到柯蒂斯身邊，張開雙臂給了他從來沒想像過的溫暖擁抱。老朋友和家人打電話過來問候，而當他接起電話時，對方聽起來鬆了一大口氣：大家都以為柯蒂斯死了，而他活得好好的。

但讓柯蒂斯震驚的是人們對他的關心程度。他一直認為自己的價值在於他在衝突中所扮演的角色，但現在他關閉了綠巨人模式，卻驚訝地發現人們仍然愛他。人們心目中的柯蒂斯，比他自以為的更豐滿，而這帶給他希望。

柯蒂斯開始慢慢填補衝突留下的空間。他一直對世界充滿好奇心，更曾是福斯特公園中練習月球漫步的小男孩，而他從未失去這股瞭解事物運作方式的渴望。

他讀了卡特·伍德森（Carter G. Woodson）所著的《黑奴的錯誤教育》（*The Mis-Education of the Negro*）。雖然這本書出版於一九三三年，但柯蒂斯覺得這正是他當下需要的讀物。書籍內容闡述身為教師的伍德森，記錄下美國學校對黑人教育的徹底失敗：學校教導黑人學生，他們的種族是不潔和不值得敬重的。伍德森揭示這種教育灌輸不必使用武力，卻可以輕易地使黑人受到壓迫。

「如果你能控制一個人的想法，就不必擔心他的行為；」伍德森寫道，「如果你讓一個人覺得自己低人一等，你甚至不必強迫他接受這份卑屈，因為他會自己尋求卑屈[24]。」

讀到這裡，柯蒂斯開始意識到自己以前沒有留意到、潛藏於背後的大問題。這些敘述並不能將他過去的人生合理化，卻有助於解釋其來由。「它讓我離開所處的現有世界。」柯蒂斯接著閱讀了喬伊．羅傑斯（J. A. Rogers）的《從「超人」到人》（*From "Superman" to Man*）。這部小說於一九一七年出版，談論種族主義中的無知。柯蒂斯自此開始看到石頭幫和門徒幫的行為，如何滲入種族的階級服從中。他想知道所有的暴力行為，究竟為誰服務。

在柯蒂斯停止跳街舞和踢足球之後，他的身分認同極度萎縮，除了幫派成員外，幾乎沒有別的認同。而二十年後，他覺得自己的身分認同再次飽滿豐富起來。現在，生活對他來說有更多意義。柯蒂斯閱讀了烏塞尼．尤金．珀金斯（Useni Eugene Perkins）所著的《芝加哥黑街幫派爆炸案》（*Explosion of Chicago's Black Street Gangs*），這本書記錄了一九〇〇年代發生的黑幫事件。

「我開始明白，這整件事涉及的範圍遠比我以為的要廣大得多：這不僅僅是石頭幫的事情，這是所有黑人的事！」認識了芝加哥和美國的系統性種族主義，並沒有打擊柯蒂斯的士氣，反而讓他充滿活力。正如他所說，他「找到了事情根本的原因」。

心理學中有個詞彙叫做「重新分類」（recategorization），專門用來解釋這種現象，意味著廣泛升級原本狹義的身分認同。「重新分類」擴大了柯蒂斯對敵人及對自己的理解，並使他開始質疑多年來對自己的認識。從前一直有道聲音在他腦海中盤旋，說「他從根本上就有缺陷」——或許他其實並非真的天生就不如人，而那些門徒幫的傢伙也不是。在幫派鬥爭和手錶竊案的慢燉鍋背後，有著更大的問題。柯蒂斯也意識到，他作為兒子和父親的失敗，只是整個宏大故事篇幅中的一小段情節

——這並不表示他沒有失敗，但他個人的失敗並不是完整的故事真相。他開始學會用更大的視野，去代替從前那個狹小且令人窒息的框架。

「這背後的根本原因，比衝突中的各種因素都要宏大。」柯蒂斯說，「我的族人經歷了一切，才走到今天這一步，而現在我們竟然開始自相殘殺？我對祖先的虧欠多於對幫派的虧欠。」

柯蒂斯在衝突之上建立了一個新的制高點，創造了一種看待自己、看待舊有衝突和嶄新目標的方式。我遇過從高衝突中走出來的人，都有一段類似這種「擴展版圖」的經歷。有些事情會放慢時間並創造空間——也許是孩子的出生，也許是親人的去世，甚至是入監服刑或簽署和平條約——而在那個寶貴的空間中，在合適的條件下，會有一些新的可能性開始萌芽。

大約此時，福斯特公園的牧師，同時也是長期和平活動家的麥克·普弗萊格（Michael Pfleger）牧師注意到一些事情：柯蒂斯的行為與之前有所不同，他不再是社區問題的製造者。柯蒂斯仍然在福斯特公園附近閒逛，但整個人看起來似乎不一樣了，好像遠離了什麼，就像一個處於某種轉變中的人。因此普弗萊格神父每次見到柯蒂斯，就會上前與他交談[25]。

「我對柯蒂斯的印象非常深刻，他聰明又有智慧。」普弗萊格神父說，「他能夠在不同年齡層之間架起橋梁。我每次遇到這樣的人，就會想要向他們學習。」

有一天，普弗萊格神父告訴柯蒂斯，他想建立一個「和平聯盟」，專門為幫派成員舉辦籃球比賽。他希望柯蒂斯組建一支石頭幫的隊伍，在四個幫派都會參加、當時最活躍的「和平盃」中，與門徒幫的隊伍進行比賽。這是幫助孩子融入社區的一種方式，但普弗萊格神父在藉此幫助柯蒂斯：他歡迎柯蒂斯回家，承認柯蒂斯在社區中的新角色。這是普弗萊格神父在布道會中、在街頭上所宣揚的哲學。「我們不能等待執法機關或政府，」他在和平遊行中說，「我們必須聯結社區中的兄弟，不要再妖魔化對方！不要說對方只是個黑幫混混。要讓他們知道：你是我們的兒子，是我們的女兒，我們愛你並且尊重你[26]。」

柯蒂斯對此表示懷疑，這些傢伙曾在街頭互相殘殺，現在卻想讓他們在錦標賽中一起打籃球嗎？用點腦袋吧。但是芝加哥本地出身的籃球傳奇球星以賽亞．湯瑪斯（Isiah Thomas）答應提供幫助，而柯蒂斯知道普弗萊格神父不會輕易放棄，所以他同意了，開始和一些需要從衝突中得到時間和空間的年輕人交談。在普弗萊格神父和芝加哥的中斷暴力方案「停火計畫」（現更名為「暴力療癒計畫」）的幫助下，柯蒂斯走進了大多數人避開的角落，站在一群年輕人面前。如果他願意為衝突冒上生命危險，他也可以為和平承擔同樣的風險。

柯蒂斯在比賽前幾天都睡不著。「我心亂如麻，覺得一切都糟到不行。」他說。比賽練習過程中幾乎擦槍走火，有人想要打架，還有人拿著槍站在外面等，局勢似乎非常不穩定。

比賽將在普弗萊格神父的教堂舉行，而該教堂位於門徒幫的地盤裡，對於石頭幫的隊伍來說，那是一個危險的地方。為了減少不受控的變因，即使比賽地點可以步行抵達，他們還是租了巴士將球員安全送達會場。

二〇一二年九月二十二日，巴士駛入教堂停車場，四十八位年輕人站出來參加比賽。芝加哥公牛隊球星德瑞克．羅斯（Derrick Rose）、喬金．諾亞（Joakim Noah）和泰．吉布森（Taj Gibson）前來擔任球隊的教練，並邀請兩名NBA裁判執法。數以百計的群眾到場觀看，遠遠超過教堂體育館可以容納的人數，因此有數百名觀眾不得不被拒之門外。現場有來自CNN、美國廣播公司（American

Broadcasting Company, ABC）和體育頻道ESPN的攝影團隊，還有伊斯蘭國度[27]提供安全保障。

賽況非常激烈。球場上毫無疑問有些嚴重的犯規，但沒有發生任何一次暴力行為。一周前還在街頭互相開槍的男人們，發現自己現在竟然在同一個球場上打球，至此幫派的身分認同暫時消失，而其他身分認同在那天被點亮了：身為球員，身為球迷，身為芝加哥人。

在此之後，柯蒂斯終於可以再度大口呼吸。他驚訝於事情進展得如此順利：「這真是太難以置信了，每個人竟然可以在當下擱置其他事物。」這證明人們在合適的條件下，可以達成意想不到的事情，一切就發生在福斯特公園旁邊。

說不定哪天，可以擴展這些年輕人的身分認同超過一天，讓他們知道天空其實比看上去要廣大得多。也許這是柯蒂斯可以做的事情，讓他的過去變得有意義。

二〇一四年，柯蒂斯與妻子分開了。眼睜睜看著她離開，幾乎使柯蒂斯活不下去，他在生命中曾多次失去所愛，但這一次他感覺像是遭到背叛。當柯蒂斯在社群網站上看到她關於新生活的貼文時，他得竭盡全力，才能讓自己不要回到從前的舊生活，不要再度四處散播痛苦。

那是段孤獨的時光。但隨著時間流逝，柯蒂斯的新身分變得更強大、更清晰。他被介紹給電影製片人史派克·李（Spike Lee），並獲得一個小角色，在一部關於芝加哥南區幫派暴力的電影《芝拉克》（*ChiRaq*）演出。柯蒂斯也開始公開談論幫派暴力，在《史蒂夫·哈維秀》（*The Steve Harvey show*）和《每日秀》（*The Daily Show*）上出鏡。

而「和平盃」籃球比賽則成了一個聯盟，規模先擴大到六支球隊，然後是八支球隊。在為期十二周的時間裡，他們每周一晚上聚會，發放食物給球員並進行輔導工作，然後練習打籃球。該聯盟為希望完成高中學業的年輕人，提供普通教育發展課程[28]，以及實習和工作面試所需的西裝。公牛隊的一名球員捐贈了兩百五十張主場球票，讓年輕小伙子們可以一起來看比賽。

在分手兩年半後，柯蒂斯和妻子又復合了。兩人和過去相比都可說是脫胎換骨，而在分開一段時間後，他們得以用新的面貌與對方重新相遇。柯蒂斯的舊生活和他的新生活終於開始共同運作，就像DNA的兩股鏈條一樣交織在一起。

不久之後，柯蒂斯終於找到了比利，那個幾十年前射殺了高中籃球明星本吉．威爾遜的人，那個他窮極一生尋找的門徒幫眾。那天是星期五，柯蒂斯參加從事暴力預防工作的南區穆斯林組織祈禱活動，而比利不久前才開始在那裡上班。這一切就像老天安排好的一樣，實在令人難以置信：柯蒂斯和他終生的敵人，竟然在做同樣的工作。

現在他們兩人都是中年男子，比利的山羊鬍已然斑白，但是柯蒂斯看到比利，覺得自己又回到了十二歲。憤怒和痛苦在他的胸膛裡蔓延，就像戰爭中留下的古老傷痕再度被撕裂。柯蒂斯感覺到自己的脈搏正在加速。

但此時他是新的柯蒂斯，於是他走到比利面前自我介紹。

「該死的，我曾想殺了你。」柯蒂斯搖著頭對比利說，

第一屆芝加哥「和平盃」籃球錦標賽的場邊觀眾。©Saint Sabina Church

然後他又再度捧腹大笑。柯蒂斯一直盯著比利看，就像見到鬼一樣。他害怕只要一眨眼，比利就會從面前消失。

比利不記得當時住在附近的柯蒂斯，但他以前有過許多類似的遭遇。殺死本吉．威爾遜的那天，他讓整個芝加哥的人都心碎了，他知道一切都不曾獲得原諒。

「你以為我會這樣讓你殺了我嗎？」比利對著柯蒂斯笑了笑，然後說出他遇到這些情況時通常會說的話：「兄弟，我想告訴你那天發生了什麼事。」

柯蒂斯停了下來。他真的要讓殺害本吉．威爾遜的門徒幫眾替自己解釋嗎？他深深地吸了一口氣。

「操，好吧。」柯蒂斯說，於是他們開始坐下聊天。

一個不同的故事29

一九八四年的那個早晨，比利為了尋求某種形式的正義，早早就離開家。他的表妹辛蒂前一天被搶劫了，當時她正在就讀的高中附近的商店裡玩遊戲機，一個傢伙卻趁勢從她的錢包裡抽出十塊美金。當她要求對方還錢時，那個人說：「賤人，如果想要回妳的錢，那就來拿吧！」然後就把鈔票放在口袋裡，走了出去。

這個故事激怒了比利。這不僅是關於金錢而已，而是尊重的問題。比利跟辛蒂不讀同一間學校，但他認為自己應該嘗試解決這個問題，因為他覺得這是自己的職責。那年他十六歲，正為父親一年前因肺癌去世而悲痛不已，因此希望將一些痛苦分散到周圍，讓世界呈現「該有的樣子」。

和柯蒂斯一樣，比利住在離福斯特公園一個街區的地方，他在那裡度過了一半的童年時光，最喜歡的運動是棒球。但他現在上高中了，情況有了變化。他是門徒幫的幫眾，而福斯特公園卻被石頭幫主宰。比利的父親曾經是石頭幫的人，但那是很久以前的事了，現在比利去福斯特公園的風險太高了。

為了幫助表妹拿回她的錢，比利決定第二天去她的學校裡轉轉。以防萬一，他最好帶上在阿姨床墊下找到的點二二左輪手槍。如果他要面對那個傢伙，那麼帶上一把槍感覺更安全。在他看來，這就像一條安全毯[30]，是他可以依靠的後盾。比利把槍塞在腰間，和朋友奧馬爾一起出門。

在辛蒂的學校外面，比利和奧馬爾遇到一個認識的人。這傢伙是個萬事通，而他聲稱知道是誰偷了錢，並且會去處理。他是某種意義上的和平締造者，比利等於是在合適的時間遇到了合適的人。萬事通從口袋裡掏錢給比利，好交給比利的表妹，問題圓滿解決。

比利和奧馬爾心滿意足地沿著文森斯大道離開。他們遇到一個認識的女孩並與她交談，然後女孩走進一家商店買些食物，而他們則在街角處等候。

當時是芝加哥的冬天，早晨的寒風吹拂著比利的臉，使眼淚從他臉頰上滾落。他在人行道上來回踱步，試圖保持溫暖，然後忍不住懷疑自己還待在那裡做什麼。既然已經拿到錢，就應該回學校去才是。

就在此時，一名高個子經過比利身邊，這是比利見過最高的人，而這傢伙在經過時推開比利，害他差點被一把推倒。起初他認為這傢伙一定是被追著跑，不然為什麼要這樣推人？但後來他發現那傢伙一直平穩地走在人行道上，一邊很生氣地用激烈語氣對同行女孩說話。「那一定是女朋友。」比利想，也許他們正在吵架。等了一會，他期待高個男轉身說，「嘿，兄弟，我很抱歉。」他一直期待那個人會轉身，但對方一直向前走，就好像什麼都沒發生過一樣。

那傢伙離開的每一步都感覺像是一種侮辱，讓比利覺得自己什麼都不是。

「欸，你難道不該說聲對不起嗎？」比利喊道。

那傢伙轉身，他身穿一件風衣，看起來很高大。而此時他看起來很生氣，好像反而是比利冒犯了他一樣。

「去你的黑鬼！我不欠你什麼！」

比利簡直不敢相信自己聽到的。「操你媽的黑鬼，你推了我！你該道歉！」一旁有人在觀看，比利知道自己不能輕易放過對方。

本吉離開女朋友身邊，走向比利。比利沒有退縮，但他知道自己不想和這麼高大的人打架。這一切發生得太快了，比利甚至都還糊里糊塗的。然後他想起自己帶了「安全毯」，於是拉下夾克拉鍊，向那人展示他的槍——這樣事情大概就結束了，比利想。

但這麼做沒有用，本吉沒有退縮。就像比利一樣，本吉也學會了用武力對付不尊重。是男人就不該表現出軟弱，是男人就不該走開，因為弱者只有被殺的份。

本吉的女朋友開始尖叫：「他有槍！他有槍，本吉！」

但本吉似乎並不在意：「你要做什麼，開槍殺我嗎？」

比利覺得自己的優勢正在消失：「嘿，別惹我！」

然後本吉衝向比利，或者他可能只是試圖遠離想把他拉回去的女朋友，這很難說，因為一切都發生在電光石火之間。

此時比利拔出了槍。這一瞬間，他在腦海中聽到祖父的忠告：除非你真的打算使用它，否則不要向某人拔槍。但現在比利已經拔了槍，如果不使用它，就會被對面這傢伙奪走，然後反過來被用在自己身上。

因此比利開了兩槍，兩槍都擊中本吉。本吉搖搖晃晃地向後退去，流了很多血，看起來非常震驚。剛剛到底發生了什麼事？

事情怎麼會走到這個地步？兩個男孩在人行道上彼此嚇唬，然後就開槍了？

在那個瞬間，一切都變了。比利做了一件他永遠無法復原的事，而他當下立刻就意識到此一事實，因此他對本吉的憤怒變成了對本吉的擔心。此時此刻他最想要的是讓本吉活下來，他並不知道面前這個男孩的幫派關係，這件事從未進入他的腦海。

本吉的女朋友驚聲尖叫，而比利趕忙向另一邊跑去。他衝過一排排的住宅和鐵絲網圍欄，一直想著自己方才開槍射殺的男孩。比利後來寫道：「這個不知名、被我拋下而獨自掙扎的高大陌生人，自此成為我這輩子最重要的人。」

當比利到達表妹家時，電視正好開著，原本的節目因突發新聞快訊而中斷。「明星籃球運動員本吉．威爾遜在一次光天化日的搶劫未遂案中，遭兩名幫派成員開槍攻擊。」

電視螢幕上閃過的那張臉很熟悉，正是他剛剛射殺的那個人，電視新聞正在談論這件事，而這是比利第一次知道他射殺了一個名人。他的大腦很難理解自己行為的重要性。他射殺了那個男孩！而現在新聞說這跟幫派有關，並定調這是一起搶劫案。這一切就像比利推倒了引發核反應的骨牌，事情似乎每過一秒鐘都會變得更糟。

比利不知道該怎麼辦，但他確信應該離開表妹家。他踉踉蹌蹌地穿過街區，途中一直以為警察隨時會跳出來抓住他。此時他最想要的，就是和母親談談。

午夜時分，警察在比利姨媽家接走了比利，並帶到派出所單獨審訊，問他那天是不是想要搶劫。比利否認了，他一遍又一遍地告訴警察當時發生了什麼事，但他說的話似乎並不重要。故事已經不在他的掌握之中，骨牌終於轟然倒下。最後比利請求會見律師，於是警察離開房間，讓一名律師走進來。但比利說，當時進來的並不是辯護律師，而是檢察官。

檢察官遞出一份希望比利簽署的聲明，其中陳述比利曾試圖搶劫本吉。這個故事版本在比利給出證詞之前就寫好了。比利說他一直告訴檢察官這不是真的，但該男子說乖乖簽名是比利能夠見到母親的唯一方式[31]。

因此比利簽署了那份聲明。現在檢察官能以搶劫未遂罪起訴他，而這比單獨過失殺人罪的刑期要長。政府想要報復，就像傑西．傑克森、柯蒂斯，以及整座芝加哥城一樣，如果比利的故事不適合他們想要的報復劇本，律師可以讓它變得合適。

之後比利被轉移到另一間備有電視的牢房，他在那裡可以看到正在播放的電視新聞。隔天早上，電視上再次出現了新聞插播。比利透過鐵柵欄看著電視，勉力用雙手支撐自己。

一切都結束了。本吉被宣告不治，最糟糕的事情發生了。比利坐在牢房裡，一點一滴嘗試著認清事實：他結束了一個人的生命。疼痛像玻璃碎片一樣在他的胸膛裡翻攪，比利感受到一種從未有過的絕望，那是即使親生父親過世時都不曾有的絕望：上帝創造出的美好事物，就這樣被他摧毀了。

比利和奧馬爾被帶上手銬，經過電視新聞攝影機，被帶到法官面前進行保釋聽證會。在法官拒絕保釋後，一位年長的女性副警長傾身向前對比利說：「你殺了那個男孩！我希望他們判你們兩個死刑，然後讓我啟動電死你們這些混蛋的開關！」

庫克郡的州檢察官辦公室，以成年人的量刑標準審判了比利和奧馬爾，而陪審團只用了一個多小時就認定兩人犯下謀殺罪和搶劫未遂罪。一名陪審員隨後說道：「這件事情毫無懸念，我們達成了非常一致的結論[32]。」

審判中並沒有提到幫派。法官命令律師不要提及，因為沒有證據表明兩者的相關性，但是新聞媒體仍然在審判的相關報導中提到了幫派。

比利因殺害本吉．威爾遜而入獄十九年九個月，沒有開槍的奧馬爾服刑十六年。

槍擊事件發生後，比利的故事並沒有被聽見。他的故事中沒有搶劫、沒有幫派鬥毆，甚至沒有任何有意義的線索。在衝突中「我們」對「他們」的這部機器很難被關閉，我們只看見明星運動員與幫派成員、石頭幫和門徒幫，哈特菲爾德和麥考伊。

今天，芝加哥街頭的大多數暴力事件看來也僅是如此：帶有脆弱自尊和強大武器的年輕人。他們可能是幫派成員，甚至是敵對的幫派成員，但這通常並不是完整的故事，只是故事中的一部分。

現在回想起來，比利記得那天的本吉戴著一頂無邊帽，因此根本沒有所謂的帽子轉向左右或前後這件事。

「如果我們三十年前就成為朋友呢？」

柯蒂斯一直靜靜聆聽著比利的故事，直到他說完為止。對柯蒂斯來說，這個故事非常乏善可陳，但完全可信——他憑直覺認為比利說的是實話。柯蒂斯在芝加哥街頭看過太多次同樣的悲慘情節上演：一個當天過得不太順利的年輕人，碰巧撞見一個拿槍的人——這一切是多麼熟悉，熟悉到令人作嘔。

在比利說完故事之後，柯蒂斯冒出一個以前從未有過的想法：「那也可能是我。」他可以想像自己是個十幾歲的孩子，在路上就這樣被人推搡。如果他沒有認出本吉．威爾遜，也可以想見自己在那個場合裡會拒絕退縮。

「我很可能，也會朝他開槍。」

這個想法讓柯蒂斯感到一陣頭暈目眩。這次與比利的相遇，顛覆柯蒂斯對門徒幫和本吉．威爾遜一直以來的敘事，曾經支配他生活這麼久的故事並不是真的，所謂的搶劫從來沒有發生，也沒有轉向左邊的帽子，也根本沒有幫派鬥爭。柯蒂斯思考得越多，就越質疑他對這場衝突的其他假設。他甚至突然開始懷疑，那些他一直以來在這件事上所認定的基本前提。

現在柯蒂斯想知道：本吉．威爾遜真的是石頭幫的人嗎？當柯蒂斯看到本吉打籃球時，他的帽子確實轉向左邊，事實上柯蒂斯知道的就只有這麼多。現在他發覺原本堅信不移的事情都開始動搖，也許本吉的帽子是在打球時被撞到左邊、也許他根本不是故意那樣戴帽子的。這樣的想法令人迷茫，突然之間，所有線索都跳出來搶奪他的注意力，要求他重新思考一切。

這是高衝突的另一個特點：它可以是單方面的，從存在於我們腦袋中的衝突演化而來，衝突中的另一方甚至可能根本不知道自己存在於我們的高衝突中。而這也意味著，我們都可能在自己一無所知的衝突裡，扮演某種角色。柯蒂斯曾出現在多少他自己並不知道的衝突裡？有多少人想要殺了他？大概不少吧。

這時候的柯蒂斯已經擺脫了高衝突，但比利的故事給了他另一種置身事外的方式。他和比利不再是敵人，事實上他們屬於同一個類別，而且一直以來都是如此。柯蒂斯現在終於可以看清這一點。現在回想起來，這有多荒謬。他們曾經在同一個街區中活動，在同一個公園裡玩耍，還都是傑西的朋友（傑西是那位多年前和柯蒂斯一起練習後空翻，後來賣熱狗時被殺的男孩）。他們兩人都為傑西的死感到悲痛，但彼此對這件事一無所知。「實際上我們之間的共同點多於分歧點。」

柯蒂斯真希望自己能早點看清這一切。用柯蒂斯自己的話來說，他的大腦開始反覆不斷地思考種種「如果……會怎麼樣」——「如果我們三十年前成為朋友呢？」柯蒂斯自問。這麼做就像是在窺視著萬花筒，眼前一切的形狀都在不斷變化。

我們往往難以抗拒高衝突，但是有一些方法可以讓我們在看待事情時，保持一定的複雜度，這些策略即使在那些清楚劃分了「我們」與「他們」的衝突中，也依然管用。學界研究得最透徹的策略是一種稱為「接觸理論」（contact theory）的方法。這種方法顯示，人們在花時間相處後，能夠對彼此重新進行分類[33]。這些相遇與相處可以打斷我們對彼此一環緊扣一環的假設，從本質上減緩衝突並騰出空間。一旦人們見面並彼此激發了好感，就很難再互相諷刺，轉向右邊的帽子也可能不再意味著某人是敵人。

接觸理論的有效性，已在世界各地的五百多個實驗中得到證明。這套方法在智利的兒童、被送往摩洛哥的比利時高中生、英國的監獄囚犯身上都有實效。人際關係比冰冷的事實更容易改變我們，以二〇〇五年七月七日發生的倫敦大眾運輸恐怖攻擊為例，那些在恐攻前曾經與穆斯林進行有意義互動的英國人，在恐攻之後對穆斯林抱持較少的偏見[34]。

這個理論聽起來很直觀，但它為什麼有效呢？一方面是因為人際關係似乎能夠讓我們接受比較複雜的故事。當我們開始瞭解某人時，就不能將他們簡化為一件事情，而這也就是普弗萊格神父和柯蒂斯為什麼要將幫派成員聚在一起打籃球：他們試圖建立能夠抵禦扁平化故事的人際關係。因此能夠聽到比利的故事，在所有面向上對柯蒂斯來說都很重要。

如果我們試圖扁平化自己已經認識的人，不僅不會準確，還會隱約地讓人覺得不夠忠誠。人類是社會性動物，會在生活中與各種群體結盟，因此不忠會造成不適。我們應該用立體的方式看著所有人，讓自己遠離衝突的瀝青坑。雖然我們可能仍然相信關於對手的負面報導，並且持續在許多事情上與對手意見分歧，但一般而言，人際關係會使人更不容易忽視他人，或將他人妖魔化。

還記得本書一開始談到的英國環保主義者暨作家馬克·林納斯嗎？他多年來一直在抗議基因改造食品，而在本書序言中，我們看到他最終如何擺脫高衝突，甚至向他多年前騷擾過的農民道歉。但馬克是如何做出這種轉變的？為什麼他會選擇在那時做出改變？甚至我們還可以問，他到底為什麼要做出改變？

經歷了躲在農地裡的狼狽夜晚後，馬克回到他的編輯和作家日常工作中。除了反對基因改造食品，他還撰寫了一些有關氣候變化的書籍。科學家們是他重要的資訊來源，因此他必須採訪他們。而透過一次次的訪談，馬克最終開始喜歡上他認識的某些科學家。

馬克理解到，他採訪的科學家們正試圖拯救地球，就像自己一樣——事實上，他們有許多共同點。因此馬克與科學家們開始交換彼此的故事，並且發展為能一起共事的同伴，而不僅僅是工作上的點頭之交而已。馬克開始欽佩科學家們對經驗證據而非意識形態的奉獻，以及他們願意承認錯誤的心胸。不久之後，他開始在所寫文章中採用了科學家們的標準。他努力理解、整合嚴謹的科學研究，再非常小心地為自己的所有論點添加註腳。

二〇〇八年，馬克的一本書獲得英國最負盛名的科學寫作獎項——英國皇家學會科學圖書獎。這個獎項意味著馬克正式被嚴謹的科學作家社群所接受。他不但沒有被羞辱或驅逐，還獲得歡迎，而這對他來說非常重要。在頒獎儀式上，馬克的發言不再像是亂砍莊稼的激進分子：「皇家學會是全世界最重要的科學機構之一，得到這樣的機構的認可，對我而言是一種巨大的肯定和榮譽[35]。」

三天之後，馬克為《衛報》寫了一篇攻擊基因改造作物的文章——他以前寫過很多次的那種文章，但這次的讀者批評首次讓他非常在意。此時這些指責和懷疑開始能夠進入馬克的意識範圍，因為他已經與嚴肅的科學家們進行許多次緊密的合作。

從表面上來看，馬克反對基因改造食品的運動似乎是為了營養和安全，事實上也的確如此。但所有慢燉鍋下面都有伏流，就像許多衝突一樣，馬克的行為實際上也與歸屬感有關：多年來，馬克已經找到了身為一名激進分子的使命感和身分感，也認為自己與企業巨頭進行立意良好的鬥爭。多數時候都站在正確一方的確令人振奮，但隨著時間推移，馬克也發展出另一種身分——一名科學作家。就像柯蒂斯一樣，馬克找到了另一種歸屬方式、另一個屬於自己的群體。

然而他的新身分與舊身分發生衝突。在接下來的幾年裡，馬克努力協調這一切，在自己舊的衝突身分和新身分之間搖擺不定。但與葛倫．貝克不同，馬克最終覺得必須大聲且清楚地說明自己的進化，即便這麼做只不過是為了對得起自己的良心。「若只是偷偷摸摸地走來走去，卻不誠實面對事情，我終究會失去真正的立場。」

因此在田裡躲避警犬的十四年後，馬克站在英格蘭牛津郡舉行的農民和科學家會議中，公開承認自己曾受高衝突引誘，傷害自己所珍視的事物。

「身為一名環保主義者，我相信世界上每個人都有權自行選擇健康和營養的飲食。我先前採取的方式，實在是錯得離譜。我現在深感後悔[36]。」

面對衝突的力量

接觸理論是一門精緻的藝術。僅僅與「另一方」產生互動是不夠的，一起打籃球並不會神奇地讓雙方更加理解彼此。

在某些情況下，接觸反而會使衝突變得更糟。在一九四〇年代，一位名叫保羅．穆森（Paul H. Mussen）的研究人員招募了一百零六名紐約市低收入戶的白人男孩，讓他們與同等數量的黑人男孩一起參加為期一個月的夏令營。活動結束後，大約四分之一的白人男孩表現出的種族偏見明顯減少，四分之一的種族偏見卻顯著增加。對於後者來說，接觸反而讓事情變得更糟[37]。

在北愛爾蘭衝突的狀況中，天主教徒和新教徒相互認識，在同一個並不十分廣大的國家一起度過了幾十年。然而，從一九六〇年代後期開始，他們之間卻產生了持續三十多年的激烈衝突，引起大約三萬七千起槍擊事件和一萬六千起爆炸事件。為什麼接觸理論在北愛爾蘭發揮不了作用？

因為接觸理論似乎需要一些條件。

首先，在理想情況下，參與接觸的每個人都應該具有大致平等的地位，至少在發生接觸的場所、接觸場合中的文化氛圍必須平等。北愛爾蘭的天主教徒很少生活在這種情況中，他們在政治、住房和勞動力等方面都遭到邊緣化；美國許多地區的白人和有色人種之間，也很少存在平等互動的情況。

其次，如果有某個受人尊敬的權威支持雙方的接觸活動，似乎對成果也會有正面幫助。這個所謂的權威可能是清真寺或教堂，也或許是聯合國或其他國家的領導者。無論如何，一些官方的支持似乎能夠使這種接觸具有某種合法且合理的地位，並在這個過程中提供最低程度的信任。

第三，如果人們在接觸中不只是口頭討論，而是能在某些常見問題上真正一起工作，這是最理想的狀態。一起共事可以促進人們的協作本能，而非競爭本能；激發我們的合作欲望，而非鼓勵追求個人勝利的野心。對於馬克來說，他和氣候科學家的共同目標是拯救地球免受暖化的影響，而這個共同使命有助於馬克創造一個新的、共享的身分，這比試圖擺脫舊身分要容易得多。

最後，參與其中的每個人都應該出於自願，追求一些共同的目標（無論那個目標是什麼）。動機很重要，在離婚調解和種族對話中都是如此。如果人們想停留在高衝突中，或者想主宰對方、陶醉於蔑視與自以為是的正義，就很難讓對方改變心意。在這樣的情況下，接觸反而可能會讓另一個群體受到情感虐待，甚至是暴力。一九四〇年代黑白混合夏令營的研究亦發現，營隊結束後偏見反而加重的男孩們，原本個性就更叛逆、更具攻擊性。他們曾經表達過各種挫折感，並且家庭生活中可能存在其他問題。因此夏令營對他們而言，似乎是個釋放自己受到的傷害，尋找代罪羔羊的機會[38]。

當每個人都有足夠的動力、穩定性和力量來承擔風險和忍受不適，接觸理論就能夠發揮最大功效。上述這幾項都是非常重要的前提，而就比利和柯蒂斯的故事而言，兩人在二〇一六年相遇時已經具備這些必要條件。雖然其中一個是門徒幫，另一個是石頭幫，但兩人相遇時這些舊的身分認同已然消失，因為他們正一起朝著更大的使命努力，試圖阻止更多的暴力。

然而在許多情況下，人們不想放棄高衝突。馬克在與世界各地的人們談論解決氣候變化的方法時，發現了這個現象。「當我挑戰人們的悲觀主義時，我得到了最為憤怒的回應。」他告訴我。如果某個解決方案冒犯到人們對於安全和純淨的定義，或者迫使人們放棄已經成為自己身分認同的世界末日陳述，那麼許多人寧可不要解決問題[39]。

「如果你希望有個低碳精靈，揮一揮魔杖就能讓所有化石燃料消失的話，請舉手。」馬克有時會對台下大量的觀眾這麼說。他發現在一般情況下，大約只有一％的人會舉手。基於多年的研究，馬克認為核電就是這個低碳精靈，可以幫助解決氣候變化，並且可以安全地完成任務。但是許多人（尤其是左派）甚至不想討論它。

「許多人似乎不想只解決氣候變化問題，」馬克告訴我，「而是想利用氣候變化，把世界變成他們想要看到的樣子。」這與衝突研究人員哈普林遇到的情況極為相似：他詢問以色列聽眾是否聽過本書前述的阿拉伯和平倡議時，很少有人舉手。這就是高衝突的運作方式，它讓我們進入一種恍惚狀態，使我們對許多事情視而不見。

通常，當位於衝突中的人們達到某個飽和點——或者發展出其他可以讓自己轉移注意力的身分時，就會開始想要從高衝突中抽身，而這就是接觸理論可以好好發揮作用的時候。即便如此，接觸理論在定義上還是屬於個人之間的行為，無法改變衝突中的機構。柯蒂斯和比利的友誼並沒有解決任何幫派暴力的根本原因，真正的變革，需要持續對受益於當前體系的人和機構施加壓力。有權力的人通常不會因為本身偏見減少而放棄衝突，他們需要感受到實質的壓力，而這種壓力往往來自有組織的政治、法律、經濟和社會行動。

但問題是：只有壓力依然不足以改變事態。持久的變化需要能夠在不同層次的衝突間上通下達，不僅要在銀行帳戶和土地使用分區法條上產生變化，也必須在人們的內心和家庭中促進和解，否則人們只會換湯不換藥，想方設法繞過立意良好的新法條。當美國人在一九五〇年代被迫整合黑人和白人的學校時，許多白人父母決定開設私立學校或搬到只有白人的郊區。

世界各地都有這樣的故事，雖然法律改變了，但人心依舊；衝突在地下燃燒，我們卻視而不見。

「誰是你存在的理由？」

柯蒂斯今天在芝加哥所進行的任務是艱鉅的：他想要幫助其他幫派成員做到一樣的事情，找到一條擺脫高衝突的途徑；但他希望能比自己走的路更簡短便捷，只需要花上幾個月（而不是好幾年）就可以踏出火坑。大多數時候，這是一項微妙且令人心碎的工作，偶爾卻像時間的皺摺被輕巧地翻開一樣，向柯蒂斯呈現出現實世界的另一種可能——此時，青少年們不會因為一隻手錶就對彼此大開殺戒。

柯蒂斯任職於「真實的經濟命運」組織（Create Real Economic Destiny, CRED），它於二〇一六年由時任歐巴馬政府教育部長的亞恩．鄧肯（Arne Duncan）所創立。鄧肯在芝加哥長大，與柯蒂斯童年時代的英雄本吉．威爾森一起打過籃球，也曾與芝加哥人一起哀悼本吉的死亡。成年後，鄧肯從華盛頓回到芝加哥，並創立了CRED。這個組織只有一個使命：辨認出最有可能槍擊他人或遭槍擊的群體，並藉此大幅減少芝加哥的槍枝暴力。

柯蒂斯是鄧肯的首批僱員之一，那時他已經在芝加哥從事阻止暴力的工作超過四年。在其他組織的工作內容包括輔導高風險青年，以及在激烈衝突發生時嘗試隔開人們。但柯蒂斯知道，自己之前所做的只是一個短期的解決方案，而CRED的目標不只是讓人們停止暴力或壓抑自己的怒氣，而是幫助人們建立一個全新的身分。

為了達到目標，柯蒂斯和他的同事開始一個街區接著一個，繪製芝加哥最危險地帶的衝突地圖。他們使用犯罪數據追蹤槍擊事件，並確定了八個最暴力的幫派和「圈子」（clique）——所謂的「圈子」是芝加哥當地規模較小，較為臨時的幫派組織。然後他們調查了這八個團體已知的對手，弄清楚這些幫派和圈子的敵對關係。

建立起這份名單後，他們接著僱用了十名前幫派成員，都是目標幫派和集團現任成員所認識且尊重的「大佬」。然後這些人開始投入和平工作，與目標幫派建立人際關係。「這是一個搭建人際網絡的過程。」柯蒂斯的同事杰倫．亞瑟（Jalon Arthur）告訴我。他們舉辦籃球比賽、贈送書包、在街頭巷尾閒逛；他們辨認出每組幫派分子中，通常負責實行槍擊的特定人士以及背後做出決定的人，這些是最需要瞭解的核心成員；他們為這些人提供創傷諮詢、生活津貼和工作培訓，並邀請加入CRED計畫，而且最好可以帶著幫派的其他成員一起過來。

「誰是你存在的理由？」柯蒂斯喜歡問這些年輕人。換句話說，比起幫派身分，還有什麼是你更關心的？是你的兒子？你信仰的上帝？或者你的祖母？就像巴勒斯坦解放組織幫助黑色九月的成員結婚成家一樣，柯蒂斯試圖找到一種方法，替這些人恢復舊有的身分，或創造出一個新身分。

一直以來，柯蒂斯和CRED的其他工作人員都在等待合適的機會，並尋找衝突中的短暫停頓點。可能是因為暴風雪、偶然事件或任何其他原因，而這樣的機會提供了切入點，為柯蒂斯與他的同事贏得時間、騰出空間。「如果我們能維持個兩周到三十天左右，雙方沒有任何人遭槍擊或槍殺，就能開始進行一些和平對話。」亞瑟說。

他們不能期待人人都像柯蒂斯一樣，在兒子的畢業典禮上突然覺悟；他們無法慢慢等待人們意識到自己已經達到衝突裡的飽和點。「如果只是坐在那裡等待人們自己覺得疲憊，可能需要花上幾十年。」亞瑟說，「我們不能那樣做，我們得有意識地尋找可行的切入點，即使中途遇到阻力，也不會就此止步。我們會尋找另一個成熟的時刻，重新開始行動。」

在這些成熟的時刻，他們試圖讓雙方先在一些較不重要且合理的承諾上達成共識：例如遠離對方的勢力範圍、不在Facebook上發布自己的行蹤、避免在社群網站貼文中貶抑對手。這正是談判者在世界各地的衝突地區試圖做的事情，從委內瑞拉到阿富汗再到盧安達，和平談判者試圖建立邊界，並獲取一點時間和空間。

在如今的社會中，人們遭受貶抑和羞辱的機會多如牛毛。與非幫派成員相比，幫派成員每周在網上多花兩到三個小時[40]，在彼此之間交換著各種威脅、侮辱和吹噓，就像他們在實體世界中做的那樣。但在社交媒體上，他們可以用極高的效率做到這件事，一次向成千上萬的人傳播侮辱。無論出於惡意與否，他們可以簡單地用一個詞或一個圖像引發暴力。社交媒體正是當今點燃衝突的地方，因此CRED的工作中，有很大一部分是監控合作的幫派成員的社交媒體帳戶。

二〇一九年夏天，在芝加哥西區的北朗代爾社區（North Lawndale），一名CRED外勤工作人員在早上七點左右，注意到Facebook上的一則貼文大有問題。來自北朗代爾K區（因為那裡所有街道名稱都以字母K開頭）某幫派的年輕人上傳了一張照片，但他並不在自己的街區裡，而是站在K區以東由敵對幫派控制的街區上，手裡拿著槍，吹噓成功達陣，嘲諷敵對幫派的傢伙們竟然把自己的地盤晾著無人看管（為了避免引發進一步的衝突，CRED要求我隱瞞這些幫派的名稱）。

事實上，這兩個團體之間曾藉由CRED的幫助，達成互不侵犯協議，規定雙方幫派成員不得擅自闖入對方領地，也不會發布針對彼此的煽動性貼文。所以這名年輕人同時以兩種方式違反協議，導致另一個幫派會認為有必要進行報復。這就是衝突升級的方式——就像偷豬案的麥考伊一樣，領導者無法控制所有追隨者，群體中總是包含許多不同的個體。

外勤人員將這則貼文截圖，發送給CRED後勤團隊。根據涉及人員和貼文內容，該威脅被歸類為第四級威脅：最高風險。外勤工作人員接著打電話給遭挑釁的幫派聯絡人。

「請你們稍安勿躁。」他說。

那天早上九點鐘，CRED主管傑森．利特爾（Jason Little）到達照片中的街區，管轄該街區的幫派成員果然看到那則貼文，全副武裝正要啟程出征，槍裡的子彈都已上膛，準備報仇，但利特爾請他們停下來稍等一下。

「給我兩個小時。」

對於幫派成員來說，面對這種挑釁沒有第二種選擇，暴力回應基本上可說是一種義務。但這些人瞭解並尊重利特爾和他的團隊，因為利特爾年輕時也曾和他們過著一樣的街頭生活——就像柯蒂斯，利特爾現在是面盾牌、一個瞭解幫派衝突並可加以阻止的人。但那篇貼文在Facebook上每存在一分鐘，都增加了暴力發生的機率，簡直就是一顆定時炸彈。「越多人分享這則貼文，越多人嘲笑貼文內容，威脅就越大。」利特爾說。

不過這則貼文到中午就消失了。CRED聯繫了另一個與K區幫派合作的組織，而該幫派刪除了這則貼文。事實上人們只需點點滑鼠，就可以防止可能發生的兇殺案。「要是文章沒撤下來，絕對會變成另一場槍擊事件。」亞瑟說。

那天利特爾和他的團隊抓住了機會，重申互不侵犯協議，而雙方幫派同意不再發布更多煽動性的貼文，並相互保持距離。即使到了事件發生的六個月後，該協議仍然有效地運行著。

「這些人都不想死，也不想被抓進監獄。」利特爾說，「他們不會真的這樣說，但他們之中有很多人都進過監獄，並且不想再回去，也不想要讓自己的照片被印在T恤上[41]。」因此一旦得到雙方的信任並瞭解衝突，就可以減緩衝突的發生。

所有形式的關係，例如這些互不侵犯條約或任何類型的和平條約，都有助於形成一道警戒網。這些協定建立了一個溝通管道，一種違規時會自動觸發的反應機制。我對和平協議瞭解得越多，就越認為這個名稱取得不夠貼切——和平協議事實上並不製造和平，只是用來爭取時間、減緩衝突，使和平成為可能。

擺脫衝突的妙招

無論和平條約存在與否，想要減緩衝突都需要極大的自我控制。像柯蒂斯這類型的人學會了一些快捷的方法，幫助自己調節情緒以創造時間和空間[42]。事實上，我們在生活中都運用過這些妙招，只是自己並沒有意識到這一點。最有效的方式是在正確的時間點，有目的地使用這些策略。

擺脫衝突的第一個妙招很簡單：避免接觸衝突點火器。對於柯蒂斯來說，這意味著搬到新公寓；對於他指導的幫派成員來說，離開原先的環境是種可能的辦法，或者至少限制他們在生活中與煽風點火者的接觸。

對於試圖擺脫政治衝突的人來說，這可能表示他們必須放棄收看有線電視，並刪除自己的Twitter帳戶；對於正在經歷離婚的人來說，這可能意味著不要太常去見那些敦促他們不計一切爭取到底的衝突企業家（有時這個人會是他們的律師，也就是說需要找個新律師）。

如果我們無法避免與衝突點火器相處，那麼還有其他適用的策略。其中一種是轉化遭遇的情況，使其不具有與原先相同的情緒力量。對於想擺脫幫派暴力的人來說，這可能是要去除幫派紋身，或者外出時將棒球帽轉向中間；對於正在處理離婚的人來說，這可能意味著準備一個簡短的友好話題清單，以便在朋友舉辦的燒烤派對上遇到前夫時，彼此還可以自然地聊天。

對於所有人來說，在任何情緒高昂的情況下，經過最多認證的好方法是練習節律式呼吸。緩慢地深呼吸可以影響軀體神經系統（我們可以有意識控制此系統）和自主神經系統（包括心跳和其他我們無法有意識控制的動作）。呼吸是兩個系統間的橋梁。這就是為什麼特種部隊士兵、功夫大師以及分娩中的孕婦都會練習呼吸的原因，它是我們目前擁有最好的調節工具。

無論是「作戰呼吸法」或「正念呼吸」，基本上都是應用同樣的神經反射原理。但這套呼吸法需要練習，而且最好是在面對壓力的情況下練習（我採訪過一位警察，他一邊聽預錄下來的警報聲，一邊練習有意識地調節呼吸，直到學會每次在巡邏車打開警報器時，都能自動進行深呼吸）。許多警察學過的作戰呼吸版本之一是：吸氣數四下、憋氣數四下、呼氣數四下、憋氣數四下，然後重新開始。當所有其他方法都失效時，有韻律的呼吸讓我們能夠重新思考，減緩衝突發生的機率。

另一個簡單但有效的策略是分散注意力，讓自己有意識地將注意力集中在其他事情上，即使在衝突中也是如此。有時候，柯蒂斯會想像和他一起工作的年輕人小時候的模樣，每個人都一樣天真無邪。「我看著這些人，就像看到自己的孫子。」他說，「這就是我看著他們時，必須保持的心態。」他在腦海中將這些年輕人重新分類。他們不是生來就是幫派分子，曾經也只是純真的孩子，在某年某月換了第一顆牙齒，需要別人幫他們繫鞋帶，並且喜歡跳舞。

最持久的策略可能是「重新評估」，而這招事實上更像是絕地武士的思維把戲——重新評估意味著重新構建情況，並改變自己內心的想法。隨著時間推移，柯蒂斯學會將自己的衝突重新定義為所有黑人和腐敗體系之間的衝突，而不是石頭幫和門徒幫之間的衝突。他透過重新定義整個衝突體系，重新歸類自己的敵人。

人類學家暨談判專家威廉·尤瑞（William Ury）在世界各地的衝突地區中，都使用過這種技術。多年前，他曾在委內瑞拉政府和反對派之間擔任調解員。某天晚上，內戰即將來臨之際，時任委內瑞拉總統的查維茲（Hugo Chõvez）在約定好的會議時間沒有出現，讓尤瑞等了足足三個小時之後，才終於在午夜時分姍姍來遲。然而尤瑞一開口，查維茲就當著所有人的面朝他大吼大叫，並傾身靠近他的臉咒罵了整整半小時[43]。

尷尬又憤怒的尤瑞努力抵抗衝突情緒對自己的影響。他已經花了十八個月調解這場衝突，並不想讓過去的一切努力付諸東流，因此他快速地重新評估實況。此時尤瑞做了一些他稱之為「去陽台透氣」的舉動。他想像自己站在「一個精神和情感的陽台上，一個平靜、帶有遠見和自我控制的地方」，在這座陽台上可以專心思考重要的事，將注意力放在最後的成果上。

接著尤瑞從這種心理距離上重新評估自己的選擇。他知道如果為自己辯護或反擊，只會使衝突升級。就像蓋瑞寫了一封激怒鄰居的信一樣，這麼做只會掉入衝突陷阱——從陽台上，尤瑞可以清楚辨認出事情的樣貌。

所以尤瑞試圖重新定義衝突，為自己講述一個不同的故事。面前的情況與其說是羞辱，不如說是讓他可以更加瞭解查維茲的機會，而這個想法讓他更容易控制自己的情緒。「因此我選擇傾聽，全神貫注地試圖瞭解對查維茲而言，真正發生的事情是什麼。」尤瑞後來說。他所描述的正是蓋瑞教導人們練習的理解迴圈：進行真正的傾聽，即使人們訴說著你明知是錯誤的事情，但只要願意聆聽，就可以中斷衝突的螺旋。

而後怒火終於從查維茲的聲音中消失，他的肩膀垂了下來，然後問道：「好吧，尤瑞，你說我該怎麼辦？」像大多數人一樣，查維茲在傾聽他人之前，首先希望能夠被傾聽。

尤瑞提出了一個建議。他說，每個人都需要從衝突中暫時解脫，而聖誕節就快到了，如果此時查維茲提議休戰，大家就可以和平地與家人共度佳節時光，這個方案聽起來怎麼樣？事實上，這就是查維茲後來做的決定。

我們很難想像有人對著自己大吼大叫時，要「去陽台透氣」一下。然而尤瑞在壓力下保持冷靜的能力就像一名太空人。有研究證據表明，多數人都可以訓練自己學會某種「家用版」的太空人壓力處理方式。而令人驚訝的是，這個減緩壓力的過程大約只需要二十一分鐘。

平均而言，已婚夫婦的婚姻品質會隨著歲月的流逝而緩慢下降，這是令人沮喪但已獲證實的人際模式。但是當伴侶們一起練習「去陽台透氣」時，意想不到的事情發生了。社會心理學家艾里·芬科（Eli Finkel）和同事輔導六十對已婚夫婦，請他們花幾分鐘的時間，從不同角度寫下兩人之間最近發生的爭執，特別是從一個「中立、希望所有參與者都得到最好結果的第三方角度」來觀察[44]。

換句話說，請他們想像一個像蓋瑞這樣的調解人出現在自己的爭執中。「這個人會怎麼看待這場意見分歧？他或她如何從衝突中看到可以改進的地方？」然後他們被要求在下一場爭執中考慮那個「第三方」的觀點。接下來的一年中，他們每四個月要重複一次這個分析練習。

實施這種擺脫婚姻衝突妙招的夫婦，會從想像中的第三方重新考慮自己的衝突。研究報告顯示，與沒有這樣做的夫婦相比，經過練習的夫婦比較不會因衝突而感到沮喪。更重要的是，在進行練習的那一年中，婚姻滿意度也沒有發生預期的緩慢下降。衝突仍然會發生，但並沒有以同樣的方式影響這些夫婦，因為它們是健康的。

「它比我記憶裡小得多」

二〇一九年秋季，比利、柯蒂斯和我一起走過福斯特公園。比利指出他曾經在哪裡打棒球，柯蒂斯則向我們展示他曾經和最好的朋友傑西一起練習後空翻的矮牆。「它比我記憶裡小得多。」柯蒂斯盯著低矮的水泥牆說。

矮牆後面是籃球場，柯蒂斯曾在那裡看本吉．威爾森打球。這座球場看起來也很小，其實只是公園盡頭旁的一塊長方形柏油地而已。

在服完因謀殺本吉而被判罰的刑期後，比利在一家與CRED合作的組織找到一份工作，組織後來直接僱用他。因此，比利現在和柯蒂斯是同事，從事同一項制止暴力的工作，有時甚至會在他們長大的同一條街上一起執行任務、參加和平遊行，而且每周至少交談一次。

在我們一起散步的那個安靜而美麗的夜晚，很難想像

2019 年秋天，比利（左）和柯蒂斯在福斯特公園散步。福斯特公園是兩人長大的地方，也是本吉．威爾遜被槍殺前常去打籃球的地方。© Amanda Ripley

這個社區曾經目睹了多少暴力。環繞公園的房屋乾淨整潔，公園綠樹成蔭，氣氛令人愉快。普弗萊格神父每年仍會舉辦和平盃籃球錦標賽，現在賽程變得更加複雜，加入了選拔賽，甚至還有明星選秀制度。被選中的明星隊伍由來自不同幫派的人組成，這本身就是一個奇蹟。然而我們散步的那天晚上，在外面遊蕩的孩子並不多。福斯特公園依然是個危險的地方，槍擊可以在無預警的情況下隨時打破和平。

二〇一七年，比利的兒子開車經過公園時，有人走上前來對他開槍。那天我們路過時，比利向我們指出當年的案發現場。比利當時聽到消息後急忙跑到公園，卻只發現車上罩著一張床單，現場被警戒線圍起來，而他的兒子還在裡面。

看到那張床單，比利知道他唯一的孩子已經死了。他站在那裡哭泣，一邊摟著抽泣不止的妻子。此時他再度想起了本吉，想起了本吉的母親，想著自己如何曾經讓某人感受到他現在體驗的痛苦，這是一種比他經歷過的任何事情都更難忍受的痛苦。在那一刻，比利有種可怕的命定感油然而生：兒子的死是他的錯。比利相信這是他殺了本吉的懲罰，他似乎一直在等待這個報應，等了三十三年。

比利的兒子身中十六槍。沒過多久，比利就知道了誰應該對此負責。從他瞭解的情況來看，這可能是個認錯人的錯殺。

認錯人了。這句話聽起來很平凡，就像一場意外。但這不僅僅是場意外而已，這是場獨一無二的人倫悲劇，重複發生了十六遍。

我想知道，在某種程度上，有多少兇殺案本質上是認錯了人？某種身分遭受威脅、某人身分被預先假設。有時人們會射殺根本沒打算殺死的人，而更常見的情況是，被害者的死亡並不會帶來殺人者所尋求的東西。

柯蒂斯的人生中花了許多年對門徒幫進行仇殺，而這起案件事實上卻是由一個不真實的身分故事所引發——事實證明，本吉不是因為他的石頭幫身分而遭殺害，柯蒂斯現在終於知道了真相。時至今日，柯蒂斯甚至不確定本吉是否真的是石頭幫的人。從距離三十年之遙的陽台上往回看，許多高衝突看起來就像是因為弄錯身分導致的，有時甚至戰爭也因此而起。

在比利兒子的謀殺案四年後，兇手依然沒有被逮補歸案。比利一直希望那個開槍的年輕人能走進他辦公室的門，讓他有機會以自己希望被原諒的方式，去原諒這個年輕人。

Chapter 05

達成和平

中場休息

一條狹窄的小路從海邊通往山坡上的梅爾比奇社區活動中心，從蓋瑞家步行到那裡大約需要五分鐘。在山頂，可以欣賞到北美洲最壯麗的景觀之一，綠色天鵝絨般的山脈環繞著下方的海灘，海浪在廣闊的天空下來回擺盪，日落時遙遠的舊金山天際線閃爍地照亮了太平洋。

但二〇一八年一月二十五日這天，蓋瑞並沒有心情欣賞這些。那天晚上快七點，他抱著去做大腸鏡檢查般的心情，走上活動中心的台階。不久之前，當舊衛隊在選舉中擊敗蓋瑞的盟友時，他已經達到衝突的飽和點。

輸掉選舉的損失迫使衝突暫停，而這次中場休息足以讓蓋瑞意識到這段時間究竟發生了什麼事。他以世界知名衝突

2020 年，蓋瑞與他的狗亞提，在加州梅爾比奇的住家附近散步。©Trish McCall

調解專家的身分進入政界，打算終結社區紛爭，卻反過來在衝突的瀝青坑中浪費了兩年生命。他讓家人失望、使鄰居疏遠，並犧牲了內心的平靜，而這一切都是為了一個無償的志願職位，蓋瑞因此感到極為難堪。

事實上，蓋瑞不知道接下來該怎麼辦：他可以辭職，放棄他在理事會剩下的三年任期，以恢復過去的生活；他也可以留下來，但必須忍受自己的力量被削弱，更不用說還會被羞辱。

蓋瑞在兩個決定之間掙扎。一方面，辭職讓他覺得自己很軟弱，就像一個憤怒跺腳生悶氣的孩子，尤其是辭職同時也代表永久的失敗，只要離開理事會，他的失敗就會是徹頭徹尾的，不再有轉圜空間。他永遠拿不回那只慢燉鍋。

另一方面，如果他留下就還有機會。也許他能以某種方式救贖自己，也許仍然可以用某種微小的方式幫助社區。但話又說回來，蓋瑞想，這難道不是個更加狂妄的選擇嗎？留下來不就等於讓自己（以及贏得勝利）再次成為焦點嗎？也許辭職是表現謙遜的方式，等於承認自己——衝突教父蓋瑞．佛里曼——也是個平凡人。

但無論選擇哪種方式，他都必須出席這次理事會會議，這將會是他最後一次主持，不出席會顯得自己很懦弱。蓋瑞轉身背對大海，猶豫不決地走上台階。

晚上七點零三分，理事會會議正式開始。社區中心壁爐裡的柴火劈啪作響，人們互相打招呼，找位置坐下來。如果你不知道背後曾經發生的故事，這個場景看起來頗溫馨的。

一分鐘後，理事會進行投票，舊衛隊的某位成員取代蓋瑞成為理事長，蓋瑞已然完全被邊緣化。

此時，蓋瑞做了一件令人驚訝的事情：他打破衝突循環，投票給舊衛隊支持的新理事長。兩分鐘後，同樣來自舊衛隊的休被提名為副理事長。這一次，蓋瑞也予以支持。休就是幾個月前，蓋瑞那封臭名昭著的指控信裡針對的那個人，但現在蓋瑞投下他的一票，讓休擁有更多權力。蓋瑞做了這一切，但沒有解釋自己的行為。在接下來的三小時裡，他試圖保持靜默並控制臉上的表情。會議終於在十點前結束，比蓋瑞通常結束會議的時間晚了一個小時。

研究衝突的人，喜歡把衝突中的各方關係畫成關聯圖展現出來，因為衝突是個系統，是一系列相互影響、互相鎖死的反饋迴路。這些力量是複雜且彼此關聯的，就像蝴蝶效應般牽一髮而動全身。這表示，任何變化都會影響整個系統，而且不會總是以我們預測的方式進行。

選舉失利、暴風雪或流行病等事件會破壞衝突的穩定，而在這個系統被破壞的時刻，也存在著巨大的轉機，可以讓事情變得更好，或者變得更糟。

透過投票給老敵人，蓋瑞正著手破壞衝突系統。他有意改變衝突系統中自己可以控制的部分。當然，蓋瑞那天晚上投的票在很大程度上是象徵性的，因為寡不敵眾，無論他投給誰，舊衛隊都會贏得這些席次。但象徵性的讓步在衝突中很重要，能夠破壞衝突的反饋循環，降低各方的警惕，以便憑空創造一個可以存續的緩衝空間。

一九七七年十一月，埃及總統安瓦爾．薩達特（Anwar Sadat）訪問耶路撒冷，成為第一位訪問以色列並發出和平呼籲的阿拉伯國家領導者。就在四年前，這個人還在猶太教最神聖的日子裡，協助發動對以色列的突襲，引發了贖罪日戰爭（Yom Kippur War，阿拉伯人稱為十月戰爭），當時有數千名士兵在這場戰爭中陣亡。

但透過訪問以色列、參觀大屠殺紀念館、在耶路撒冷的阿克薩清真寺（Al-Aqsa Mosque）祈禱並呼籲和平，薩達特打破了衝突的反饋循環[1]。「我真誠地告訴諸君，今天擺在我們面前的是一個合適的和平機會，但我們必須嚴肅以待。」薩達特用阿拉伯語告訴以色列議會：「這是一個不會再次降臨的良機，這是一個珍貴的和平機會，如果我們錯失或浪費了，反對它的策畫者將承受全人類的詛咒[2]。」

薩達特的姿態是一種象徵性的讓步，並沒有更多實質性的意涵，卻為一年後在大衛營[3]的和平談判鋪路。幾十年後，以色列新聞媒體仍在紀念薩達特歷史性訪問的日子。

梅爾比奇的談判成本無疑要低一些，衝突中並沒有人命在旦夕，但在心理層面上，兩者並沒有根本上的差異。那天蓋瑞投票支持舊衛隊並不是一種投降的行為，而是一種非常有意破壞衝突系統的方式。他意識到，想要繼續留在理事會，就必須擺脫自己陷入的衝突陷阱。如果他能扮演除了「競爭對手」以外的角色呢？想像一下，如果亞當斯自願在傑佛遜的內閣任職，事情會怎麼發展？

在下一次會議中，理事會投票決定取消幾乎所有在蓋瑞領導下創建的小組委員會。這是一次無情的打臉行為。這些委員會是蓋瑞的心血，是他將每個人帶到談判桌前的方式，就像多年前他在交響樂團調解案中所做的那樣。

1977 年 11 月 19 日，埃及總統安瓦爾・薩達特抵達以色列特拉維夫郊外的本古里安機場。©Moshe Milner/Israel GPO archive

但蓋瑞對此也投了贊成票。這同樣是一種象徵性、有目的性的讓步。「我感覺自己好像對所謂的『正義』不再那麼感興趣，」蓋瑞告訴我，「而比較好奇該怎麼做才是具有建設性的。」

蓋瑞決定留在理事會。起初他不知道這個選擇是否正確，但隨著時間推移，他對自己的做法越來越有信心。與此同時，蓋瑞也把握時間抓住衝突背後的伏流，而這一點非常重要。

蓋瑞是怎麼做到的？首先，雖然來得有些遲，但他採納了對自己而言最好的建議：調查自己故事的伏流。對於蓋瑞來說，冥想能幫助他做到這一點：靜靜坐著的時候，他可以試著更加注意自己的情緒。之後若是這些情緒在理事會會議期間、他出門散步時突然出現，他就可以更容易地意識到。

蓋瑞並不是為了減少衝突而溫順地服從新的理事會，他見過太多人在離婚調解中這樣做，而這永遠是個錯誤的做法，因為他們都會後悔。在他的調解中，他甚至不會使用「妥協」這個詞，因為那感覺就像投降，就像棄甲崩潰。儘管長期進行冥想，蓋瑞並不是個和平主義者，他相信衝突曾經讓人們變得更好，未來也應該可以繼續幫助人們，他親眼見過這樣的事情發生。所以他自問一個常問離婚夫婦的問題：這一切背後的原因是什麼？為什麼這件事對我來說這麼重要？如果我在這裡得到了想要的東西，之後又會怎麼樣呢？

蓋瑞的腦子嗡嗡作響，有許多潛在的責備正蠢蠢欲動。但最終他意識到自己最想要的，是證明有另一種更好的方式可以解決衝突——然而迫使人們接受自己的世界觀，永遠都不會有效。

他不得不回到自己在四十年調解衝突職涯中領悟的原理：「真正重大的變化無法透過脅迫來實現，它們來自於理解，而理解不是件容易的事，需要靠耐心來實現。」

理解是蓋瑞故事裡的伏流：他的身分認同，建立在幫助他人培養相互理解的能力上，因此即使鄰居間繼續存在分歧（或發言超過三分鐘），他也希望可以讓彼此理解，因為這是一種解決衝突更好的方法，也是對他來說最重要的事情。而這個原則成為蓋瑞的指北針，幫助他決定何時發言、何時投下贊成票。

不幸的是，蓋瑞無法重塑梅爾比奇的治理結構，也無法讓社區像巴哈伊選舉那樣不允許主動競選，並且讓所有提案屬於全體成員。但他還可以做其他事情來減少政治上的對抗性，他知道有些事情可以立即見效。

神奇比例

蓋瑞努力打破舊衛隊和新衛隊的二元對立，系統性地相互混合兩個類別的成員，而這件事就像訓練馬拉松一樣，是場長期抗戰。蓋瑞自此每天都會做一些事情，將對手去妖魔化並重新歸類。他偶爾會和一名舊衛隊的成員投下相同的一票，但其他日子裡則以自己的方式投票；他也試圖一對一地重新看見每一個人的特質。「當我經過最討厭我的人，我會對他們微笑，」蓋瑞說，「也會詢問他們的健康狀況。某人的母親不久前去世，而我對這件事表達慰問。」

群體身分的美妙之處在於，還有很多不同的身分等待我們去點亮。人們的群體身分不會只有保守黨或工黨、白人或黑人，我們同時也是體育迷、上教堂的人、養狗的人或孩子的父母。因此蓋瑞試圖在自己及所有人的腦袋中，恢復其他身分認同。當他看到舊衛隊的某成員時，他會與對方討論他花園裡的玫瑰——就像衝突企業家啟動我們衝突身分的方式一樣，蓋瑞此時非常有意地點亮了兩人共有的花草愛好者身分。

有一天，蓋瑞不小心忘了關好家門，隨後一名舊衛隊成員打電話告訴蓋瑞，他的狗亞提跑到他們家去了。這感覺是個破冰的好機會。

這種在衝突之外建立輕盈、積極人際關係的儀式，聽起來很簡單明瞭，我們卻總是在日常生活中加以忽視。這些短暫且愉快的相處時光，有助我們擴展自己的身分認同。談到水費辯論時，蓋瑞的鄰居可能站在「他們」那一方；談到花草園藝時，鄰居就變成了「我們」中的一員。

這些日常交往就像是小型且定期進行的預防接種，可以防止我們在判斷和解釋的過程中，犯下可能導致高衝突的錯誤。心理學家朱莉和約翰·高曼多年來研究了大約三千對已婚夫妻之間的衝突，發現最能使衝突保持健康的夫婦，日常中積極互動的次數超過消極互動，比例大約為五比一。這就是他們所提出的「神奇比例[4]」。

六十五名在南極研究站一起過冬的研究員，被問及使他們團結的因素時，四〇%的人提到一起唱歌和玩遊戲的重要性，遠高於飲酒[5]。

還記得賈西·艾立克嗎？這位有抱負的太空人在火星模擬任務中，與五名陌生人關在一起將近八個月。這組太空人成功避免了高衝突，部分原因是他們將創造「神奇比例」作為日常任務的一部分。

「我們每天晚上都會一起吃晚飯，」艾立克告訴我，「也總是揪團進行體能鍛煉，盡量不讓某人落單。」他們會故意做一些荒謬的事情，例如定期舉辦「堡壘之夜」活動，將所有床墊都滑到共享空間中，用繩索和床單建造一個巨大的堡壘。就像七歲孩子舉辦睡衣派對一樣，他們也規畫了各種主題晚宴和驚喜派對。

「我們充分利用所有特殊的日子——生日、紀念日，還會烤蛋糕並擺上裝飾品。」這些太空人認為「團隊凝聚力」是任務的一部分，因此每天都有意地執行這些動作。這樣一來，當衝突不可避免地出現時，也不會螺旋式地快速升級。

你知道這意味著什麼，對吧？下班後小酌一杯的交際時光、替同事準備的生日蛋糕，那些不僅僅是高層強加給我們的煩人任務，還是對未來的理智投資，更是建立正面互動以便管理肯定會出現的負面交流。

蓋瑞以類似的方式，試圖進行更多過去不屑的家常閒聊，以便擴大自己對「我們」的定義，並將舊衛隊的成員也涵括在內。但問題是，當蓋瑞詢問鄰居花園的狀況時，他必須是真心誠意的，否則這招不會奏效。事實證明蓋瑞在這方面沒有問題，因為他真的很熱衷於園藝，因此他的寒暄不會令人覺得虛假，反而聽得出來他真的花了心思在裡頭。

「海灘上一片清朗，滿月高掛天際」

除了緊緊抓住故事底下的伏流和打破二元對立之外，蓋瑞所做的另一個改變，是讓自己遠離那些會令他捲入衝突的點火器。他正嘗試一次解開一個結，慢慢消解這場衝突。蓋瑞開始疏遠第一次競選中的顧問譚雅，因為她在選舉中使用了「殺戮」「打倒在地」和「暴徒」等詞彙。這些是蓋瑞父親從前常說的話，但對蓋瑞而言，這些詞彙從來不曾發揮作用。

蓋瑞感謝譚雅的幫助，知道她比自己更瞭解政治，但這並不是他想玩的遊戲。他告訴譚雅：「我不想對人們懷有敵意，我不喜歡那樣的生活。」

他們仍然是朋友，但蓋瑞開始轉向妻子尋求政治建議。有時當他撥打有關理事會事務的電話時，他會開啟擴音通話，這樣在一旁處理日常事務的崔西可以順便聽到。蓋瑞會詢問她的意見：我剛才是不是太敏感？還是太不耐煩？而崔西會給予意見，因為她站在「陽台」上，所以視野清楚得多。

這一切花費的時間比蓋瑞原本希望的還要長。就像擺脫衝突的所有道路，這個過程是非線性的。為了抓住最重要的東西，蓋瑞不得不放下很多其他事情，而「放手」這件事本身非常令人不快。

在這個過程中，蓋瑞多次需要在理事會會議上深呼吸，在做出回應前暫緩一下，抵制衝突的誘惑。他也花了很多時間管理自尊心，每次行動前都會在腦海中詢問自己三個問題[6]：

這句話真的非說不可嗎？

如果答案是肯定的，那麼接著他會自問：

這句話需要由我來說嗎？

如果答案仍然是肯定的：

這句話需要我現在說出來嗎？

而令人驚訝的是，答案是否的頻率如此之高。

對蓋瑞來說，忠於自身價值觀仍然很重要，如果他認為理事會成員在做些可疑的事且違背公眾的信任，他仍然會說出來。但正如他所說，他花了更多時間，試圖讓自己所說的話「可以被聽進去」。

「可以被聽進去」是什麼意思？這取決於聽者——以及聽者最關心的事情，因此蓋瑞必須瞭解鄰居故事底下的伏流。而理解迴圈的技巧在此也起了關鍵作用，幫助蓋瑞放緩腳步，讓他可以瞭解對鄰居們來說最重要的事情，並真實地去理解鄰居的觀點，即使他可能並不同意對方的想法。

一般而言，正如社會心理學家強納森・海德特在其深具啟發性的著作《好人總是自以為是》中所描述的，有六項道德基礎價值會影響我們對政治的看法。這六項基礎價值是：關懷、公平、自由、忠誠、權威和神聖性。這些價值是幫助我們理解大多數政治行為的關鍵。

在美國，自由主義者（和媒體中的自由主義者）往往對其中三個基礎高度敏感：關懷、公平和自由；但是談到對忠誠、權威和神聖的擔憂時，他們可能會無動於衷。一般而言，保守派和保守派媒體似乎與這六者都有關係，但其中特別關注忠誠、權威、自由和神聖。

如果瞭解對方在道德上的伏流，我們說的話就變得「可以被聽進去」。舉例來說，社會心理學家羅伯・威勒（Robb Willer）和馬修・范伯格（Matthew Feinberg）發現，如果自由主義者想說服美國保守派對氣候變化採取行動，談論「保護自然純潔的必要性[7]」會使他們的觀點變得更有力，但自由派政治家卻幾乎總是在談論該如何「關懷地球」。就像所有人一樣，這些政治家自動切換到自己的道德語言頻道上，使美國大部分地區的民眾無法聽見他們所說的多數內容。

人們往往難以跳出自己的邏輯框架，說出能引起對方共鳴的道德語言，因為這是違反直覺的，需要紀律、謙遜、教育和同理心才做得到。威勒和范伯格在他們的研究中發現，大約有二〇%的自由主義者不會重構自己的論點，使其更能說服保守派，即便這樣做更有用。這正是高衝突的徵兆：就算讓步符合自身利益，但任何讓步（無論多麼微小）都會因為讓人倍感威脅，而無法加以考慮。

一位鄰居某天告訴理事會，她希望修建新路時，能為她家門口的私人車道新增一個迴轉空間，並讓公家為此買單。這個要求對於本已龐大繁雜的計畫來說，是一項昂貴且耗時的附加項目。蓋瑞本可以單純告知她的要求不公平，因為眾人不該為她個人想要的東西買單——這對蓋瑞和許多其他鄰居來說，可能是個令人信服的論點，但他沒有這麼說，因為對方絕對聽不進去。相反地，蓋瑞提出另一個正確的論點：「妳可能要重新考慮一下，如果理事會買單，屆時妳就必須讓其他人也在妳家車道上迴轉。」鄰居聽了後立刻改變主意。

這是某種操縱性的溝通方式嗎？或許吧。但是在法國旅行時說法語是操控嗎？如果你真的希望獲得理解，或許這只是一種溝通方式而已。

另一個有趣的幕後花絮：蓋瑞並沒有告訴我這個關於迴轉車道的軼事，我是從他從前的死敵休那裡聽說的。當蓋瑞調整自己的行為時，休注意到他的改變。「他現在更像是名調解人，說話的語氣明顯變好了。」休不再考慮搬出梅爾比奇。事實上他告訴我，他現在覺得住在社區中感覺很好，也經常與蓋瑞合作完成社區工作。

蓋瑞仍然經常被激怒，然後向崔西和孩子們抱怨新理事會如何破壞他所做的一切（這並非無的放矢），但他也談到此時心情多麼輕鬆。他時而激動，時而充滿希望，時而聽天由命，時而充滿活力。如果你曾經遇過擺脫高衝突的人，你可能會很熟悉這種類型的情緒起伏。

在新制度實施幾個月後，蓋瑞某次確信自己必須發起一次特別會議[8]，因為理事會成員規避了某些規則。但隨後他自問：「我到底是為了誰，要召開特別會議？」他不得不承認，他是為自己而做，因為他需要感覺良好且充滿正義。

於是他打消了念頭，重複著有時會對自己說的口頭禪：「我不重要，這件事也不重要。」他最終想出辦法，能讓理事會成員承擔責任，同時不需要在特別會議上點名侮辱人。

某次去拜訪蓋瑞時，他已從「個人精神錯亂」（這是他自己所起的名詞）中恢復過來。我們一起在海灘上散步。「我的天啊，我們正享受著一個美好的夏天。」蓋瑞這麼對我說，「海灘上一片清朗，滿月高掛天際，一切麻煩都像小馬鈴薯那樣微不足道。」我很高興能夠聽到蓋瑞這樣說，這表明他已經走出了衝突。

高衝突的負擔之一是它不允許喜悅、不允許生命中這些微小的快樂時刻。好奇心是快樂的先決條件，而我們不可能深陷在瀝青坑中還依然保持好奇。

而後當我們經過某幢房子前面，蓋瑞小聲地說：「這些人討厭我。」但他說這句話的同時，微笑著。而關於另一位鄰居，蓋瑞則說：「我不信任他，但我喜歡他。」他的語氣中出現了一種新的複雜性。正如他所說，他正在「保持張力」，讓自己觀察世界的方式不會坍縮成善與惡、「我們」與「他們」的扁平敘事。他在腦海中為複雜性開闢了足夠的空間。這意味著，他可以用更準確、更全面的眼光看待這個世界。畢竟一個人可以同時討人喜歡卻又不值得信任。我們都認識這樣的人。

這是蓋瑞和柯蒂斯的共同點。

兩人從種族、年齡，到生長背景都有顯著差異。與柯蒂斯的幫派衝突相比，蓋瑞的小型非暴力鄰里糾紛根本微不足道。但如果能看到他們的內心世界，會驚訝於這兩人在看待自己與他人時，能容納大量的複雜性。他們以不同的方式，在頭腦中清理出這個空間，也動用了好奇心和謙遜的力量，而正是他們進行的精神鍛煉協助強化了這項能力——在蓋瑞身上，來自他從住家附近的佛學中心學到的冥想；在柯蒂斯身上，來自他透過幫派關係認識的伊斯蘭教。柯蒂斯和蓋瑞雖然不同，但都擁有某種靜定的力量，一種在不放棄自己最珍視之物的情況下，保持張力的能力。

「誰贏得了這場婚姻[9]？」

某天我坐在蓋瑞的車上，他接到休的來電。身為理事會成員，休負責監督社區中某道圍欄的建設，某位鄰居曾向理事會抱怨圍欄的高度。

蓋瑞問：「你和她談過了嗎？」

休：「沒有。」

蓋瑞歪著頭，並用我在他的調解培訓課程中聽過的好奇嗓音問道：「如果你打電話給她，你覺得她會說什麼？」

休回答：「哦，你知道，她這人很難溝通……」

蓋瑞說：「我知道。」他笑了幾聲，然後對休說了一句我沒想到的話：「但你是個富有同情心的人，像她這樣的人正需要我們的同情。想像一下，這樣的人多麼不容易得到同情。」

休答道：「是的，確實如此。」然後他停頓了一下，「我想過你大概會說類似這樣的話。好吧，我這就打電話給她。」

這僅僅是一段兩分鐘的簡短談話，但那天晚上蓋瑞向崔西提起這件事時，她的雙眼裡盈滿淚水。蓋瑞終於為社區帶來了魔法。

不久之後，某日蓋瑞結束辦公室裡漫長的一天後，騎著自行車回家，半路上一位鄰居把他攔了下來。當時蓋瑞的第一反應是恐懼：「喔不，她這次又要抱怨什麼？」但他依然微笑著對鄰居揮手。

鄰居小跑步上前對蓋瑞說：「我只是想謝謝你。」在上次理事會會議之前，蓋瑞鼓勵她說出道路計畫案中困擾自己的事情，而她在會議上發言時，蓋瑞對她使用了理解迴圈的技巧，幫助她感覺被傾聽。「我覺得自己有被當人對待。」鄰居說。

蓋瑞覺得這些時刻與贏得選舉很不一樣。沒有那麼多興奮，但喜悅持續的時間更長。這是因為蓋瑞的生活與鄰居的生活緊密交織在一起——就像他幾十年前第一個調解案件中幫助的傑伊和洛娜夫婦一樣——如果任何一方輸了，就沒有真正的「勝利」可言。

對抗主義必須在完全、整體且永久的分裂之下才會管用，但在現實世界中，這種情況基本上不存在，世界上沒有所謂的「舊衛隊」與「新衛隊」。正如談判專家尤瑞常說的：「使用這些對抗策略，就像在問：『誰贏得了這場婚姻？』」。鄰里糾紛或政治鬥爭也是如此，你可以藉由「擊倒」（借用譚雅的話來說）對方獲得暫時的多巴胺獎勵。那種感覺就像是有一道刺激性的電流，漫過全身讓人酥麻不已。你甚至可能贏得重要的法律或政治勝利，從而創造制度性的變革，並使其他新事物成為可能，而這可是一大成就。

事實上，下一次的監護權之爭、選舉或槍戰並不會太遙遠。在漫長的歷史長河中，人們總是一起產出「結晶」——無論是實際的成果或比喻的成就。在今天的世界裡，我們比以往任何時候都更加相互依存。如果「獲勝」表示讓你的鄰居遭受羞辱，那麼你並沒有真的得到勝利。「憤怒無法改變事情。」露絲·金（Ruth King）在她的著作《當心種族》（*Mindful of Race*）中寫道：「憤怒只會激起更多憤怒[10]。」

一些活躍於政治圈的朋友討厭我這樣說話，有時甚至連我自己都討厭。在激烈的衝突中，一旦得知沒有勝利會讓人非常難過。「有時候你就是必須挺身戰鬥。」這些朋友如此對我說，眼睛裡閃爍著肯定的亮光。他們是對的，有時候你就是必須站出來——進行抗議、組織活動、敲門拜訪。事實上我們在很多方面都需要更多衝突，但沒有包含「理解」的衝突，充其量只是事倍功半。

蓋瑞脫離高衝突的兩年後，梅爾比奇社區裡發生了一些轉變：道路修復、水費合理提高、理事會會議氣氛有所改善，鄰里之間不再分裂。某天一位舊衛隊的成員打電話給蓋瑞，留言感謝他在上一次會議中處理糾紛的方式。鄰居告訴蓋瑞，能夠充分理解雙方而不必選邊站的感覺真好。蓋瑞播放這段留言給我聽。這對他來說意義重大，他終於做到了想做的事。

這比預期要困難得多，但蓋瑞終究成功地幫助了他的鄰居——以及他自己——更加理解彼此。他證明最終可以用不同的方式推動公共事務。

蓋瑞和柯蒂斯的故事鼓勵我，即使在政治衝突的戰壕中，也要努力保持張力。我試著提醒自己：這場婚姻中沒有「勝利」這回事。我和全世界各地的所有人一起育有這份結晶。

接下來，我們要談什麼呢？

Chapter 06

逆轉工程

「既然戰爭始於人心，那麼我們就必須在人心中建立保衛和平的防線。」——聯合國教科文組織章程序言

三架直升機在黃昏前一刻出現，像幽浮一樣在熱帶雨林的樹冠層上盤旋。二〇〇九年十一月九日，桑德拉·米萊娜·維拉·布斯托斯和男友塞巴斯提安（Sebastián）正在收拾行李，準備在晚上翻越安地斯山脈。他們所屬的游擊隊一向選擇在夜間移動，才不容易被察覺。

直升機一出現，桑德拉就立刻認出螺旋槳低沉的達達聲——這是哥倫比亞各地游擊隊成員生活中反覆出現的聲響，也是這場戰爭的配樂。然而這一次達達聲突然傳來，一路直達地面，好像已經鎖定了目標一樣。桑德拉感覺胸腔深處因聲波共鳴而激起震動。

從哥倫比亞普圖馬約省的錫本多伊（Sibundoy）山谷頂端俯視普圖馬約河。©Nicolò Filippo Rosso

桑德拉探頭出去，看見士兵們從直升機上垂降下來。一個、二個、三個……十個、十五個……士兵沿著繩梯一一著地。一定有人將游擊隊的地點告訴這些士兵！眼前數十名士兵側向散開，包圍著游擊隊員所在地。他們這邊只有四個人，桑德拉環顧四周尋找她的自動步槍，但槍在另一個房間裡，她沒有時間去拿。

桑德拉和塞巴斯提安從屋子裡跑出來，在山腰上尋找掩護。

事情就是這樣：游擊隊和軍隊玩了半世紀的貓捉老鼠遊戲。戰鬥通常發生在哥倫比亞的農村地區，一陣像這樣的暴力襲擊突然掃過田野或叢林，揚起塵土、掀翻屋頂，使動物們四處逃竄。

桑德拉屏住呼吸，躲在一塊巨石後的灌木叢中。她聽到一陣噠噠槍聲，然後是一聲慘叫。那會是塞巴斯提安嗎？是的，一定是他。桑德拉的心臟像是中槍般猛然縮緊，憤怒地默默祈禱。

她看到遠處另一名游擊隊員將步槍舉過頭頂投降。或許這才是她應該做的，該是時候了。她會被送進監獄，但至少她還活著，要不然還有什麼選擇呢？

但隨後她聽見更多聲槍響，並看見那名游擊隊成員倒在地上。即使這人已經舉起雙手投降，士兵們還是殺了他。所以現在桑德拉知道了，投降這個可能性並不存在。

桑德拉在那塊石頭後面躲了幾個小時，她的心怦怦直跳，小腿抽筋，心裡不斷想著家裡的女兒，她摸了摸脖子上多年來日夜佩戴的銀海豚項鍊。士兵們的聲音最終開始遠去，桑德拉決定逃跑。她往山下衝去，一頭黑色的馬尾在身後的樹叢間飛舞。

而後她聽到了更多聲音，這是怎麼回事？她放慢腳步，發現山下還有許多士兵，而她身後也有追兵湧來。桑德拉遭到兩面包夾，身上沒有食物與水，也沒有武器。

復員[1]

我們同時生活在兩個世界：外部世界與內部世界，而兩者之間不斷相互影響。正式的和平條約是由外部世界的菁英簽署（如果他們可以成功簽署的話）。這些合約當然很重要，但本書要談的是別的事情——當普通人試圖在高衝突中進行內部轉變，在個人層面會發生（或不發生）什麼事。

蓋瑞和柯蒂斯主要靠自己的力量實現了這種轉變。他們不得不從叢林中硬闖出一條路，而這也是為什麼很多人（如電視名人葛倫．貝克）無法擺脫衝突，因為他們沒有找到正確的路徑。但如果這條路確實存在呢？如果城鎮甚至國家清出一條道路，主動帶領人們擺脫高衝突，事情會怎麼發展呢？

過去幾十年，有六十多個國家試圖找出答案。這個社會實驗使用的正式術語是「解除武裝、復員、重返社會」（Disarmament, Demobilization, and Reintegration）。計畫最初的目標是解除戰鬥人員的武裝，收集和銷毀他們的武器。而隨著時間推移，和平締造者與政府意識到自己還需要做得更多，否則衝突就會死灰復燃。他們通常會透過提供金錢、政治權力和教育來幫助人們建立新的身分。

仔細想想，這其實是一個挺激進的想法：政府正把數百萬美元花在國家的前敵人身上。這些團體之前通常被政府描述為恐怖分子和叛亂分子，並在某些情況下進行過綁架、爆炸案、強姦、販毒和招募童兵等行為。

而正如我們可以想見的，這些努力可能會以戲劇化的失敗告終。在獅子山共和國的案例中，所謂的重返社會計畫根本沒有可供量化的影響。沒有接受到這份援助的人，與接受援助的人成功重新融入社會的比例相同，證明我們很難大規模地對高衝突進行逆轉工程[2]。然而這是我們這個時代必須面對的核心問題之一：如何不僅為一、兩個人，而是為一大群人開闢走出高衝突的康莊大道？

為了找到答案，我造訪在這個主題上積累了非比尋常的專業知識的一個國家：哥倫比亞。五十七年來一直飽受衝突之苦、在內戰中手足相殘、政府軍對抗游擊隊，至今已經死了二十五萬人[3]（單純談論數字很難讓人有具體感受，作為參照對象，過去一個世紀在以阿衝突中，最終死亡人數加起來大約是哥倫比亞內戰的一半[4]）。

哥倫比亞是個廣闊且神祕的地方，是南美洲最古老的民主國家。這個國家帶給世界大作家馬奎斯（Gabriel Garcia Márquez）、藝術家費爾南多．波特羅（Fernando Botero）和歌手夏奇拉（Shakira），而在美國銷售的大部分古柯鹼也是由哥倫比亞出口的，其中包括柯蒂斯的幫派在芝加哥街頭銷售的古柯鹼。

由於毒品貿易造成的腐敗和動盪，哥倫比亞數十年來都在試圖讓人們大規模擺脫衝突。無論從哪個角度來看，哥倫比亞復員計畫都是史詩般的雄心勃勃、昂貴且複雜。自二〇〇一年以來，哥倫比亞約有五萬兩千人透過政府的「重返社會計畫」達成復員。

二〇一六年，政府與最古老的游擊隊組織「哥倫比亞革命軍」（Fuerzas Armadas Revolucionarias de Colombia, FARC）簽署了一項脆弱的和平協議，但大多數的戰鬥人員在簽署條約之前，就已經陸續離開衝突。他們一個接一個放下武器，就像柯蒂斯一樣，試圖建立新的生活。而到目前為止（至少據我們可以觀察到的現象），大多數前戰鬥人員並沒有再度回到衝突或犯罪之中。

如今哥倫比亞的重返社會計畫，為每名前戰鬥人員投入數萬美元，是世界各地類似計畫平均投入額的四倍之多。為了幫助人們擺脫高衝突，這是一項史無前例的大規模投資。然而時至今日，哥倫比亞仍面臨深刻的問題：政治界和犯罪界中的衝突企業家無恥地破壞了和平協議，使其岌岌可危。

無論發生什麼，有一點非常清楚：哥倫比亞是數以百萬計「衝突專家」的家園，他們可能由官方養成，也可能由其他背景出身。哥倫比亞是一個現實世界的衝突實驗室，研究人們如何大規模集體陷入與走出高衝突。

進入叢林

桑德拉大約十四歲時，某天一輛汽車停在她的鄰居家外頭，車上坐著三個男人。她的鄰居懷裡抱著孫子走出家門，想看看這些男人們要什麼。這位鄰居在村裡是位名人，大家都知道她是地方議會（被稱為「執政團」）的成員，常常幫助人們解決爭端，並與經過村莊的各種武裝團體談判。她在衝突中發揮了盾牌的作用，就像芝加哥的柯蒂斯和比利一樣——或者說，她應該要發揮作用。

其中兩個男人的臉藏在面罩後，而桑德拉看著第三個男人從車裡出來，朝這位鄰居的頭部開了一槍，一言不發地處決了她。這位正在履行祖母職責的鄰居倒在地上。對桑德拉

2020 年 2 月，桑德拉在哥倫比亞首都波哥大的一輛車中。

來說，這一切就像是發生在慢動作電影中：鄰居摔倒時鬆了手，懷裡的嬰兒重重摔在地上，那輛汽車則揚長而去。

桑德拉的父母屬於致力幫助窮人的左翼政黨，有共產主義的根源，而哥倫比亞的右翼團體一直在系統性地殺害該黨的領導者和追隨者，十多年來一共處決了數百人。這意味著，桑德拉的家人必須不停逃竄。就記憶所及，桑德拉至少搬了十次家，最終在十四歲時輟學，因為她無法在一個地方居住夠長的時間，以至於跟不上學校的課程進度。

大約就在這個時候，桑德拉目睹鄰居在自家門口被槍殺。她靜默地旁觀，看著大人們聞訊跑來，然後聽見他們悲痛地哀哭，因為祖母和嬰兒都死了。

這是桑德拉決定加入衝突的時刻。她看夠了，決定開始戰鬥，與將她父母趕出城鎮的準軍事組織作戰，因為這些組織處決了任何危及他們掌控權力、土地和財富的人。這是一個恐怖的時刻，而桑德拉將這份恐怖變成職業。

桑德拉離開家人，加入共產主義叛軍，也就是外界所稱的「哥倫比亞革命軍」。她加入叛軍時還只是個小女孩，但那在當時並不希奇，即使時至今日也依然常見。在當今世界各地戰鬥的三十萬名童兵中，大約四〇%是女孩[5]。

就像所有游擊隊員一樣，桑德拉選擇了一個新的身分，並為自己取了一個「江湖名號」：她宣布這個新的桑德拉叫做「莉希特」（Liceth）。但由於她的美洲原住民血統、閃亮的黑髮和寬闊的面頰，她的戰友們給她起了個綽號「小印第安人」。而在未來幾年裡，桑德拉將會為自己創造許多混淆和重疊的身分。

「孩子，別再等待。」

在連續十六年未能獲得參賽資格後，哥倫比亞終於在二〇一四年踢進世界盃。世界盃足球賽是世界上觀看人數最多的體育賽事，但哥倫比亞球隊最好的球員當時因傷缺席，所以大家對贏球沒有抱著很高的期待。然而一位名叫哈梅斯．羅德里格斯（James Rodriguez）的明星補上了空位，他年輕、雙頰帶著健康的紅潤並且爆發力十足，頓時讓整個國家隊充滿活力，並在前四場比賽中就攻入五顆進球。

六月二十八日，哥倫比亞在十六強賽中對戰烏拉圭，希望能夠在國家歷史上首次晉級八強。當時幾乎所有活著的哥倫比亞人都在觀看比賽，包括住在麥德林的二十一歲大學生胡安．帕布羅．阿帕里西奧，他在銀幕前緊張地屏住呼吸，希望能出現奇蹟。

第二十八分鐘，羅德里格斯踢進了足球史上最漂亮的進球之一。一記左腳凌空抽射，在距離球門整整二十五碼處踢出一記漂亮的香蕉球，並以些微之差，擦過橫梁進入球門。這是顆非常精巧的進球，胡安．帕布羅和他周圍所有人都驚喜得不能自持。如此為自己的國家感到自豪，對這些哥倫比亞人來說是既令人興奮又有點奇怪的事情；大家都知道，在這一刻，整個哥倫比亞都團結起來了。

比賽進行到一半時，轉播畫面上出現一則公益廣告，這並不是多數人都看過、提醒人們不要吸菸或酒駕的廣告，而是一條鼓勵人們離開高衝突的訊息。「孩子，別再等待。」廣告主角直接對國家游擊隊員喊話，「我幫你留了個位置，一起復員來看這場精彩的球賽吧。」

這是當時政府定期播放的政治宣傳廣告，試圖說動叛軍投降[6]。胡安．帕布羅那天注意到這條消息，他搖了搖頭：為什麼有人認為這招會奏效？

哥倫比亞的內戰始於一九六〇年代，遠早在胡安．帕布羅出生之前。當時少數菁英階層控制著哥倫比亞的土地、財富和政權，而像哥倫比亞革命軍這樣的馬克思主義團體，決定拿起武器反對政府，要求一個更公平的社會。為了自衛，富有的地主開始僱傭自己的民兵，即所謂的「準軍事人員」。當年殺害桑德拉年長鄰居的人，就是準軍事人員。身為衝突點火器的領導者們，利用哥倫比亞城鄉及貧富之間的舊有分歧，點燃了衝突之火。

隨著歲月流逝，政府軍開始與準軍事組織合作，一起打擊革命軍，有時人們甚至很難區分正規軍與民兵。與此同時，美國也出手贊助這場內戰，為政府軍提供財政和軍事支持。美國的理由先是參與打擊共產主義戰爭，然後是毒品戰爭，最後是反恐戰爭。就像大多數的戰爭，沒有任何事情按照計畫發展。暴力導致更多的暴力，兩極分化、權力腐敗和社會不平等像腫瘤一樣，在這個國家內部四處轉移。

這場衝突中的各方都做出了言語無法形容的惡行。革命軍犯下了為數驚人的綁架事件；準軍事人員處決了成千上百位無辜者；政府軍則殺害了數以千計的農民，然後聲稱死者是戰鬥人員，有時甚至給農民屍體穿上迷彩服，並把槍塞到屍體手中擺好姿勢，只為謊報游擊隊的傷亡人數[7]。

而與各方有關的所有老百姓，最終都過得比衝突之前更糟。這是高衝突的明確跡象。在哥倫比亞內戰的喪生者中，每十人就有八人是平民，近八百萬哥倫比亞人因衝突被迫離開家園，成為在該國流離失所的難民。

就像大多數哥倫比亞人，胡安．帕布羅一生都在衝突中度過。衝突總是在他們的人生背景裡轟然作響，就像反覆發作的癌症。他最要好朋友的父親被極右翼的準軍事組織綁架後，再也沒有回來；他自己的父親則在哥倫比亞革命軍的綁架目標名單上，因為他們家族的咖啡生意很成功而受到矚目。在胡安．帕布羅的觀念裡，這些游擊隊根本無可救藥……呼籲一群被洗腦的暴徒放棄武器，這招到底是在哪個平行宇宙裡有效？電視裡的宣傳廣告似乎幼稚得可笑。

然而在那值得紀念的一天，哥倫比亞贏得球賽，進入半準決賽。羅德里格斯成了民族英雄，是這次世足賽中表現最好的球員，就連對手球隊的教練都這麼說[8]。然而六天後，哥倫比亞輸給巴西，讓所有人都心碎，但自此有種感覺一直縈繞在胡安．帕布羅心中：或許哥倫比亞真的可以做到超出所有人預期的事。

包圍

遇到直升機的時候，桑德拉已經在哥倫比亞革命軍中工作九年，當時她和塞巴斯提安剛被調到另一個地方，擔起組織中的政治職務，而桑德拉心中對這件事充滿期盼：她會像剛加入組織時一樣，和塞巴斯提安一起工作，向村裡的人們解釋游擊隊運動的意識形態。這正是她熱愛的事情：談論思想、正義、馬克思主義革命者切．格瓦拉（Che Guevara），談論一個尚未實現、更美好、更公平世界的願景。桑德拉不必做一些醜陋的工作，例如在革命軍稱為「金融部門」的地方工作，那些人專門勒索錢財，透過任何可能的方式籌集收入，其中包括綁架和販毒。

桑德拉與她的許多戰友不同，並沒有拍下自己穿迷彩服、拿著自動步槍的自拍照，那不是她的風格。她知道如何使用手上的武器，但從來沒有殺過人——謝天謝地。她有時不得不威脅別人，而這對她而言已經夠糟糕了。每次這麼做之後，都會有好幾天感覺很不舒服，而這就是她多年來一直試圖回到政治職的原因之一。

但她希望遠離戰場還有另一個原因：哥倫比亞革命軍成員不得生育，懷孕的女游擊隊員經常被迫墮胎。當桑德拉懷上塞巴斯提安的孩子，她設法破例將孩子生下來，但在分娩一年後，她被召回叢林。桑德拉把女兒塔瑪拉留給塞巴斯提安在波哥大的親戚，現在她是個可愛的圓臉四歲孩子。桑德拉害怕自己和塞巴斯蒂安都會戰死，留下塔瑪拉成為孤兒。

就像芝加哥的柯蒂斯與中東的黑色九月成員，桑德拉的母親身分讓她改變了自己的風險計算方式，並試圖遠離衝突。每次輪到值班時，她都會擔心被埋伏；每次坐上卡車去某個地方時，她都想像著炸彈在身邊爆炸。她對革命軍仍然有一種使命感、歸屬感和責任感，但是她沒有理由讓女兒獨自留在這個世界上。她希望女兒的父母中至少有一個可以活著，所以很欣慰能前往一個不太危險的崗位，且這麼做還可以離塔瑪拉更近。這就是桑德拉當時的計畫。

然後軍隊包圍了他們，殺死了塞巴斯蒂安。這場伏擊後，桑德拉十天裡一直在那片山區徘徊。隨著身體越來越虛弱，她對時間流逝的感覺也逐漸模糊。她向口袋裡的聖瑪塔畫像祈禱，這是母親多年前送的禮物。

就像柯蒂斯在兒子畢業典禮上的感受一樣，桑德拉此刻做了決定：她要退出。如果這次能活下來，她會離開衝突並照顧自己的孩子，並再次成為桑德拉。這是一個痛苦的決定，她知道戰友們會認為她是叛徒。在革命軍中，脫離組織會被處以死刑。

但桑德拉已經達到飽和點，在衝突中的損失開始變得難以承受。最後她選擇敲響農家的門，對方給了她食物和水。她在那裡休養，直到足以聯繫家人，然後讓姐姐來接她。「我想離開。」桑德拉告訴姐姐，「我不想再攪和在裡頭了。」

反向宣傳

在那場激勵人心的世界盃足球賽勝利四年後，胡安．帕布羅正在攻讀經濟學博士，並思索著論文的題目。他的導師鼓勵他提出自己所能想到的最瘋狂想法，越瘋狂越好。當時哥倫比亞剛剛獲得二〇一八年世界盃的參賽資格，所以胡安．帕布羅回想起四年前在世界盃轉播中看到的那些復員廣告。他想知道這些廣告到底有沒有影響力，是否真的有可能用三十秒促使人們擺脫高衝突[9]？

胡安．帕布羅對這些廣告的效果深感懷疑，但他的好奇心其來有自：他知道方向相反但手段相同的策略可以奏效，盧安達大屠殺就是最好的證據。蘇黎世大學經濟學教授大衛．德羅特（David Yanagizawa-Drott）於二〇一四年進行了一項研究[10]，調查一個人氣很高的盧安達廣播電台，在一九九四年盧安達內戰期間，呼籲消滅圖西族的行為所造成的影響。當時在盧安達，擁有無線電接收器的村莊才能聽到這些消息，因此全國各地沒有無線電訊號的地方，都有自然產生的「對照組」。

研究的結果令人震驚，隨著無線電接收設備的改善，盧安達的殺戮事件也跟著增加，成千上萬人被簡單的電台訊息煽動，攻擊自己的同胞。總體而言，大約有十分之一的暴力行為可能與該廣播電台散布的訊息有關。也就是說，大約有五萬名盧安達人可能因為這些無線電廣播而喪生。言語的力量很重要，衝突企業家們藉由在廣播中大規模傳播仇恨，在盧安達各地引燃衝突之火。

因此胡安．帕布羅想知道：我們是否能夠使用同樣的言語技巧進行逆向操作？正如前游擊隊員在公開採訪中所承認的，哥倫比亞革命軍的成員無論何時何地，都虔誠地透過廣播收聽哥倫比亞國家足球隊的比賽。即使游擊隊員們拿起武器反對政府，仍然非常支持國家的足球隊，因而可讓游擊隊們聽到這些督促復員的訊息。

哥倫比亞政府同時間記錄了每一次成功的復員個案。這是個珍貴且龐大的資料庫，胡安．帕布羅可以追踪二〇〇一年至二〇一七年這段期間，每個月有多少人自願離開，其中共有超過一萬九千名前戰鬥人員放棄衝突。

與盧安達的狀況不同，哥倫比亞全境的廣播訊號覆蓋率相當良好，然而下雨時電台收訊會變得很糟，熱帶氣候更使降雨量在不同地貌中有相當大的變化。因此，胡安．帕布羅可以根據比賽時的天氣，判斷哪些地區的革命軍成員可能聽到電台中的訊息，然後將這些地區的賽後復員率與多雨地區比較。這是一場自然形成的社會實驗。

為確保每場比賽都曾經播放過復員訊息（至少根據政府與廣播公司的合約是這麼回事），胡安．帕布羅詢問廣播公司，是否可以調閱兩百多場全國性足球比賽的存檔。但廣播公司聲稱沒有這些資料，政府單位也沒有。

但胡安．帕布羅沒有放棄，這幾乎變成一種執念。足球和國家在這項研究中交會，而這是他最深切關心的兩件事。因此，他在 Twitter 上發布一則消息，提議支付任何碰巧曾經錄製這些足球比賽的超級足球迷一千美元。這是場賭博，但胡安·帕布羅對哥倫比亞的超級球迷充滿信心。

幾個小時後他得到了回應：一位在哥倫比亞經營足球迷因網站的超級球迷，在麥德林的一家購物中心與他見面，並交給他一大堆隨身碟，裡面有幾乎所有比賽的錄音。胡安·帕布羅依約給了對方一千美元。

在此之後的幾個月中，胡安·帕布羅請父母和弟弟幫忙聽取這些比賽錄音，很快就建立起復員資訊的資料庫。他使用美國太空總署熱帶降雨測量任務的降雨數據，來確定哥倫比亞一千一百二十二個城市中，哪些在國家足球隊比賽期間接收到無線電訊號。他還確定了哪些比賽在傍晚進行，因為此時革命軍成員最有可能收聽廣播。

而胡安·帕布羅的發現讓他自己都大吃一驚：一場在黃昏時分進行、沒有雨水干擾廣播訊號的足球比賽，可以額外促使二十名游擊隊員在比賽結束的隔天復員，而這是游擊隊每日平均投誠人數的十倍[11]。甚至在比賽結束一周後，這些地區的復員人數仍在繼續增長。

相較之下，備受矚目的革命軍領導人被殺，大約會讓三十六人的額外復員，但這種高級別的死亡案件在哥倫比亞內戰期間只發生過幾次。根據胡安·帕布羅的數據，足球訊息的影響力要大得多，因為它們發生的頻率要高得多，但所需付出的生命和金錢成本卻低得多。

沒有人確切知道為什麼足球廣告似乎成功奏效。許多力量必須相互作用，才得以刺激這些人離開衝突。逆向宣傳並不總是奏效，我們即將看到，事實上哥倫比亞其他許多看起來更引人注目的廣告，都以失敗告終。

但胡安．帕布羅因此開始尊重這些有創意的訊息傳遞方式。他告訴我：「我們可以在無需染血的情況下讓人們擺脫衝突，而宣傳是讓人們擺脫困境的好方法。」根據他的調查結果，在這些廣告播出後九年內，因足球計畫而復員的人數，超過二〇一六年與革命軍簽署正式和平協議的效果。

這一切的後面還有很多我們不知道的事情。不過可以肯定地說，包括游擊隊員在內，所有人心中都有多重的身分認同，而我們希望能做出對所有身分認同來說，都是「正確」的事。

「隱形公民」

桑德拉的姐姐騎摩托車來拯救她脫離高衝突。她們在黃昏時離開，驅車九個小時穿過群山到達首都波哥大。隨著車子在夜色中行駛，桑德拉覺得自己處於一種恍惚狀態，心裡一直害怕自己可能會被軍隊殺死，或者因叛逃而遭革命軍處決。她不能去思考塞巴斯提安的死，於是她關閉了自己那部分的思緒，相反地，她想到塔瑪拉。

抵達波哥大不久後，桑德拉就與女兒團聚，讓她鬆了一口氣。但是接下來她該怎麼辦？桑德拉躲在母親的公寓裡，覺得四周的牆壁帶給她滿滿的壓迫感。現在她有兩個可怕的選擇：她可以等待當局來逮捕她，這不用等很久，因為她和家人住在城裡；或者她可以向政府自首，但這意味著她可能會被處死。這是革命軍一直告訴她的事情：被抓到後，政府會先試圖得到情報再予以處刑。她其實根本沒有選擇，這兩種方式都無法讓她撫養塔瑪拉。

在叢林裡，桑德拉在廣播中聽到復員廣告，鼓勵革命軍棄暗投明，並保證提供更好的生活，但她從不相信這些訊息。哥倫比亞軍隊殺害她的朋友，並幫助那些使她家人流離失所、鄰居慘遭殺害的準軍事人員。游擊隊戰友告訴桑德拉這些訊息是謊言，而她相信了。

現在她生活在狹小的空間裡，試圖與不叫她媽媽、幾乎不認識她的女兒重新培養感情。桑德拉迫切想要一條出路。她每天準時起床並試圖制定計畫，想找份工作養家糊口，也想要重回學校，但是她該怎麼做到這一切？

桑德拉的故事，與芝加哥幫派仇殺的故事有著驚人的相似點。這些人躲在親戚家，哪裡都不敢去，生活呈現癱瘓狀態。我們永遠不會知道確切的人數，但可以肯定的是，此時此刻依然有數百萬人生活在高衝突中，而只要能看到一條出路，他們就會離開。

二〇一〇年一月，塞巴斯提安去世兩個月後，桑德拉在姐姐的電腦上查詢負責所謂重返社會的哥倫比亞政府單位名稱——「重返社會」是她在那些鼓勵復員的宣傳廣告中，經常聽到的詞。

然後她點擊網頁選單上的「重返社會之路」標籤，裡面寫道：自首的普通游擊隊員不會被監禁或殺害，而是反過來得到社會救助服務，幫助他們一步步建立新生活[12]。桑德拉抿了抿唇，半信半疑。

復員顯然有個可以遵循的流程，就像申請工作一樣：

一、找一個離你最近的復員辦公室。

二、坐下來接受面談，如果你說服政府自己曾是游擊隊的一員，就會獲得一張證書。

三、該證書將賦予你某些權利。你會獲得客製化的重返社會計畫，包括心理諮詢和每月的生活津貼，以幫助你重返校園。而值得注意的是，網站上的資訊聲稱政府不能強迫你聯絡游擊隊同袍。

桑德拉讀得越多就越好奇。她仍然不信任政府，一點也不。但有生以來第一次，她的腦海中打開了一片空間。這也許是因為她看到螢幕上以官方字體條列出來的步驟，也許是因為她此刻別無選擇。不過無論出於什麼原因，她並沒有像過去那樣直接拒絕接收這些訊息。「那一刻，我看到希望。」桑德拉說。

這是哥倫比亞教會我們的第一件事：要幫助人們大規模擺脫衝突，就必須先為他們開闢道路，而且這條路徑必須安全、合法且易於查找。以內戰的情況而言，人們可能需要一個具有透明化作業、循序漸進過程的政府機構；而在不那麼激烈的高衝突中（例如近年來困擾美國和許多其他國家的政治兩極分化），人們可能需要第三方——或另一個合法的、容易觸及的替代性團體，提供那些已經達到飽和點的人一種新方式來解決問題。

我參觀了重返社會計畫辦公室，就位於波哥大郊外的貧民區索阿查（Soacha），裡面的等候區為孩子們準備了小椅子和玩具，而一位母親正在哺餵剛出生的嬰兒。在該機構的代辦事項上，有許多富饒意義但未能完成的事情，但其存在本身就很重要。這讓我想起CRED在芝加哥的辦公室，那是一個安全的地方，提供幫派成員培養新身分的空間。

就在桑德拉在網上瞭解重返社會計畫的時候，一位名叫迪亞哥的兒時好友來探望她。迪亞哥現在是名警察，但他不是來逮捕桑德拉的，而是來勸她自首。幾天之後，桑德拉同意讓迪亞哥陪她去重返社會網上列出的辦公室。就像柯蒂斯和比利為芝加哥幫派成員所做的，迪亞哥將一條擺脫衝突的道路展示在桑德拉面前，成為協助她走出衝突的一員。事實證明，陪伴在擺脫衝突的道路上非常重要，如果我們期盼人們踏上一條險阻重重的道路，讓他們獨自一人上路是不合情理的。

重返社會網上列出的辦公室，位於波哥大金融區一家著名的老式飯店「德昆達馬飯店」（Hotel Tequendama）一樓。二〇一〇年二月初，桑德拉在迪亞哥的陪伴下前往飯店。「我很害怕。」桑德拉說。她離開叢林才不到兩個月，現在要穿越一個擁有千萬人口的城市，與敵人正面交鋒。飯店周圍有拿著高殺傷性武器的男人在站崗，她走過這些人身邊，打開飯店大門，穿過大理石大廳，走向她要自首的辦公室。此時桑德拉感覺心臟在猛烈跳動，她不得不提醒自己要記得呼吸。

報到之後，桑德拉被帶進一個小隔間裡，在那裡等待。那是非常漫長的十五分鐘，她不停撫摸脖子上的海豚項鍊，身旁不斷有警察和士兵走過，以目光掃過她。桑德拉感覺自己手無寸鐵、赤身裸體處在敵人的大本營，她的手輕輕顫抖。「那種感覺太可怕了。我不知道接下來會發生什麼事情，只能暗暗祈禱自己做對了。」

最終一位年輕職員出現，與桑德拉進行面談。這位職員沒有穿制服，因此讓人感到放心。他問了桑德拉一系列問題：「妳何時加入哥倫比亞革命軍？妳為什麼待在裡面這麼久？為什麼現在要離開？」並一邊做筆記，因為他必須確定桑德拉是否真為革命軍的成員，才能給予她獲得重返社會計畫的福利資格。

在哥倫比亞和其他國家，曾有詐欺者利用復員計畫，索取原不屬於他們的好處，所以身分確認的步驟是有其道理的，但這也讓像桑德拉這樣的人陷入必須冒險的境地。在國防部辦公室中，一名陌生人甚至直白地對桑德拉說：「證明妳是我的敵人、告訴我妳對國家犯下的罪行、說服我妳曾犯下叛國罪，我就給妳錢！」

桑德拉並沒有將所有事都據實以告，但說了足夠的事情，讓對方相信她確實是革命軍成員。照理說，此時她應該被釋放，並獲得網站上承諾的「重返社會」服務。

然而辦公室內一名上校要求與桑德拉交談，那人穿著制服，腰間別著槍，要求桑德拉告訴他在哪裡可以找到她的指揮官，而這位指揮官恰好也是塞巴斯提安的父親、塔瑪拉的祖父。桑德拉拒絕告訴對方任何事情，因此他威脅要扣留她的復員證書。桑德拉覆蓋在平民服裝下的身軀開始冒汗，她所恐懼的事情終究發生了。

桑德拉不能背棄對她來說最重要的東西。在她看來，加入革命軍是為了打擊不公正的現象，而後革命軍變成她切切實實的家人，因此將他們交給敵人會是一種刻骨銘心的倒戈。就像蓋瑞和柯蒂斯，桑德拉知道自己最珍視的是什麼，因此她不會投降。

「我知道自己擁有的權利。」桑德拉努力沉穩地告訴對方，且幾乎是逐字逐句引用她在網站上讀到的內容，並對上校說，如果他沒有在她的證書上簽字，她就會提出投訴，因為她知道流程該怎麼走。她會放下槍，但不會放棄家人。

這是哥倫比亞教會我們的第二件事：如果想幫助人們擺脫高衝突，切記不要逼迫他們背叛自己超越衝突的其他身分，因為這是他們遠離衝突所必需的。尼爾森．曼德拉（Nelson Mandela）曾寫道：「若一個人被剝奪了以自己信仰的方式生活的權利，那麼他將別無選擇，只能成為不法分子[13]。」

在對抗上校三個月後，桑德拉拿到復員證，至少政府還信守諾言。接著她遇到一名重返社會計畫的工作人員，幫她設計一個主要由教育和工作組成的重返社會流程。在她去夜校學習期間，每月將收到大約七十六美元的生活津貼，如果她按照規定每月與社工會面兩次，每月還能再得到七十六美元。

這些錢並不多，但是一個開始。

桑德拉此時找到了工作，在一個市場攤位幫忙販賣書籍。她晚上會去夜校上課，並依照規定按時去找社工報到。在這段時間，她的母親幫助照顧塔瑪拉，讓一切順利運轉。

桑德拉「重返社會」的階段聽起來像是進步，事實也的確如此，但這同時也是非常孤獨的過程，就像柯蒂斯剛開始遠離衝突時一樣。桑德拉離開了叢林，卻棲身於眾人的視線之內，她不能向鄰居或任何人談論自己的過去。當她出去找工作，必須告訴對方她曾經是名家庭主婦，以模糊過去十年的經歷。桑德拉就是研究人員所稱的「隱形公民」，這是一種孤獨的生活，每天出門時都必須戴上口罩。當一個人不得不躲躲藏藏時，很難對社會產生歸屬感。

儘管桑德拉在生活中曾目睹許多暴力，但她並沒有接受創傷心理諮詢。她告訴我，這是哥倫比亞重返社會計畫中最大的弱點，也是我見過大多數類似計畫的失敗點。據我所知，目前只有芝加哥的CRED提供這種幫助。對桑德拉來說，前三年與社工的會面基本上毫無價值，因為每次都是不同的社工與她對談。這些人基本上就是對她一無所知的陌生人，因此所謂的社工服務更像是假釋追蹤，而不是心理諮詢。

但一切還是帶著一絲希望。桑德拉完成她的高中學業，並獲得商管副學士學位[14]。她在一家製作T恤的工廠找到一份工作，並遇到不曾捲入衝突的塞吉奧（Sergio）。桑德拉把自己的故事講給這個男人聽，而他靜靜地聆聽了。對桑德拉而言，愛上不屬於哥倫比亞革命軍的人，令她自己也驚訝無比。

二〇一二年，桑德拉與塞吉奧生下一個男孩，給孩子取名為小塞吉奧。兩個月後，哥倫比亞政府開始與位於古巴哈瓦那的哥倫比亞革命軍談判。消息在媒體上披露，而哥倫比亞總統證實，與左翼游擊隊的「探索性談判」已經開始。桑德拉於是覺得，自己好像可以開始為一步步發展中的家庭，想像一個不同的未來。

但此時她的僱主開始對她的缺席表達不滿。桑德拉每個月不得不請兩次假去參加重返社會流程裡規定的社工會談，但她無法告訴僱主原因。後來她終於告訴人力資源部的某個人，自己目前「處於某種進行式」裡，這是她對重返社會計畫的委婉說法。第二天，那位人力資源部的同事解僱了她。

「讓妳待在這裡太危險了。」對方說。

桑德拉再次漂泊，因她過去的身分（而非現在的身分）受到懲罰。這也是離開高衝突者的共同經歷：就在他們開始於新群體中找到自己的位置時，突然之間卻又遭到放逐。桑德拉離開工廠時感到既空虛又絕望，她不得不重新開始，況且現在家裡有一個新生兒，她非常需要賺錢。

但桑德拉告訴我，她理解解僱自己的人。這個人對革命軍的理解只有電視上看到的報導，因此桑德拉對他而言是個「他者」、一個恐怖分子。桑德拉提醒自己，不久前她對警察和軍隊也有同樣感覺。

她開始尋找一份新工作。

聖誕節行動

在哥倫比亞的衝突中，還有其他模式可以促使人們離開，但這些力量與足球無關，而且相較之下更為黑暗。舉例來說，當哥倫比亞軍隊繼續進攻，並成功摧毀革命軍的重要人物之後，會有更多的革命軍成員決定投誠。

另一種模式與毒品和金錢有關。哥倫比亞革命軍是世界上最強大的販毒集團之一，毒品供應鏈中從古柯葉種植者、載貨的卡車司機到毒品買家的各個層級，都要繳交「稅款[15]」。根據哥倫比亞軍方二〇〇五年的估計，革命軍在其事業高峰，從古柯鹼經濟中賺取了五至十億美元。因此每當哥倫比亞披索與美元相比升值時，革命軍的利潤就會減少。根據恩佐．努西奧（Enzo Nussio）和胡安．烏加里扎（Juan Ugarriza）的研究，披索升值時，就會出現革命軍成員的投誠潮[16]。

換句話說，叛軍在經歷飢餓和痛苦時（無論是戰場損失還是收入減少），會選擇離開衝突。這個現象非常合理，就像柯蒂斯在聯邦調查局開始盤查其他幫派頭目時，忍不住質疑自己對衝突的投入一樣，游擊隊成員也感受到壓力。一般來說，能活的話沒有人會想死，無論在麥德林、芝加哥或阿勒坡都一樣。游擊隊為了逃避直升機的追擊，每天晚上都必須移動營地，這使人筋疲力盡[17]。

說白了，衝突飽和點可能是由痛苦引起的，如果事情變得更糟糕，游擊隊成員的其他潛在身分可能會重新浮出水面，促使他們離開高衝突。

而有趣的是，根據努西奧和烏加里扎的研究，其他形式的復員宣傳卻無法發揮相同作用。二〇一〇年，一家與哥倫比亞國防部合作的全球廣告公司，在哥倫比亞叢林中用藍色聖誕燈飾妝點九棵高大的樹木，旁邊掛的橫幅上寫著：「如果聖誕節可以降臨在叢林中，那麼你也可以回家。復員！」這些文宣品是為電視報導特別製作的，具有美麗的視覺效果。這場名為「聖誕節行動」的復員計畫獲得世界各地的媒體報導，從英國廣播公司（British Broadcasting Corporation, BBC）到美國的《六十分鐘新聞[18]》，而廣告公司聲稱獲得空前的成功，理由是投誠的人數激增。

但這與研究人員的發現相悖。在二〇一〇年、二〇一一年和二〇一二年的「聖誕節行動」期間和之後的數個月內，他們發現在控制其他變量後，革命軍的投誠人數並沒有顯著變化。如果真要說的話，這場行動甚至似乎與投誠人數呈負相關——這意味著採取行動後，復員的革命軍成員比預期要少。

如果聖誕樹沒有用，為什麼足球廣告就有效？很難確定背後的原因，但可能與足球廣告的覆蓋面和效力相關。更可能是許多游擊隊員純粹因為對足球比賽感興趣，因此聽到復員廣告。

也有可能是訊息本身的設計更有效。舉例來說，當初由政府設計的第一波足球廣告，將重點放在游擊隊的家人身上，鼓勵他們回家看望母親；後來加入計畫的專業廣告公司調整了廣告內容，將更多焦點放在足球上，告訴叛軍他們也是哥倫比亞隊的一員。但胡安·帕布羅發現，談到家庭的第一條訊息似乎效果更好，引發更多投誠行為。

「那些提及家庭關係的文宣，似乎是最有效的。」胡安·帕布羅說。這是我在各種衝突中一次次聽到的主題——無論是在離婚法庭、幫派鬥爭或內戰之中，恢復潛在的家庭身分，都可以幫助人們擺脫高衝突。

但這只是擺脫高衝突的開始。軍事轟炸、貨幣波動和足球廣告可能促使人們投誠，但它們並沒有打敗革命軍。那些離開的人會被新兵取代，許多新兵甚至是兒童。而與此同時，政府的軍事攻擊殺死了數千名老百姓。這一切都助長激烈衝突的循環，為後代埋下新的伏流。

飽和點就像和平協議，只是轉化高衝突的第一步——也許是最簡單的一步。人們是否能走出高衝突，取決於飽和點之後發生的事情。

「這是你」

瑪麗安娜．迪亞茲．克勞斯（Mariana Dıaz Kraus）在哥倫比亞從事復員工作長達十二年。她曾任職於政府的重返社會機構，而桑德拉在達到飽和點後曾求助於該機構。政府的內部研究證實，家庭確實經常是戰士離開戰場的催化劑。克勞斯告訴我：「家人會把你拉出來。」但光是這樣還不夠。

輔助人們遠離高衝突最明智的方法，是協助他們維持得到的新身分、幫助他們培養那些新生的角色。皇家學會授予環保主義者馬克．林納斯的科學寫作獎，等於是正式確立馬克身為科學思想家的新身分。不管此舉有意與否，這樣的肯

桑德拉和她的兒子小塞吉奧，在哥倫比亞索阿查的家中。
© Nicolò Filippo Rosso

定讓馬克更難回到原來的身分，去打擊基因改造作物。

在哥倫比亞，身分證則是能夠確實幫助人們維持新身分的關鍵。大多數前戰鬥人員離開叢林時並沒有身分，復員後才會收到由政府簽發的官方身分證件。「身分證是一個非常強大的工具。」克勞斯說，「它向決定從衝突中走出的人展示：『看，這是你，上面有你的照片、你的名字、你的指紋。現在你是擁有權利的公民，可以用合法方式向國家提出要求。』」

這聽起來只是一個很小的里程碑，但無論是在精神層面或實際生活上，身分證都發揮重要效用。在哥倫比亞，身分證號碼對於開設銀行帳戶、投票、獲得醫療保健，甚至是購買一雙運動鞋來說都是不可或缺的。前戰鬥人員曾自豪地向克勞斯展示他們的新身分證，這是一個徽章，彰顯了他們與世界的關聯。

克勞斯說，另一個強而有力的策略是直接幫助前戰鬥人員的家人，確保孩子們能夠上學、幫助伴侶找到工作、為整個家庭（而不僅僅是個人）爭取住房和醫療保健。「當你覺得家人因為你做出的決定而過上好生活，這就成了一個你無法輕易反悔的決定。」克勞斯說。

桑德拉的家人一次又一次地出現在她的故事中：桑德拉的姐姐把她從衝突中帶走；儘管沒有多餘的錢，姐姐和母親還是歡迎她回家。如果沒有她們的支持和愛，很難想像桑德拉會發生什麼事。「家人是我生命中不可缺少的一部分。」桑德拉說。

桑德拉的故事也是成千上萬人的故事。二〇一六年，恩佐．努西奧和同事奧利佛．卡普蘭（Oliver Kaplan）將哥倫比亞一千四百八十五名前戰鬥人員的資料樣本，與警察和軍隊裡的紀錄進行比較，看看哪些人在復員後的四到九年內，再度被警察逮捕，或在軍事行動中被俘。大多數的復員者並沒有重新出現在警察或軍隊捕獲名單上，但其中依然有一四％的人上榜[19]。為什麼這些人會重新捲入犯罪或衝突？又為什麼有這麼多人不在名單上？

事實證明，孩子在其中扮演很重要的角色。有孩子的前戰鬥人員，重返非法活動的可能性比沒有孩子的人要低四〇％。四〇％是個巨大的差異！令研究人員驚訝的是，與能否找到工作相比，牢固的家庭關係，似乎更能預測一位前戰鬥人員是否可以成功融入社會[20]。

正如我們所見，家庭是許多人離開高衝突的原因。家庭成員可以充當盾牌，將親人從衝突中拉出來，遠離火源；家庭可以讓人們意識到自己已經達到飽和點。蓋瑞的妻子和孩子扮演了這個角色，柯蒂斯的兒子亦然。雖然家庭成員並不一定有意識主動幫忙，但在全世界各地，家庭都能夠產生與高衝突搶人的效果。在理想情況下，想幫助人們擺脫衝突，就應該幫助他們的家人，就像巴勒斯坦解放組織協助黑色九月成員結婚成家一樣。

從政治上來說，這個方法很難實現，因為衝突理所當然地會讓人們心中產生深深的怨恨和不信任。過去每十名接受調查的哥倫比亞人中，約有八人表示不信任游擊隊前戰鬥人員[21]，而這種程度的恐懼和蔑視，導致很難提供金錢或援助給像桑德拉或她家人這樣的人——有一半的哥倫比亞人表示，前戰鬥人員根本不應得到任何支援[22]。

因此，試圖幫助人們擺脫衝突時，除了前戰鬥人員及其家人，還有第三個關鍵群體需要接受輔導：公眾，因為他們事實上也以自己的方式參與了衝突。普通群眾在這裡很重要，如果他們繼續將一個個桑德拉們視為敵人，讓她們在社會中被孤立、怨恨、排斥，衝突就會繼續發展。

從這個角度來說，聖誕節行動還是可能產生了一些積極的影響。這倒不是因為這些廣告說服了大量游擊隊離開叢林，而是它們打破了其他人的二元對立思維。由於媒體給予的關注，社會大眾注意到這些廣告，開始聽到游擊隊員母親的聲音，要求游擊隊員復員回家。雖然這個廣告還不足以讓人們脫離衝突，甚至可說成效甚微，但這畢竟是個開始。

這是一個痛苦的事實：民眾必須歡迎前戰鬥人員回家，無論他們曾經是幫派成員、叛亂分子或是衝突調解師。否則這些人只能去他們能夠找到歸屬感的地方，而這通常會使他們再次回到衝突中。

哥倫比亞版脫歐事件

桑德拉遭解僱的那一年，正好被分配到一名新社工，她名叫薇薇安，曾有三年社工經驗。自此社工會談從一件苦差事變成對桑德拉有幫助的事情。薇薇安並沒有創傷諮詢方面的專業知識，但她像一位優秀的教練，始終如一地給予桑德拉支持：她鼓勵桑德拉掌握自己的生活，不要等待政府、革命軍或任何人為她帶路。

二〇一六年十月，哥倫比亞人民將進行公投，決議是否支持政府和革命軍簽署的和平協議。這次公投有兩個選項：是或否。這一步對於和平進程來說不是必需的，但公投似乎是獲得公眾認可的好方法。

但由於二元對立的強大力量，這場公投實際上是場危險的賭局，因為它將長達半世紀的內戰扁平化，成為「贊成」或「反對」的單一對立選項，讓公投可以輕易地被政治衝突企業家利用。儘管有上述風險，眾人依然認為公投會通過，至少所有民意調查都這麼說。

桑德拉投票支持和平協議。那天深夜，她帶著孩子和丈夫一起躺在床上，看電視新聞裡的開票結果。

然而這次公投的結果震驚了世界：和平協議失敗了——以不到半個百分點之差遭到否決[23]。大多數在戰爭中直接受害的人都投下贊成票，但有三分之二的哥倫比亞人根本沒去投票。聽到結果，桑德拉的心沉了下去。她和丈夫對上視線，他們原本已經準備好慶祝活動，現在卻只能坐在床上，抱著孩子淚流滿面。「我覺得希望被帶走了。」

現在回頭看來，哥倫比亞和平公投的失敗，證明解決衝突不僅僅是個自上而下的進程，自下而上的改變也同樣重要。領導者可以透過簽署和平條約或改革司法系統來啟動這一進程，但這屬於衝突的外部世界。普通人內心世界的衝突，究竟該怎麼得到解決呢？

內心世界的部分多半都遭到忽視。聖誕樹廣告打出一個不錯的起手式，但許多哥倫比亞人依然憎恨和恐懼前游擊隊成員，認為他們是次一等的人類。而民眾會這麼想很正常，因為幾十年來，政客們一直為了自身目的而妖魔化革命軍；新聞媒體大多從政府的角度報導這場衝突，所以一般人從小就認為革命軍是文明的敵人。

這是衝突企業家帶來的另一項有毒遺產：他們詆毀那些需要加入我們，以便結束高衝突的人。這些抹黑帶來了巨大的挑戰，因此我們必須像當初將敵人非人化一樣，努力重新將他們人性化。

有很多做法可以重新獲得人性，其中一種方式是透過精采的故事講述，一個好的故事可以比任何和平條約都要強大。在馬其頓，非營利組織「你我都一樣」（Search for Common Ground）製作了一個兒童電視節目，節目中有幢會說話的神奇公寓，裡面住著四個不同種族背景的家庭，呈現出公寓裡所有住民的語言，而這個不尋常的舉措獲得巨大的勝利：十個馬其頓兒童中有九個說他們至少看過一集，幾乎半數的孩子和父母談論過這個節目。在觀看節目前，只有三〇%的孩子會邀請其他族裔的孩子到家裡來；但觀看了八集之後，六〇%的孩子說他們願意這麼做[24]。

使敵人重新人性化是一項艱鉅任務，需要時間慢慢完成，但這件事與和平談判一樣重要。然而就像許多地方一樣，這件事在哥倫比亞也被忽視了。

我唯一見過桑德拉情緒激動的一次，是在她談到公投那晚的時候。多年後講起這個故事，她的雙眼依舊充滿淚水。「我深怕因為這些仇恨和恐懼，我的孩子會在同一個哥倫比亞長大。」我可以清楚地看見，桑德拉仍然非常害怕。你可以從瀝青坑中脫身而出，但你無法順道把你的國家也一起拉出來。

這次事件有時被稱為「哥倫比亞版脫歐」，不預期的公投失敗，導致政府和革命軍匆忙返回談判桌。他們對和平協議做了一些修改，然後重新簽署。但公投已經對這次協議產生傷害，並對和平造成深遠的破壞——就像英國脫歐一樣，公投迫使每個人都選邊站，而且只有對立的兩邊可供選擇。

不久之後，反對和平協議的政治家伊萬．杜克．馬奎斯（Iván Duque Márquez）當選哥倫比亞總統，他的政府系統性地忽視或減弱協議中囊括的許多承諾。而自從和平條約簽署以來，估計有一千名社會活動家和支持和平協議的地方勢力遭殺害，他們被處決的方式與數十年前桑德拉鄰居的遭遇大致相同。每天都有新的伏流產生，而一部分抱持不同政見的革命軍已經招募了大約四千名哥倫比亞人，決定重返衝突。

桑德拉於次年正式完成她的重返社會計畫，並在執行重返社會計畫的機構中找到一份工作。她完成循環回到了原點，並開始幫助人們找到擺脫衝突的方法，就像她自己曾經得到的幫助一樣。

這是桑德拉人生中第一次可以每天出門去上班，可以無需隱瞞、正大光明地做自己，還能利用自己的過去幫助別人。有鑑於現實面的政治情況，她仍然對於推進和平進程感到無力，但就像蓋瑞和柯蒂斯一樣，她學會抓住對自己而言最重要的東西，並對自身衝突中的伏流擇善固執：桑德拉仍在為哥倫比亞人爭取正義。

退出游擊隊十年後的某一天，桑德拉被分配到她家附近的一個社區裡舉辦工作坊。這個活動是為了向大眾解釋「重返社會」計畫的運作過程，並鼓勵企業主考慮僱用前戰鬥人員。桑德拉知道這對維持和平非常重要。

但這次任務的挑戰不只這些。桑德拉被告知將要與一名前準軍事人員一起工作。這位名叫赫梅（Jaime）的男人，曾加入多年前謀殺她鄰居的組織。和這樣的人一起工作的想法讓桑德拉反感，然而她知道這個工作坊的重要性，所以她不能退縮。隨著日子一天天靠近，她開始害怕這次的工作坊。

活動當天，桑德拉和赫梅見到面。他們交換了彼此的故事，聽起來既熟悉又不同。桑德拉發現赫梅比自己早一年復員，而她同時不得不承認，赫梅看起來像個人。

這種認知在某種程度上是種解脫。這麼多年以來，這是桑德拉離一名前準軍事人員最近的一次。這種經驗有些令人迷失，但也同時解放了桑德拉。

在工作坊活動結束一年後，桑德拉與赫梅仍然時不時互發訊息，並在專業工作上互相幫助。確切地說，他們並不是朋友，但也不是敵人。

預防措施

人們確實能夠擺脫高衝突。我們見過這些情況發生，蓋瑞、柯蒂斯和桑德拉以不同方式認識到自己的飽和點，然後中斷使自己陷入困境的衝突循環。他們徹底調查自身衝突中的伏流，也認識衝突中更深層次的根源；他們打破了自己和敵人所屬群體的二元對立性，並且非常有意識地與生活中的衝突點火器保持距離。

正如桑德拉在哥倫比亞衝突中的經歷，大規模幫助人們擺脫高衝突的過程中，政府、家庭和鄰居都可以扮演正面或負面的角色。他們可以藉由強調衝突之外的身分（父母、公民、員工、鄰居或籃球選手），建立一條合法且清晰的道路，協助人們擺脫高衝突。

幸運的是，多數人目前並沒有捲入內戰或幫派仇殺之中，但所有人都會在生活的各個層面上，遭遇到必須處理衝突的狀況。在九個國家中進行的一項調查顯示，八五%的人表示曾經在工作中遇過衝突，其中一些衝突是有益的；四分之一的人曾遇過工作場所的衝突升級為人身攻擊；將近三分之一的人「總是」或「經常」在處理衝突[25]。某些職業似乎特別容易遭遇不健康的衝突：接受調查的護理師中，十位裡有九位表示，他們在過去一個月內曾遭受辱罵，而這些侮辱通常來自醫生[26]。

家庭中的衝突甚至比職場衝突還常見，而家庭內關係疏遠的情形，出乎意料地普遍且持久。超過四分之一的美國成年人表示，他們目前與某位親戚疏遠，這表示大約有六千七百萬名美國人處於家庭衝突之中，這數字比患有過敏症的人數還要多。在這些陷入衝突的成年人中，約有一半的人超過四年沒有與對方聯繫。這些人際關係的裂痕大多發生在親子或兄弟姐妹之間，而幾乎所有人都表示，這種疏遠讓他們感到不安[27]。

有時疏遠是唯一的好選擇，尤其是當一段關係中曾經發生虐待，或是對方不想使衝突健康化的時候（有的人確實會這樣）。但疏遠的關係往往會凍結高衝突，讓人永遠無法得知其後的伏流，因此誤解倍增，故事情節則像坑中的瀝青一樣漸漸變得黏稠僵硬。在這種關係中，沒有人會因衝突而學習或成長，而是不斷地蒙受損失，牽連其中的兒童尤其如此。

在美國，衝突工業綜合體仍然主導著法律體系的運作，其中包括家庭法。大約四分之一的離婚案可以或多或少被歸類為「高衝突離婚[28]」，這表示，每年在美國就有近二十萬起高衝突離婚案件[29]。如果這些痛苦可以被轉化成能量，其強度大概可以摧毀一座小型城市。現實中亦有一些夫婦絕不離婚，但已然陷入高衝突中長達數十年，他們就是心理治療師所稱的「慣性衝突者」。

人類甚至不必住在一起，就可以陷入高衝突。想想世界各地的政治狂熱者，他們每天早上都會滑動網頁，瀏覽頭條新聞並查看各種數據。今天是誰在婚姻中獲勝呢?這些人也是「慣性衝突者」的一員。

高衝突並不罕見。它將我們吸引進來，但幸好還有出路。然而正如桑德拉向我們證明的，走出高衝突將是一段艱辛而孤獨的旅程。

逃離瀝青坑的最佳方法其實很明確：永遠不要踏進去。因為一旦陷入高衝突，就很難逃脫生天。

Chapter 07

讓敘事豐富起來

「自痛苦中成長」

在曼哈頓上西區，有一座名為耶書崙（B'nai Jeshurun）的大型猶太教會堂[1]。這座會堂是從德國和波蘭移居到紐約的猶太人在十九世紀初期創立，被其成員暱稱為「BJ」，並在幾個世紀中漸漸成為美國最有影響力的猶太社群之一。這座摩爾風格的聖堂位於紐約西八十八街，離百老匯大道幾步之遙，大約是兩千四百名紐約人今日的精神家園[2]。

然而就在其兩百歲生日前夕，耶書崙會堂因一場從表面上看似非常遙遠的政治爭議中，幾乎瀕臨崩潰。這一切始於二〇一二年底，當時聯合國投票將巴勒斯坦升級為非會員觀察員[3]，這項改變主要是象徵性的，但自此允許巴勒斯坦人參與聯合國大會中的辯論。

美國紐約市耶書崙猶太會堂。©REUTERS/Keith Bedford

美國和以色列的政界人士反對這種升級。但耶書崙會堂的左派拉比[4]們則為此歡欣不已。「對身為世界公民的我們來說，昨天在聯合國的投票是一個偉大時刻[5]。」拉比在給所有會眾的一封電子郵件中這麼寫，並指出以色列本身早在五十六年前就已經獲得聯合國承認其獨立，「每個人都有被承認的權利。」

這封電子郵件激起強烈反對，負面聲浪在整座城市裡此起彼落地響起，甚至登上《紐約時報》的頭版：「為聯合國巴勒斯坦案叫好，猶太會堂測試成員底線[6]。有拉比公開採取這個立場，以及這封四處發送的電子郵件，讓許多會眾感到非常震驚。」在猶太會堂中工作了十五年的伊芙·伯恩鮑姆（Eve Birnbaum）告訴《紐約時報》：「我對於拉比們和董事會竟然採取與許多成員相反的立場感到非常沮喪。」

有些人開始停止捐款，另一些人則威脅要集體離開會堂。拉比們非常震驚：「這一切敵意與憎恨就像一場地震。那些我所愛、所尊重、我也以為尊重我的人，正在說出可怕的話。」耶書崙會堂的資深拉比荷西·羅蘭度·馬塔隆說。教眾暱稱他為「羅利」。

羅利拉比在大多數場合裡都是個溫和的人。他戴著角框眼鏡，說話時帶著些許阿根廷口音。他喜歡演奏烏德琴，即阿拉伯魯特琴[7]。多年來，他因為讓耶書崙會堂充滿歌聲、節拍與舞蹈的周五晚禱而聞名紐約。事件發生時，羅利拉比已經領導會堂長達三十年，但突然之間，他開始懷疑自己到底有多瞭解自己的會眾。

拉比們與會眾舉行緊急會議並於會後發布另一封信，且再次登上《紐約時報》。信中寫道：「我們很遺憾前一封信造成的爭議。我們明確地在為以色列的安全、民主與和平努力[8]。」

然後拉比們在遭遇出乎意料、令人不安的衝突後，做了大多數人都會做的事情：他們試圖繼續前進，希望動亂能夠就此平息，然後一切回歸正常。當然，他們仍然希望能夠表達自己對以色列的看法，但同時也希望會眾能像過去一樣支持他們。

僅僅一年多之後，羅利拉比和另一位名叫費利西亞．索爾（Felicia Sol）的耶書崙會堂拉比共同發表一封短信，批評當時的紐約市市長承諾效忠於一個強大的親以色列遊說團體。衝突再度暴發，這次則登上了《華盛頓郵報》的頭條。

拉比們再一次遭指控對以色列不忠，而這一次，曾讓孩子在耶書崙會堂舉行成年禮的伯恩鮑姆決定離開會堂。「我們覺得自己像是外人[9]。」她說。

會齡二十五年的成員山姆．勒凡（Sam Levine）也選擇離開，稱拉比的行為「沒有藉口，不可原諒」，並認為拉比們「利用了會堂的名聲。不但沒有加強猶太人的勢力，竟然還反其道而行[10]。」

這些指責深深刺痛了羅利。他曾在以色列生活和學習，也組織過無數個關於以色列的教育計畫，並多次帶領耶書崙會堂會眾拜訪以色列的朝聖之旅。他之所以批評以色列政府的某些政策，是因為他太關心以色列了，但現在竟被稱為「反以色列」？這真是令人難以置信。

許多在耶書崙會堂社區中撫養孩子成人、埋葬親人的家庭拒絕返回會堂，這一切很有可能轉化成一場高衝突：一道未經探索的伏流加上一組強大的、被簡化的二元對立（支持以色列 vs. 反對以色列），背後由責備和防衛的重重循環推動。

所以羅利開始思考自己的選擇：他可以離開耶書崙會堂，找到一群新的、更符合他對以色列看法的會眾，這會是個選項；或者他可以堅持立場，繼續戰鬥，直到所有不同意他的人都離開，或會眾變得與他更像為止；他還有第三個選擇：就此閉嘴——像其他宗教領袖一樣，停止針對以色列和其他有爭議的問題分享自己的看法。在二〇一三年針對五百多名美國拉比的調查中，幾乎有一半的拉比表示，他們在過去三年內不曾公開表達對以色列的看法[11]。

但以上這些選擇聽起來都不正確，因此羅利決定「不離開，不戰鬥，也不自我審查」。他告訴我：「我不想帶領一群意見相同的會眾。我想去一個存在爭議的地方。」

羅利的部分工作是挑戰會眾的想法，他一直認為不管哪一種形式的成長都需要反對意見的協助。他說：「我認為成為一名宗教領袖，就是一直生活在那股張力之中。」但在這種螺旋式的衝突中，更多張力並不會帶來更多成長，反而會導致崩壞。「如果我們繼續以這種方式表達自己的想法，一切都會被摧毀。」

耶書崙會堂在羅利領導之前，是由馬歇爾．邁耶（Marshall Meyer）拉比主持的。邁耶因在爭取人權方面的成就，而成為阿根廷的傳奇人物。他曾冒著生命危險挑戰軍政府，並因為提倡社會正義激進主義，激怒了保守的猶太機構。現在羅利感受到導師遺產的全部重量。他該怎麼做才能讓自己具有同樣的勇氣，並且同時不會讓事情變得更糟？

第四種方式

痛苦了幾個月，羅利決定採取第四個選擇：他不會離開，不會戰鬥，也不會沉默。相反地，他嘗試藉由深入衝突，來維持與會眾群體的聯結。「我們必須從痛苦中成長。」

羅利知道自己需要幫助才能做到這件事。一位會眾鼓勵他，邀請曾在中東與以色列人和巴勒斯坦人合作過的調解人介入。相較之下，耶書崙會堂的問題肯定更簡單，對吧？梅麗莎．溫特勞布（Melissa Weintraub）是一位拉比，也是對話組織「重啟談話」的聯合創始人。她第一次到訪時，就感受到瀰漫於這間猶太會堂中的緊張氣氛。溫特勞布說：「人們和自己的陣營坐在一起，對他人抱有很多假設，並且不再相互交談。這感覺就像是迷你版的兩極分化。」

溫特勞布首先調查了耶書崙會堂的七百五十名會眾，發現三分之一的人對以色列抱持相對強硬的觀點——這遠遠超過拉比們所意識到的人數，而其中許多是較年輕的成員。近一半的會眾表示，他們「經常」或「有時」會保留自己對以色列的真實感受，以避免與其他成員或拉比產生緊繃的關係。溫特勞布從她的調解經驗中知道，這對所有成員來說都是一種損失。因為人們若不願意談論彼此的差異，就會錯過延展智識和情感的可能性，以及讓自己變得更強韌、更聰明的機會。

溫特勞布隨後與耶書崙會堂的成員們深入交談。即使對處理過棘手衝突的老鳥來說，這也是一次令人氣餒的經歷。她採訪了五十人，並意識到情況似乎很糟糕。「你可以確實感覺到這像是件不可能的任務，」溫特勞布說，「有很多不同的聲音想要不同的東西。」但考慮到耶書崙會堂在美國猶太人中的影響力，她採訪的多數人似乎也意識到嘗試的重要性。正如一位成員所說：

「如果我們不能解決自己社群中的分歧，又將如何解決與巴勒斯坦人民的分歧？我們必須能夠生活在一起。我不會去消滅他們，他們也不會來消滅我。但我們究竟該怎麼做，才能一起成為一個社群？」

就像傑伊和洛娜這對離婚夫婦一樣，會眾們被彼此困住了，他們該怎麼辦呢？在接下來的一年中，調解員在耶書崙會堂中組織了二十五個專案，其中有架構清晰、讓數百名會眾參與的工作坊，也有密集的員工培訓，以及為拉比和董事會設計的深入課程。「人們心中有很多質疑，」猶太教堂董事會成員厄文．羅森塔爾（Irv Rosenthal）說：「大家不確定拉比們是否是認真的，以及這個專案是否真的會有所幫助。」

會眾以四十人為一組，分享自己與以色列的個人故事，並感覺自己在正義感和責任感之間拉扯。「這是一個日以繼夜的過程，往往在一個歷時數小時的會議結束之後，又緊接著另一場會議。」羅利說：「這一切都很困難。」

但隨著時間推移，事情發生了變化。會眾開始可以窺見慢燉鍋下面的伏流：以色列不僅僅是以色列而已——還同時象徵了忠誠、歷史與孩子的未來。一位婦女解釋，由於她的許多親戚在大屠殺中喪生，因此她從小就相信批評以色列是褻瀆神靈。「有些人對以色列的看法讓我非常不敢苟同，」厄文說，「但聽了他們的生命故事之後，我可以有所理解。」

在調解的過程中，他們漸漸發現許多人追求的最終目標其實是相同的：讓以色列穩定和安全、讓巴勒斯坦人擁有獨立和尊嚴。最大的分歧在於他們該如何達成這個理想。

調解帶來的另一個啟示是，人們的想法並不只有兩種流派。雖然有些人採取了極端的立場，但更多人對此議題矛盾不已，並掙扎著要找到和解的可能。根據提出問題的方式，這些人的答案可能每天都不同，因為這一切並不存在簡單直白的答案。衝突既存在於個人的內部世界，也存在於外部世界。

會眾們最終成熟到足以表達自己的觀點，並能「容忍他人意見會造成自己的不適」（根據羅利拉比的話）。他們現在可以像蓋瑞和柯蒂斯一樣，在衝突中保持一種張力——他們發現了第四種處理衝突的方式。

我們無法避免衝突。相對地，為了成為更好的人，我們需要衝突來保護自己，並接受挑戰。正如聖雄甘地所說：「誠實的分歧往往是進步的好兆頭。」但在外部條件的驅使下，人們很容易陷入不誠實的分歧，引發高衝突。

避免高衝突的祕訣，就是避開這些不誠實的分歧。我們應該在自己的城鎮、信仰中心、家庭和學校中建造衝突護欄，才能引導我們踏入有價值的衝突，並保護自己不會一個不小心陷入高衝突之中；我們必須建立一套衝突基礎設施，透過幫助我們調查伏流、減少二元對立，並邊緣化自己世界中的衝突點火器，在高衝突開始之前先發制人——這表示我們必須有意識地在衝突中培養好奇心。

建立這種衝突基礎設施，可以創造我們在衝突中的復原力。這種能力不僅可以吸收衝突，還可以讓我們在衝突中變得更強韌。但建設需要嚴密的時間規畫與奉獻精神。「許多社區只邀請我們舉辦一次工作坊，然後就希望一切會自此改變。」溫特勞布說，「但耶書崙會堂投入了許多時間和資源，以便可以真正完成這項工作。改變不會因為一次工作坊、甚至七次工作坊就發生。」

正如我們將看到的，耶書崙會堂的衝突基礎設施將經過一次又一次的測試。衝突復原力就像體適能，需要長期維護，而學會忍受這種張力竟會讓人體驗到一種奇異的自由感。這麼做並沒有解決衝突，卻能夠讓每個人都用更具智慧的方式去理解衝突的實際情況。張力讓每一個分歧都變得更有趣、更像是一個謎團，而不是對自己的攻擊。正如一位會眾所說：

「除了與某些特定的朋友之外，我過去基本上已經停止談論有關以色列的話題。然而這些工作坊的力量讓我變得更主動、更願意重新接觸與以色列相關的話題。我意識到自己想談論這些事情，可以與人就這件事情交換觀點，而不必然會陷入令人厭惡的狀態。這讓我開始對於與自己抱持不同觀點的人感到好奇，而非只是不安。」

困難對話實驗室[12]

從猶太會堂沿著百老匯走約四公里，有一個沒有窗戶的空間，「困難對話實驗室」（Difficult Conversations Lab）正座落於此，從外部很難找到。哥倫比亞大學的研究人員在這裡將針對焦點問題抱持不同意見的陌生人彼此配對，而選定的議題之一就是以色列。研究人員讓受試者們待在同一間房裡，針對一個特定的議題爭論二十分鐘，並將過程錄音。

「現實生活中發生的棘手衝突很難研究，」社會心理學家彼得．柯爾曼（Peter T. Coleman）告訴我，「這是最接近的嘗試。」十多年前，他與一群同事一起創辦這個實驗室，迄今，該實驗室和世界各地的幾個姐妹實驗室已經分析大約五百次衝突性的會面[13]。

實驗並不總是順利進行。人們有時很快就會陷入挫折和責備，因此有些對話必須在二十分鐘的時限前結束，以避免產生訴訟、暴力或其他不愉快的結果。

但他們也遇過其他類型的對話。柯爾曼注意到，在某些對話中，人們雖然仍然會感到挫折與責備，也會在其他情緒中循環——比如好奇心，甚至是靈光一閃式的幽默或理解。相較於陷入僵局的談話，這些人提出的問題比較多。他們首先出現積極的情緒，然後是消極的，而後又是積極的，這樣的對話中帶有停滯對話所缺少的靈活性。這就是良好、健康衝突應有的樣貌，它是流動的。

通常人們在對話後還是不同意彼此的觀點，而這件事很重要。沒有人會因為與陌生人進行二十分鐘的談話，而改變某個根深蒂固的信念，這不是人類大腦運作的方式。

隨著時間推移，在與更多人（尤其是信任的人）進行更多這種類型的對話後，人們可能會改變想法，但也可能不會。好奇心是改變的先決條件，就像陽光和水，好奇心不能保證成長，但沒了它就無法獲得有意義的、內在的改變。

困難對話實驗室的部分靈感來自西雅圖的愛情實驗室，心理學家朱莉和約翰・高曼在那裡針對數千對已婚夫婦進行研究。雖然這兩個實驗室一個研究愛，另一個研究恨，但在某種程度上，兩邊都在研究如何預防高衝突，無論是在愛情裡或戰爭中。

究竟是什麼因素，造成高衝突與健康衝突間的不同？其中一個原因是：如果積極互動的數量大於消極互動，情況就會朝有益的方向發展——這就是我們之前瞭解到的神奇比例。就像蓋瑞與鄰居的園藝對話，或火星任務模擬期間的生日慶祝活動一樣，這些溫暖的火花為不健康的衝突創造緩衝。

理解迴圈可以在溝通當下完美地做到這一點。每次我們嘗試向某人重述自己聽到的內容（並詢問自己是否正確理解）的時候，都能夠提高神奇比例。「人們需要在溝通時感覺到一種平衡、感覺到自己被傾聽、知道自己提出的觀點是有趣的。」高曼告訴我，「這可以幫助他們採取更複雜、更微妙的角度，去觀察到衝突的不同面向。」

在耶書崙會堂舉辦的以色列工作坊中，調解員訓練每個人積極傾聽，就像蓋瑞當初在舊金山調解音樂家罷工時所做的那樣。我認為這些調解衝突的技能應該在小學時就教給每個孩子。傾聽並確認理解，可能是一生中使衝突保持健康的唯一方法，這就是為什麼每個能以仁慈方式應對高衝突的人，都會選擇使用這個辦法。無論是睿智的神職人員、心理學家或優秀的業務員、人質談判專家，都知道該如何進行理解迴圈，即使他們不見得這麼稱呼這種技巧。

但這些人並非天生就擁有此項技能，而是需要經過練習才能學會。大多數人從未被教導要善於傾聽，因此他們並不擅長這樣做。雖然引入訓練有素的調解員到組織中來解決衝突是個好主意，但這並不總是實用或得以負擔的。那麼我們該怎麼辦？有沒有其他辦法，可以促使人們用更好的方式進行衝突？

為了找到答案，柯爾曼和他的團隊進行一項實驗：在陌生人見面進行衝突性談話前，雙方都會收到一篇關於兩極分化問題的新聞。該文章的其中一種版本類似傳統的新聞報導，明確劃分爭議雙方，例如支持擁槍權利與支持槍枝管制。這是普遍在對抗性文化中習慣看到的二元框架：贊成和反對、我們與他們。

實驗的對照組則得到另一個版本，其中包含許多相同資訊，但內容的編寫方式不同。這個版本強調槍枝議題的複雜性，而不是將其描述為一個二元問題。舉例來說，文章解釋許多美國人支持對所有槍枝擁有者進行背景調查，也指出背景調查並不能防止有人用偷來的槍枝施行暴力，而有些人則擔心背景調查會侵犯隱私。換句話說，這篇文章闡述了許多不同觀點。它讀起來不像律師的庭審開場白，更像是人類學家的田野筆記。

事實證明，閱讀不同的文章，對人們的想法有很大的影響。在隨後的衝突性對話中，閱讀簡單化對抗性文章的人，往往會被困在消極情緒中，不太提出問題，離開時的滿意度也更低；相對之下，那些讀過複雜觀點文章的人提出較多問題，表達了品質較好的意見，離開時也更為滿意。

換句話說，複雜性是會傳染的。這是一件很值得高興的事，因為人們可以準備好將世界視為一個不那麼二元化的地方。此時人們會變得更加好奇，對新資訊更加開放。也就是說，他們願意傾聽。

對於任何想要培養健康衝突的人來說，基本做法之一是儘早並經常將衝突中的敘述複雜化。對於學校或企業的領導者來說，這表示必須傾聽每個人的意見，然後放大檢視其中的矛盾和細微差別；必須向人們指出，每個人多半會對相同目標有不同想法，但這並不表示大家懷抱著完全不同的目標；必須盡量讓自己變得好奇，因為好奇心具有傳染力。

在政治上，這表示我們必須投票給那些拒絕敵對、拒絕將世界劃分為「我們」與「他們」的領導者。這些人能反覆將「我們」擴大，以包含種種不同的「他們」（請注意，這與「溫和派」或「中間派」不同。政治家可以支持戲劇性的變革，並同時拒絕將人們以二元對立的方式劃分為「我們」與「他們」）。這也可能意味著我們必須透過改革，為兩個以上的政治黨派創造空間，因為多數人並不適合被單純地分為兩類。在政治上建立衝突護欄的方法有很多，但在美國卻幾乎沒有實踐過。

我發現在新聞業中，使敘述複雜化，表示必須進行採訪與報導，踏出去和不認識或不瞭解的人交談，並真正傾聽他們的聲音[14]。這件事很難做到，起初甚至可能很危險：如果我聽信了錯誤或偏執者的話，我不就變成問題的一部分嗎？我難道不應該揭露他們，羞辱他們的無知嗎？

但這種想法天兵到不行。歷史上從來沒有人因為被一些不認識的記者點名，就改變自己的想法，因為這不是人類的運作方式。羞恥很少產生預期效果，即使是在我們認識的人身上也是如此，其想法更永遠不會超出小群體，而記者幾乎總是身在故事之外。

傾聽並不表示同意，也不是要將他人的言論合法化或放大。我們仍然能夠決定將哪些部分放入故事中、將哪些部分排除在外。深入傾聽並不代表要創造虛假的對等性，急於假設它來自對衝突的膚淺理解。深入傾聽與調查伏流，代表我們必須更深入地與人們進行對話，好奇他們言語背後隱藏的東西。

為什麼人們對疫苗可以如此言之鑿鑿？或者可以如此死忠支持民主黨？正如蓋瑞所瞭解的，每當有人指責，通常都是為了隱藏背後的某種脆弱。他們是為了保護哪些弱點才這麼做？如果他們明天醒來並奇蹟般地「贏得」了這場婚姻，他們認為自己的生活會是什麼樣子？我希望這些受訪者可以一步步帶我經歷他們故事中的「那一天」。

瞭解並不足以改變人們；必須覺得自己被聆聽，人們才有可能產生改變。這是衝突的第三個悖論：即使意識到自己抱持著不同意見，人們依然需要先相信你能夠理解他們，然後才能聽得見你的聲音[15]。因此，許多衝突演變成一場雞生蛋、蛋生雞的遊戲：誰願意先扮演這個傾聽的角色呢？

在我的工作中，將敘述複雜化也表示，我必須為那些與最初設定不符的引述和細節，尋找存在的空間。那些可能在整個框架中顯得矛盾，但仍然是真實的敘述。我曾經習慣將這些東西從我的草稿中剪掉，但現在得試著把它們留下來，因為讀者可以處理的複雜性，比大多數記者想像的要宏大得多。

二十年前有位編輯告訴我，所有偉大的故事都需要衝突。幾十年間我不斷重複這個咒語，從來沒有真正質疑過，但現在記者對衝突的定義已經縮小得極為狹隘。在現實生活中，張力有很多種，包括人內在的張力；好的故事通常來自尋找複雜性，而不是衝突[16]。

儘管如此，我依然瞭解到「複雜」這個詞讓人不安——畢竟有些事情並不複雜，我們可以簡單地看出加害者與受害者、正義與不正義、善與惡。複雜性的確不應該被用來混淆視聽，拒絕問責。並非所有衝突都是複雜的。

但所有「人」都是複雜的。在激烈的衝突中，總是想要錯誤地過度簡化事情。在這種被扁平化的簡單敘事中，大家只會聽到自己想聽的聲音，所以此時讓敘述複雜化，可以從無到有地激發人們的好奇心，而好奇心會隨之為人們帶來成長[17]。

這個做法不是為了掩蓋真相，而是為了完整地說出實話。

調查一個謎團

在耶書崙會堂的以色列工作坊結束一年後，拉比們再次開始讓會眾們感到芒刺在背。這一次，他們想探討是否可容許不同宗教之間的婚姻，而這是保守派猶太會堂長期以來禁止的（雖然耶書崙會堂並沒有正式隸屬於任何特定教派，但與猶太教的保守派有關聯）。多年來，在耶書崙會堂長大並將其視為家園的年輕成員們，一直要求在猶太會堂中與非猶太教信徒的人舉行婚禮，但拉比們拒絕了，因而導致人們離開耶書崙會堂，這實在令人傷心。拉比們認為，是時候談談這個信條在這個時代中是否仍然有意義。

這是一種測試：我們能否控制這場衝突之火？還是社群裡會再次暴發人身攻擊和永久的人際疏遠？

這並不是件容易的事。「對我來說，以色列是很重要的問題，但是當會堂將焦點轉向不同信仰間的婚姻時，這一切就變得非常個人化。」厄文的妻子露絲．賈穆爾（Ruth Jarmul）說，她一直在與自身大家庭中的跨信仰婚姻進行思想鬥爭。「這對我來說非常痛苦。我非常愛我的大家庭，也很珍惜親人間彼此的關係。但我同時也希望猶太教不僅能生存下去，還可以蓬勃發展。」

在其他猶太會堂中，拉比只是透過教令宣布關於不同信仰間的婚姻新政策，但耶書崙會堂的拉比們鑑於最近陷入衝突的經歷，以及遠離《紐約時報》的願望，因此決定將調解員請回來處理這次的問題[18]。他們建立了比上次更困難的對話模式：這次會眾們在彼此家中以小組形式分享故事，這麼做的效率較低，但過程更為有趣。

這一次的懷疑少了一些，許多耶書崙會堂成員現在知道還有第四種方式可以處理衝突，這遠比逃跑、戰鬥或保持沉默更令人滿意。第四個選項更像是發起調查，而不是發起攻擊。

一開始，羅利拉比完全按照困難對話實驗室的建議進行，讓人們為即將面對的複雜性做好準備。在對話過程初期的網路會議中，他明確拒絕了二元對立的觀點，並辨認出許多衝突底下的伏流。他以某種方式對會眾說出真相：

「我們在這裡處理一個非常複雜的問題。人們對此有很多情緒、很多焦慮，但也有很多人懷抱著希望。有些人在跨信仰通婚問題上有親身經歷，有些人則沒有意見。『哪些人應該被算進來？』『哪些人應該被排除在外？』『我們應該用這種方式排除他人嗎？』這些都是我們無法給出簡單答案的問題。」

這次對話持續了整整一年。就像蓋瑞為舊金山交響樂團所進行的調解一樣，會堂的每位成員都獲邀進入房間表達自己的意見。他們舉辦了許多講座，討論今日作為美國猶太人的意義；並在人們家中建立討論小組，更舉辦了多次線上對談。許多人都震驚於會眾內部意見的廣度——有人甚至對自己的觀點也嚇了一跳：

「對我來說，溝通過程中最印象深刻的時候，是我竟然聽到自己對『我的拉比』拒絕替我的女兒和她的非猶太人未婚夫證婚這件事，表達了深深的沮喪和失望。我從未清楚地意識到這件事對我來說，是多麼疏遠且不近人情；沒有『符合資格』，何以導致我『不再是團體的一部分，甚至不再是社群的一部分』。」

有時不僅其他人不夠瞭解我們，就連我們也不夠瞭解自己。如果你的信仰拒絕替你的孩子和她所愛的人證婚，這終究會引發一種心理疼痛，無論你願不願意承認。一般來說，衝突中的心理疼痛越多，伏流就被掩埋得越深。

2017 年 5 月 17 日，耶書崙會堂會眾在猶太會堂中討論跨信仰婚姻。©Nomi Ellenson/Resetting the Table

經過幾個月的傾聽、交談、試圖理解而非說服，拉比們在一個有數百名會眾的論壇上，提出自己的想法和選擇，然後每個人都透過對話和書面形式提供反饋給拉比，以助拉比做出最終決定。

展望未來，耶書崙會堂的拉比們宣布，他們將開始主持跨信仰的婚姻，前提是夫妻同意創建一個猶太家庭，並依照猶太信仰撫養生下的所有孩子。在解釋這份聲明時，拉比們謹慎地承認，會眾之間對這件事依然有許多具體的分歧點。「不是每個人都同意，」資深拉比羅利說，「但人們感到被傾聽和尊重。」正如蓋瑞在梅爾比奇社區所證明的，人們不必然要彼此同意才能取得進展，但必須感到被傾聽。我相信這正是培養衝突復原力的關鍵。

這一次沒有會眾離開會堂，即使對聲明抱持不同意見、覺得新政策是悲劇性錯誤的人也留了下來。衝突並沒有破壞社區團結，反而加強社區的向心力。「我認為我們處理得很好。」露絲說。她說這句話的時候聽起來很自豪，即使她持續抱持反對意見，但僅僅理解其他人就達到了溝通的目的。「第四種方式」，現在成為會堂及其成員身分的一部分。

「他們對我來說只是種刻板印象」

二〇一六年十一月，耶書崙會堂的多數成員，包括露絲和丈夫厄文及他們身邊的人，都投票支持希拉蕊・柯林頓（Hillary Clinton）。曼哈頓的八六％選民，都投票選擇了希拉蕊，所有人都以為她會贏。

川普是紐約人，但總體而言，紐約人並不喜歡他，而是視他為一個騙子。「小丑酸宗痛啦[19]！」紐約《每日新聞》（*Daily News*）在川普宣布競選時這麼寫。在選舉日當天，當川普和妻子抵達住家附近的投票所時，群眾向他們發出噓聲。「你會輸的！」一名男子喊道[20]。

川普的勝利震驚了耶書崙會堂的許多會眾，他們對川普關於移民和婦女的言論深感不安，並擔心他在任內可能會做出什麼。他們覺得自己又重新陷入衝突，但這次是與川普的支持者。

此時此刻，比起大多數人，許多耶書崙會堂成員對良好的衝突已有充分理解，並不害怕陷入爭執，但他們該怎麼解決與素未謀面的人之間的衝突呢？「我並不認識任何可以與之交談的川普支持者，」耶書崙會堂成員瑪莎．阿克斯伯格說，「他們對我來說只是種刻板印象。」

他們花了一年的時間，卻沒有找到答案。露絲、瑪莎和許多其他耶書崙會堂成員將精力投入政治活動，參加川普大廈外的抗議遊行，瑪莎加入了耶書崙會堂的種族正義委員會，但這麼做感覺遠遠不夠。

有天，一位名叫西蒙．葛雷爾（Simon Greer）的紐約人來到耶書崙會堂參加一場生日派對。他在社區組織中工作，也是在曼哈頓長大的猶太人，而且去過很多次猶太會堂，並透過工作認識了許多拉比。在聚會上，西蒙向一位拉比講述自己在密西根州與一群保守人士合作的經驗：這群保守人士是矯正人員[21]，其中大部分是基督徒。他們是群非常有趣、有想法的人，而其中大多數人都把投票給了川普。

「我有一個瘋狂的想法，」西蒙說，「我們為什麼不帶一些耶書崙會堂的成員，到密西根去見見這些人呢？」

拉比笑了。試想一下：一群進步派的猶太紐約人前往密西根農村朝聖，與在監獄工作的保守基督徒一起出去玩。這聽起來像是某個爛笑話的起手式。

而後西蒙飛回密西根，向矯正工會「密西根矯正組織」的執行董事安迪．波特（Andy Potter）提起這個想法。安迪當時有很多事情要擔心，監獄人滿為患，而矯正人員的人手嚴重不足，同時有許多州議員不信任矯正工會。但是這個想法不知為何，引起安迪心中的一些共鳴：這可能是一個機會，向一些自由派菁英展示矯正人員在現實生活中是真正的人，並且是專業人士，對如何改革刑事司法系統有很多想法，卻一直沒有受到重視。

幾個月後，回到紐約的西蒙再次詢問耶書崙會堂的拉比：為什麼不去密西根勇敢迎向衝突，而是掉頭離開？這不就是耶書崙會堂一直在做的事情嗎？

「我會這麼做的」

電話響起時，卡列布．福萊特如往常一樣，在密西根州蘭辛市郊外的監獄一樓值班室中，從晚上十點開始值夜班到早上六點。

依照規定，矯正人員不能將手機或任何其他東西帶入監獄，因此第二天早上，卡列布在家中地下室的辦公桌前回了電話，而他的孩子和妻子則待在樓上。

打電話來的矯正工會人員說：「我們正在與一些紐約人進行某種文化交流計畫，希望你能參加。」

「文化交流——？」

「是的，我們基本上要在家裡接待這群來自紐約市的自由派猶太人三天。」

卡列布是個剃光頭、肌肉發達的大塊頭男子，身上帶有一種他已經學會控制的強烈情緒；他喜歡與人在政治、宗教、哲學等各式各樣的議題上進行辯論；他常常皺著眉頭，並喜歡來回踱步，因為這讓他充滿活力。但在監獄裡的工作，使他不能經常談論自己喜歡的事情。

聽了工會人員的話之後，卡列布意識到自己並不熟悉猶太人，也沒認識幾個自由主義者，因此沒有人能真正挑戰他的想法，而現在密西根矯正組織為他提供了在家中接待自由派猶太人的機會。

「好吧，」卡列布說，開始對這個想法熱衷起來，「算我一份。」

從某方面來說，卡列布符合許多耶書崙會堂成員對川普支持者的刻板印象：他是一名白人異性戀基督徒；不僅投票支持川普，還曾幫助川普競選；喜歡川普在美國邊界築牆的想法；在密西根州農村家中有個小型武器庫，其中的收藏包括一支阿瑪萊特十五型步槍（Armalite Rifle Model 15, AR-15）。

但與此同時，卡列布在工作之餘旁聽了心理學課程，考慮成為一名治療師。他與一位不久前移民到美國的菲律賓女子結婚，一起育有兩個年幼的孩子，並在等待第三個孩子的降臨。卡列布也是海軍陸戰隊預備役，還有一個經常拿來自我提醒的座右銘：「透過真理和愛來影響人們。」

在答應邀約後，卡列布立刻開始思考他想對這些訪客提出的問題。舉例來說，他在福音派基督徒家庭長大，聽說猶太人是上帝的選民，因此他被教導要尊重猶太人，但他也知道大多數猶太人在政治上屬於自由派……這不合邏輯啊，如果他們是自由主義者，怎麼可能成為上帝的選民？「這對我來說是個難題。」

「我想盡可能接待越多人越好。」卡列布告訴工會人員。

「我為什麼要這麼做？」

拉比們在定期電子報中，向所有耶書崙會堂的會眾宣布了這次交流旅行：那年春天，羅利拉比和舒利．帕索拉比（Shuli Passow）將帶領一個「學習交流團」造訪密西根州的農村。他們在邀請函中寫道：「只有敞開心扉，我們才能彌合這個國家不斷擴大的裂痕。」

厄文聽到這次旅行的消息後，立刻報了名，他認為這是另一個深入衝突的機會，就像當初進行的以色列工作坊與跨宗教婚姻工作坊，他們將再度以第四種方式解決問題。當他邀請妻子露絲同行時，她並不那麼興奮，但同意加入。

「我們將住在他們家中，而他們將住在我們家中，不會住在旅館裡。」當人們問起這件事，羅利拉比解釋道。他提醒每個人曾在以色列問題和跨信仰婚姻的工作坊裡學到的東西：「尋求真理的道路在於爭論，而不在於達成一致。」

瑪莎起初並不感興趣。「我為什麼要這麼做？這麼做的目的是什麼？」她在紐約就可以進行這場爭論，不需要大老遠搭飛機過去。她可以去紐約史坦頓島上，隨便找個川普的選民對話就好。她當然並沒有打算這樣做，但無論如何密西根也太遠了。

在某些方面，瑪莎符合許多共和黨人對自由主義者的刻板印象：她是常春藤名校畢業的學者；退休前是史密斯學院[22]的教授，並曾共同發起該學院的女性研究計畫；會在日常對話中使用「多元交織性[23]」（Intersectionity）和「白人優越主義」等名詞；也是一個短髮的女同性戀者，穿著方便舒服的機能運動鞋，背著褪色的淡藍色背包。

但瑪莎也非常虔誠。她喜歡在猶太教堂唱歌；她遵守猶太的潔食規定[24]並遵循猶太人的安息日，這意味著她會參加禮拜，並且從周五晚上到周六太陽下山之間不工作；她的父母是家裡第一個上大學的人；她在孩提時代經常感到孤獨，因為她是紐澤西當地為數不多的猶太孩子之一。

「嗯，這趟旅行可能會對妳的種族正義研究有幫助。」舒利拉比告訴她，「妳熱衷於改革刑事司法系統，聽取矯正人員的意見可能會有不少收穫。」好吧，顯然這些密西根州的保守派也想改革刑事司法系統，至少舒利拉比是這麼說的。

而這引起了瑪莎的注意。她思考過刑事司法系統中許多囚犯的觀點，但根本沒有考慮過在那裡工作的人。最終由於一些她無法向伴侶（甚至向她自己）完全表達清楚的原因，瑪莎同意踏上這段旅程。

她將和另外兩名來自耶書崙會堂的女性一起，住在卡列布・福萊特家裡。

「這種事不可能發生」

「不可能。」當工會人員打電話來時，明蒂．弗羅曼（Mindi Vroman）說[25]。對方說，這是個可以瞭解不同政治觀點和猶太教的機會。

「這種事不可能發生。」明蒂說。

她不認識任何猶太人，也一直認為猶太人是個「傲慢、富有、有點像阿米希人[26]那樣緊密團結的社群」；她也沒有花太多時間去思考關於政治的問題。她曾投票給歐巴馬，希望他能改變現狀，但歐巴馬沒有做到，因此她這次投票支持川普，希望能夠看見改變。

明蒂有雙藍色眼睛、臉上帶點雀斑，留了一頭深金色短髮。她的父親和姑姑曾在矯正系統中服務，因此明蒂在當地社區大學念完刑事司法的學程後，也在監獄中找到一份工作。她有三個孩子，並經常得在監獄裡連上兩班；她告訴工會人員，她沒有時間進行所謂的「學習交流」或其他任何事情；她的言詞直率，並對這種溝通方式引以為豪。

「我們住在農場裡，擁有槍枝；我會喝酒，還會說髒話。我對『猶太教』一無所知，我甚至不知道這個詞存在。」

但工會人員出於某種原因，一直想說服她。

「嗯，妳知道，這種交流是雙向的。」對方說，「如果妳現在接待這些人，那麼在幾個月後，就可以去紐約市進行一次免費的旅行。」

一片靜默。

這通電話的走向越來越奇怪了。明蒂想起自己從未去過紐約。

「我會和我丈夫談談，但不要期待我一定會答應。」

不安全

大約此時，我採訪了羅利拉比，想知道他在耶書崙會堂面對衝突的過程中學到了什麼。談話中他提到自己即將帶領這次訪問團到密西根州的鄉村去，但不確定事情會如何發展。

我在這次旅行出發的不久前，得知這個訪問團的運作方式。自然而然地，我詢問自己是否可以一同前往。這可說是近距離觀察耶書崙會堂處理衝突的最好機會。

所有參與者都同意讓我加入。有人告訴我，我會和另外兩名耶書崙會堂的女性成員一起，住在一名矯正人員位於農村的祖母家中，這組人慷慨地讓我參與他們的行程。

突然之間，這一切都讓人覺得有些奇怪：身為一名記者，我通常待在「外面」，會住在旅館裡，以保持一些職業上應有的距離，並同時擁有屬於自己的衛浴設備。我當然想看其他人進行這些交流，但我真的想要加入其中嗎？

記者試圖保持獨立的一種方式，是與其書寫的對象保持距離。有時這麼做是有道理的，你不應該與自己報導的警察局長成為換帖兄弟。但在其他狀況下，這種傳統只是一種逃避，一種避免展現自身脆弱的方式，而這正是我的狀態。或許我不願意和一群陌生人待在鄉村農舍裡的想法，恰恰表明了我和耶書崙會堂成員一樣需要這種交流。

此時身在紐約的露絲開始不停思考，嚴重懷疑她是否真的要與丈夫和來自耶書崙會堂的其他十三人一起前往密西根州。「我腦袋裡轉著一些瘋狂的想法，」露絲告訴我，「『他們會傷害我嗎？他們會開槍打我嗎？』我變得非常焦慮。」

而瑪莎則擔心自己該怎麼打包，該怎麼給沒有共同點的陌生人挑伴手禮？「這很難。」最後她挑選了一個保溫杯和一條帶有紐約市經典地標的擦手巾，自由女神像跟帝國大廈大概是很安全的選項。

「我超級焦慮。」瑪莎說，當人們問她為什麼要去時，「我真的無法給出一個好答案。」她知道自己無法改變密西根州人的想法，也不會被他們改變。那麼她到底在做什麼呢？起飛前一晚，她睡不好。

此時在密西根州，卡列布試圖讓妻子放心。「她可以看出我對這件事感到很興奮，但她有很多保留意見。」卡列布告訴我，家裡有三個來自紐約市的陌生人讓她很緊張，「她覺得不安全。」

卡列布的一個朋友對他說，他簡直是瘋了才會想要參加這次交流。「我認為我朋友害怕自由主義者，因為在新聞中看到那些反法西斯主義抗議者。」卡列布說。

事實上，兩邊的參加者都很害怕，而聽到他們對彼此說出同樣的評論，真是令人震驚。他們是生活在同一時區的美國白人，卻都預期對方毫不包容又充滿侵略性。密西根的成員似乎大多擔心遭到誤解、貶低或嘲笑。「我害怕他們會批評我和我的生活方式。」明蒂說，他們預期紐約人會抱著居高臨下的態度到訪。

紐約人則似乎害怕自己會遇到無知或仇恨的牆，或者甚至單純造訪那裡，就等於是背叛了自己最深切的理想。他們預期密西根人是偏執又難相處的。

瑪莎告訴我，她並不害怕自己的人身安全，她知道如何照顧自己，也會和其他耶書崙會堂成員待在一起；她更擔心的是，自己會覺得有必要隱藏同志身分，這是她很久以前就不再隱瞞的事情。她害怕犯了一個錯誤，試圖與那些不會認真對待自己的人交談，並同時無法真正誠實地面對他們。這一切到底是為了什麼？

閱讀本書的各位，或許可以想像這樣的事情發生在美國以外的其他國家：例如在波蘭，有兩組人計畫見面，一組住在鄉下，另一組住在城市中，他們是同一個國家的公民，講同一種語言，共享許多文化傳統，然而他們卻害怕彼此。這件事似乎很奇怪：這些波蘭人怎麼會互相害怕？他們被誰洗腦了？試想看看，對於文中這兩組美國人來說，接待來自波蘭的人可能會容易得多。

紐約人抵達的前一天，卡列布得知自己將接待三位年長女性，其中包括瑪莎·阿克斯伯格，而這個消息終於讓卡列布的妻子放心了：三個年長的女人會有多危險？然後卡列布開始上網搜尋這些訪客。「我找到瑪莎，」卡列布說，他閱讀了瑪莎對女權主義和權力的研究，以及她寫的一本關於西班牙無政府主義婦女團體的書。「她有點出名，所以這有些令人坐立不安。」卡列布或許是個權力結構中占上風的白人直男，但瑪莎可是普林斯頓大學博士。

二〇一八年四月二十九日，雙方在蘭辛的矯正工會辦公室裡會面。「這就像是跟網友第一次約出來見面一樣。」厄文說。大家混坐在一起，交換名字並閒話家常。「我在 YouTube 上見過妳！」卡列布告訴瑪莎。羅利拉比戴著黑色細條紋貝雷帽，穿了一件羊毛衫，看起來沒有他在紐約時那麼像個拉比。

在他們見面的工會辦公室後面，有穿著矯正人員制服的人體模型，還有一個箱子，裝滿了多年來從囚犯那裡沒收的各種武器：自製匕首、短刃、剃刀。露絲的目光不斷瞄著那個箱子。「我可以感覺到雙方都很焦慮。」她說。

這次活動的籌辦者西蒙．格雷爾為眾人制定了三項基本規則。

「首先，我們將認真對待每個人所珍視的事物。」他說。

「其次，我們不會試圖說服對方是錯的。」以及最後一點：「我們會保持好奇心。」

看著這個規則列表，我很好奇如果我們在政治辯論中採用相同規則，事情會變成什麼樣子。想想真的太不可思議了，但話說回來，這整個場景都很不可思議。

最後，西蒙提醒大家練習積極傾聽，總結一下對方說的話，然後詢問對方自己是否理解對了。人們需要感覺到被傾聽才能實現神奇比例，這是衝突的避震器。

當所有溝通方法都不太管用時，西蒙告訴眾人，此時只需說：「請告訴我更多！」

帶著溝通好的基本規則，這個不可思議的團體離開辦公室，進行第一個參訪活動：參觀射擊場。射擊場位於密西根州立大學的校園內，這讓自由主義者感到驚訝，卻也奇怪地令人安心。他們使用點二二口徑手槍，明蒂並不認為這是「真正的射擊」，她稱其為「打彈珠」，但她還是參與了活動。卡列布教了瑪莎一些訣竅，而瑪莎射得很準，讓她自己都感到驚訝，這比預期的還要有趣，她有生以來第一次明白人們為什麼會喜歡用槍射擊。

在當地一家啤酒廠吃過晚飯後，每個人都前往各自的寄宿家庭。我住的農舍悠閒而寧靜，接待我們的祖母熱情好客，一切沒什麼好害怕的。我很幸運能參與其中。回想我最初的不情願，實在覺得很尷尬。

與此同時，卡列布回到家中並向家人介紹三位來訪的女性，並帶訪客去她們睡覺的房間。孩子們搬到父母的房間睡，卡列布則搬到地下室去。「每個人都完全放棄了自己的空間。」瑪莎注意到，而這個動作莫名地觸動了她。

卡列布似乎很高興有客人來到家裡，他的熱情令人難以抗拒。孩子們上床睡覺後，他轉向這些紐約客人。

「想看看我的槍嗎？」

「請告訴我更多！」瑪莎說。

他們前往地下室，卡列布打開他的武器櫃，拿出兩把獵槍。其中一把是他用來打獵的，另一把則是祖母送的禮物。槍枝具有情感價值的想法對紐約人來說很難理解，但他們在這次旅行中不斷聽到這樣的說法。

然後卡列布拿出他的 AR-15 步槍，問她們要不要試著拿拿看。「不，謝謝你。」瑪莎說。這把槍看起來就像新聞報導裡大規模槍擊事件中會使用的步槍，這是一種戰爭武器，是軍用戰鬥步槍的民用版本。這不是為了狩獵，也不具有傳承意義。瑪莎發現自己的呼吸急促起來。

「你為什麼要有這把槍呢？」她問卡列布。

「第一，為了自衛。」卡列布說，「第二，為了運動。第三，也是最壞的情況，面對專制暴政政府時進行自衛。」

「你指的是什麼樣的暴政？」

「嗯，歷史上有很多政府奪走人民的槍枝、壓迫人民甚至進行種族滅絕的例子。」卡列布表示。

「好吧，但在這個國家裡，我們進行了一場革命，制定了憲法和代議制政府，」瑪莎說，「我們不需要對抗政府，因為我們自己就是政府。」

卡列布試圖解釋，他為政府工作並不意味著他盲目效忠於政府。他必須知道無論如何，他都可以保護自己和家人，這樣讓他感到更安全。但這一切都很難傳達，卡列布可以看出瑪莎並沒有把他的聲音聽進去。

他也能看出瑪莎對這些槍很不以為然，所以便把槍收起來了。卡列布很驚訝槍會讓瑪莎如此煩惱，他認識的每個人終其一生幾乎都擁有槍枝，這是很正常的事。每年的狩獵季宣告了假期的開始，這是他年年都期盼的，他知道 AR-15 非常危險，但也知道該如何使用這把槍。

瑪莎很難入睡，卡列布擁有的槍枝數量讓她非常震驚。一個為國家工作並同時是海軍陸戰隊預備役的人，實際上就是政府的一分子，但他竟然覺得有必要武裝自己以對抗政府，這意味著什麼？瑪莎覺得一切都很難理解。

另一個問題是，她開始喜歡這個人，這是她沒想到的。卡列布慷慨又開放，即使在彼此意見不同時也如此。所以瑪莎開始對於他們之間想法的差距如此之大，感到相當困擾。

這就是所謂的張力。瑪莎開始意識到，也許整趟旅程的意義在於，讓自己找到一種方法，使這些事情能夠在她的腦中共存。

複雜性

在接下來的兩天裡，主要是男性的密西根州保守派基督徒，開車載著我和主要是女性的紐約自由派猶太人到處參觀。我們參訪了「七號牢房」，這是一座位於廢棄監獄設施中的監獄博物館；我們買了超人冰淇淋，這是一種在密西根州和威斯康辛州很受歡迎的三色冰淇淋，但大多數紐約人以前從未吃過；我們去了密西根州傑克森市的一座公園，一八五四年有一千多人聚集在這裡抗議奴隸制的擴張，此一事件標誌著美國共和黨的起源，而這對在場所有人來說幾乎都是新聞[27]。

在監獄博物館裡，矯正官們講述了他們工作上發生的故事，其中一位談到他最大的繼子正被關在監獄中；另一位則解釋，他在密西根州的這個村莊長大，後來到了奧斯摩比汽車工廠工作。奧斯摩比曾經在蘭辛僱用兩萬名員工，這算是一份穩固的中產階級工作，但是經過一波又一波的裁員後，他只好轉向矯正單位，結果證明監獄裡的工作要更穩定得多。

他們也描述了監獄的食物，如何在餐飲服務私有化以節省資金後，變得幾乎難以下嚥，以及矯正人員如何在囚犯的同意下，成功推動變革；他們描述了密西根州監獄人滿為患的情況，以及他們如何經常在沒有收到提前通知的情況下，必須連值兩班，有時甚至沒有人在家照顧孩子；他們談論了在監獄中庭裡面對八百名囚犯，手上卻沒有槍枝的感覺（矯正人員與囚犯接觸時不允許攜帶槍枝，因為擔心這些武器可能會反遭用來對付他們）。一名矯正人員講了一個自己被尿液浸濕的故事，他甚至因為隱私保護法的關係，無法知道那名囚犯是否患有任何傳染病。

就像紐約人一樣，密西根州的矯正人員們也認為整個司法系統都崩壞了，但他們對此瞭解得更多。「我每周在監獄裡待四十個小時，每年工作五十周，這樣差不多八年了。」明蒂說，「我見過的陰莖比泌尿科醫生還多。」

紐約人聽了這一切，並沒有表示震驚或反感，也沒有翻白眼。「我很驚訝，」其中一名矯正人員說，「他們竟然沒我想的那麼自命不凡。」這些紐約人比他們想像中的自由主義者更有血有肉。然後披薩來了，搭配淋上牧場沙拉醬的配菜，這是另一個中西部的傳統。卡列布與瑪莎共進午餐。「這一切都很療癒。」卡列布說。被認真對待，似乎讓他鬆了一口氣。

「我知道我們這些保守派是怎麼被主流新聞媒體、喜劇演員和好萊塢扭曲的。」卡列布後來告訴我。但這一次與紐約人相處的感覺很不一樣，「我認為，基本上發生的事情是，我們的聲音被聽到了。我們知道並感受到自己被聆聽了。」

就像蓋瑞調解辦公室裡爭吵不休的夫妻一樣，每個人都想被聽到。讓瑪莎困惑的是，為什麼卡列布之前不覺得自己有被聆聽。難道福斯新聞沒有代表他的觀點嗎？即使川普——這個卡列布投票支持的總統——的聲音每天都在各個社交媒體平台上傳送著，卡列布也沒有覺得自己被聽到？

為什麼好萊塢也能聽到卡列布的聲音這件事，對他來說很重要？為什麼他想要被這些來自紐約的陌生人聽見？瑪莎努力理解卡列布，同時也欣喜於他的陪伴。瑪莎在卡列布休旅車的乘客座位上，活躍地對憲法進行辯論，解釋猶太教的教義，並闡述各種交易問題和理論。「他身上有一種熱情和天真，我覺得這真的很吸引人。」瑪莎告訴我，「但有時這也會讓事情變得很困難。」

談話從那天一直延續到了第二天，紐約人講述了在大屠殺中死去的祖先故事，解釋了川普打壓所有穆斯林的企圖，如何讓他們想起納粹針對猶太人所執行的各種禁令。

這不是明蒂之前曾想過的比喻，而這讓她很困擾，後來她甚至多次向我提起這件事。矯正人員向紐約人提出各式各樣的疑問，包括關於九一一和以色列的問題。他們注意到紐約人在談論以色列對巴勒斯坦人的政策時，是多麼小心翼翼。而這樣的提醒，讓我們注意到一個群體內的分歧，可能比我們原本想像的要大。

他們也舉行了一些有組織的對談，其中一個關於川普，另一個則和槍枝有關。值得注意的是，幾乎每個人對於對方立場的預期都錯得離譜，密西根人一直假想紐約人要拿走他們的槍，而紐約人一直說自己沒有這麼想。

不過對話中也偶爾出現轉瞬的同意。明蒂指著自己和舒利拉比說：「我們都認為川普不應該擁有Twitter。」許多紐約人，包括瑪莎，都認為國家有邊界很重要，而這讓卡列布驚訝不已。

但像海洋一樣巨大的分歧依然存在。舉例來說，卡列布試圖解釋他對川普的支持：「川普並不是真正的種族主義者，他不是自己所表現出來的任何東西！」卡列布笑著說，從字面上去觀察川普是荒謬的：「他就像一顆拆房子的鐵球，戳破了那些虛偽的政治正確。」

紐約人沒有微笑，但也沒有暴怒，而是一點一點地提出反擊。「川普的發言，會使偏執合法化。」舒利拉比說。

這是一次奇怪的會面，整體來說有點不自然，但並沒有一開始聽起來的那麼尷尬。華盛頓特區中的有線新聞從業者和政客們仍然深陷在戰鬥裡，而為了觀察面前這些美國人進行一些更有趣的事情，我早已離開爭鬥。我面前的這些人們帶著一種希望、大量的誤解和許多問題走到一起，並在自己的國家裡，視彼此為陌生人。

儘管如此，他們無視於整個衝突工業綜合體的力量，仍然想瞭解彼此。這讓我再次想起了衝突的第一個悖論：人類有能力將事情扁平化和妖魔化，但我們同時也渴望和諧；我們因衝突而生機勃勃，也同時因衝突而困擾；我們想從衝突中走出去，又同時想走進來。

「我很難解釋這種感覺，」明蒂說，「但我真的開始喜歡這些人了。」

在另一次談話中，卡列布表示不應該強迫麵包師為同性戀婚禮製作蛋糕，這將是對宗教自由的否定。瑪莎聞言，悄悄起身往外走。她並不感到憤慨，而是難過。「他不知道另一邊也可能有自由以及有感情的人。」瑪莎說，她知道自己會和他談論這一切，但不是現在。「所以，我只是花了幾分鐘掉眼淚與深呼吸。」

在密西根的最後一天，這群人圍坐在工會辦公室裡的一張大桌子旁，緊挨著放著沒收武器的箱子，驚嘆於他們之間的聯繫。「這次經歷令我深受感動，」卡列布說，「簡單來說，謝謝你們的聆聽。」

「我非常感謝你為我們敞開家門，把一切都分享給我們。」瑪莎說，「能夠真正開始深入地理解你，並意識到我們將會繼續在某些事情存在分歧，而這並沒有關係——這真的是一件令人難以置信的事情。」

接下來說話的是明蒂，她很少在公共場合展露情緒。「我很喜歡這樣的互動。我從前太天真了。」她環顧房間裡的人，「我們互相問了一些開放性問題，而且並沒有對彼此生氣。」她邊說邊抓起一張餐巾紙拭淚。

工會負責人安迪說，他非常驚訝每個人都表現出脆弱，包括他自己的成員。從事矯正工作的人通常非常謹慎，甚至不會向自己的工會透露住家地址，更有一些人出於安全考慮在Facebook上使用化名。然而現在他們坐在這裡，拿著餐巾紙拭淚，並在自家接待陌生人。「總體來說我們學到的是，不要讓扁平化的敘述，成為評價他人的依據。」安迪說，「我們要能夠承擔自己的脆弱性，這是想要真正瞭解他人時所必需的付出。」

羅利拉比最後一個發言。「這對我來說是一趟變革之旅。」他平靜地說，「我感覺自己被好好地治癒了，而這是我們所有人一起完成的。」我突然想到他在整個訪問過程中，幾乎沒有開口講道；他似乎很高興能夠在場，以輕鬆態度面對不舒服的狀況，並且對他不明白的一切都很感興趣。那時他已經經過了多年的練習，學會勇於在衝突中傾身向前。他知道該怎麼做。

義大利奶油捲與猶太小圓帽

在過去的一個世紀裡，美國在政治上抱持不同意見的人，相互隔離的情況變得越來越嚴重，因此類似這樣的會面變得異常罕見。自一九七三年以來，政治立場不同的婚姻減少大約一半[28]；與我小時候相比，鄰居們也更有可能在政治上看法一致。以前似乎沒有人知道社區裡誰投票給誰，似乎也沒有人關心這件事，但在二〇一六年大選之後，我兒子在華盛頓特區公立學校裡的每個同學，似乎都知道哪家孩子的父母投給川普；不久之後，那家人就搬去了佛羅里達州。

就像種族或宗教隔離，政治隔離也會導致偏見。「隔離引發了一系列連鎖過程，從而激化群體衝突。」社會心理學家湯馬斯・佩迪魯（Thomas Pettigrew）寫道：「負面的刻板印象被放大了；不信任在人們心中累積；人們在有限的群體間互動時，可以清楚地感受到尷尬[29]。」

過去二十年來，美國在政治上所激增的仇恨，部分可以追溯到這種政治隔離。在政治上意見一致的夫妻，往往會更嚴厲地評判政治對手。他們的孩子則因此受害，幾十年來一直從父母身上，接收到關於政治中「他者」的狹隘、偏頗故事。家庭成為終極的同溫層，與 Facebook 或 YouTube 一樣強大。

另一方面，與政治意見不同者結婚的人，往往對彼此及對方候選人有更複雜的看法，家庭中的內部多樣性也對全國兩極分化產生巨大影響[30]。

在世界各地，認識想法或外觀不同的人，似乎能夠使人們朝較不激進的方向發展，降低高衝突的風險，並為所有參與者都帶來更充實、更豐富的生活[31]。這種衝突復原力需要新的衝突基礎設施，這也表示我們該建立起種種聯結與制度，讓衝突中能產生有意義的人際互動，而非破壞我們的人際關係。

在紐約團隊前往密西根的兩個月後，密西根保守派按計畫飛往紐約市。大家在華爾街一間提供符合猶太潔食規定的披薩店見面，並再一次極為熱情地招待了我。住在紐約的

羅利拉比（圖中戴帽者）與卡列布及其他紐約－密西根交流團的成員，在紐約市的一個地鐵站內。©Amanda Ripley

心理學家蘿賓．克納（Robin Kerner），把她上西區公寓中唯一的一間臥室讓給我，自己在沙發上睡覺。她不會用任何其他方式招待我，因為這就是當初密西根州的東道主為他們所做的，所以她也會這樣做。

這次見面時大家互相擁抱，拿起手機拍照留念。第一次見面的尷尬景況不復存在，但這一次讓密西根人最擔心的，反而是紐約市本身。

「來之前，我哭了三個晚上。」明蒂告訴我，她擔心在地鐵上找不到路，擔心紐約太過擁擠，擔心自己可能得吃奇怪的食物。請記住明蒂是個在監獄工作的女子，經常監督犯下嚴重暴力罪行的「大咖」，但是獨自前往紐約市？「我差點臨陣脫逃。」她說。

卡列布告訴我，自己一直在思索各種問題，好為這次旅行做準備，因為這次的對話議程將觸及一些關於同性婚姻和移民的困難題目。「知道要和瑪莎談論非異性戀者（Lesbian, Gay, Bisexual, Transgender, LGBT）問題，讓我有點傷腦筋。」卡列布說。

那天晚上，在羅利拉比的帶領下，整個團體都參加了猶太教堂的安息日儀式。

「他們是陌生人，」羅利在布道中將訪客介紹給會眾，「他們曾經是傳說中的『他們』，但現在成了『我們』，是我們的朋友。雖然我們彼此在對各種事物的看法上，依然有非常非常大的分歧，但我們有一些更為強大的共同點，那就是人性。當你發現了某人的人性，你就跨越了介於『我們』和『他們』之間的這座橋梁。」

接著音樂開始演奏，招待我的蘿賓湊向我和卡列布，低聲說：「跳舞的時間到啦！」卡列布在光頭上戴著一頂白色的猶太小圓帽，聞言立即起身與紐約人手牽著手，唱著歌、圍著聖所轉了一圈。

我也做了同樣的事情，感覺同時有點怪異又有點奇妙。

祈禱結束後的晚餐，卡列布驚嘆大家的重聚，這是他第一次到紐約市旅行，也是他第一次戴上猶太小圓帽：「這真的很超現實，我們都在這裡，都戴著這些帽子。是說這些帽子叫什麼？」

瑪莎很高興能在她位於華盛頓高地的公寓裡接待卡列布。瑪莎的伴侶是位宗教研究學者，而瑪莎知道宗教對卡列布來說有多麼重要，所以她希望卡列布能喜歡和她的伴侶交談。再次見到卡列布，瑪莎既激動又擔心，她知道他們這次會談論同性婚姻，也知道他們不會同意彼此的看法。

那天晚上，當瑪莎把卡列布帶到他要過夜的書房時，她對自己公寓的大小感到不自在。三間臥室對於密西根來說並不算大，但對於紐約市來說卻是巨大的。瑪莎試圖解釋這個街區比紐約其他地區便宜，但是當卡列布詢問紐約的租金情況時，瑪莎不得不承認自己並不知道，她已經很久沒有關注過住房市場了。「那對我來說是個很尷尬的時刻，」瑪莎後來告訴我，「我必須承認自己活在某種特殊的優渥中。」

那天晚上卡列布沒有睡好，他的大腦一直在運轉，思考著白天所看到的一切，以及他想表達的觀點。這和瑪莎在密西根的第一個晚上發生的事情一模一樣，那晚她躺在卡列布的房子裡，無法將自己高速運轉的大腦關機。

周末這群自由派猶太人和保守派矯正人員一起前往中央公園，在唐人街吃純素的猶太食品，餐點味道比大家預期的都要好，然後他們從小義大利著名的費拉拉麵包店（Ferrara bakery）裡買了義大利奶油捲[32]。密西根州的訪客們驚訝地發現所有紐約人都住在公寓裡，而且其中一些人家中沒有電視。而當訪客們得知厄文和露絲是小唐納·川普（Donald Trump Jr.）女友金伯利·加法葉（Kimberly

Guilfoyle）的鄰居時，他們感到興奮不已。

第二天，這群矯正人員要求去川普大廈參觀，並在那裡度過了愉快的二十分鐘。當他們在禮品店拍照和購買紀念品時，紐約人在外面等著，看起來很懊惱。

無論我們走到哪裡，明蒂都在努力與各種令人不快的氣味纏鬥：賓州車站電梯裡的尿味、唐人街裡生魚的腥味。「趕快繼續向前走，不然我會忍不住吐出來。」當我停下來想要指一些東西給她看時，她這麼告訴我。

明蒂也注意到，紐約人並不遵守交通號誌。「這裡對法律和秩序的尊重比較少。」明蒂得出這個結論，但總體而言，密西根州的遊客似乎對紐約異常文明的生活感到驚喜。「我完全不覺得有威脅，」其中一名矯正人員告訴我，他的聲音因驚訝而微微提高，「這裡住著八百五十萬人，但我竟然連一聲髒話都沒聽到！」

以任何標準來衡量，紐約市當時都算是非常安全的城市，且多年來一直都是如此。紐約的兇殺率大約是密西根州蘭辛市的一半[33]。但不知何故，這個事實在種種關於紐約的描述中消失了，他們都預期紐約之行會遇到一些混亂。

看到他們如釋重負很令人高興，但也同時令人心碎。這一切是怎麼發生的？相隔僅四個州的美國人，如何對彼此變得如此陌生？

「我們必須阻止這一切」

在最後一整天的聚會中，這群人按計畫在猶太教堂的一個側廳中，就同性戀權利進行了困難的對話。紐約人準備了油炸鷹嘴豆餅和鷹嘴豆泥作為招待，密西根人則對猶太教堂的中性廁所有一點點困惑。「這是怎麼運作的？」一位密西根男子發問。「就像任何其他廁所一樣，朋友。」

當對話開始時，西蒙讓大家根據自己的觀點站成一排：如果你覺得自己的宗教觀點和同性婚姻之間沒有衝突，請站在這一頭；如果你覺得有很多衝突，那就站另一頭。瑪莎和其他紐約人站在最沒有衝突的那端，而大多數密西根遊客站在中間。

然而卡列布孤身一人站在「很多衝突」的遙遠一端。「我有點為他感到難過。」瑪莎說。然後他們一起坐下來，談論最高法院最近關於同性婚姻的裁決。瑪莎帶頭，以理智的方式描述她認為最高法院在界定案件範圍時的缺陷；兩人來回辯論，並沒有「解決」任何問題，而是充分地傾聽、發言並重複對方所說的話。然後卡列布和瑪莎擁抱，這對他們兩人來說都是痛苦的一刻，但彼此都感覺攤開來說，比隱藏他們的分歧要來得好。

後來有人問卡列布，他如何在「與瑪莎的友誼」和「同性戀行為有罪」的信念之間達到平衡。

「我愛他們。」卡列布說。我們要以愛，對待任何我們所關心的有罪之人，而根據基督教的思想，我們所有人都有罪。

在期待已久的同性婚姻對話之後，瑪莎終於可以鬆一口氣，因為最困難的部分結束了，但這也令她覺得有點虎頭蛇尾：「我很難不去想，『我們到底有沒有改變任何人的想法？』」瑪莎知道這個問題違反了當初約定的規則，但她就是無法控制自己不去想。

她知道自己在某些事情上改變了想法：她現在意識到讓矯正人員參與改革刑事司法系統的重要性；她也改變了在腦海中對保守派進行分類的方式。保守派有很多種，就像進步派一樣。因此她開始難以像從前那樣諷刺政治對手，而她可以看出這些變化是互相的：「他們能夠將我們視為更完整、更複雜的人，我們不會無視他們，他們也不需要無視我們。而我們也有同樣的感覺。」

在紐約最後一天，眾人參觀了廉租公寓博物館[34]後開始集思廣益，討論如何將這次交流的效果擴大。「我知道這是一種不切實際的幻想，」露絲說，「但我真希望所有美國人都能體驗這種經歷。我希望我們能走進美國國會，而不只是在活動結束後回家懷念著剛剛吃過的美味中式午餐。」

把這些人聚集在一起的組織者西蒙，驚奇地看著這個活動到最後。即使他們沒有走進國會，這裡也發生了一些重要的事情。「大家在此展現的好奇心很難能可貴，」西蒙說，「有幾乎可以造成質變的大量好奇心。」

一行人向彼此道別，就像兩個月前在密西根州道別時一樣，有些平常很少掉淚的人也情不自禁地哭了起來。羅利拉比走遍世界，遇過各式各樣的人，但這次有些不同。「我在生命中很少有這樣的經歷：你的故事現在是我的故事，我的故事現在是你的故事。」羅利拉比說。

四個月後的二〇一八年十月二十七日，一名高喊「所有猶太人都必須去死」的男子，在匹茲堡猶太會堂內開火，造成十一人死亡。該男子手持一把 AR-15 突擊步槍和三把手槍，而所有槍械都是經過合法管道購買的。

三天後，密西根州的矯正人員和紐約州的猶太人們召開電話會議，分享支持和哀悼，所有人聽起來都對這件悲劇震驚不已。不久之前，他們才像匹茲堡會堂裡進行的事情一樣，單純地一起做禮拜。「從前發生的所有其他槍擊事件都沒有像這樣影響過我。這次事件感覺就像發生在我家門口一樣。」卡列布說，「我在交流小組中投入很深的情感，不知道為什麼，我在生活的其他部分都沒有這麼情緒化。」而卡列布同時表示，他並沒有改變對槍枝管制的看法。

密西根小組後來決定給紐約的朋友們寫一封聲援信。眾人一同起草了這封信，並由卡列布、明蒂和所有曾參與交流活動的人簽名。槍擊事件發生兩周後，安迪和兩位同事傑瑞米・崔普（Jeremy Tripp）與麥克・倫諾克斯（Mike Lennox）飛往紐約市親自遞送這封信，並在耶書崙會堂的安息日祈禱中大聲朗讀出來：

「我們今日以保守、愛國的美國人身分寫下這封信……我們相信美國確實是一個特殊的地方，是世界獨特的象徵和典範。此時我們已經看夠了許多分裂性的政治觀點如何使國家分崩離析，因此呼籲停止任何將仇恨、恐懼製造與愛國主義混為一談的言論……我們必須在美國變成我們不認識的樣子之前，阻止這種情況發生[35]。」

密西根州的代表花了大約九分鐘讀完這封信，隨後整座會堂裡的會眾都站起來鼓掌。這是一個短暫但充滿恩典的時刻，一群自由派猶太紐約人，圍繞著三個保守派男子，戴著借來的白色猶太小圓帽。所有人都想為自己的國家做更多事。我想在場的每個人都會同意，這麼一小步還遠遠不夠改變世界，但這已經比我們許多人認為今天能在美國實現的事情，要多跨出了一步。

在接下來的兩年裡，這個交流小組創建了一個共享的 Facebook 頁面，並保持聯繫一段時間。瑪莎和卡列布用簡訊聊了幾次，兩人也都分別告訴我，由於這次交流的體驗，他們對 Facebook 上的貼文看淡許多。「我現在對那些寫出厭惡他人、充滿憤怒、貶低他人貼文的人不再有耐心，也不想再看到那些關於川普支持者的文章。」瑪莎說，「我現在非常清楚，這些文章真的適得其反，這麼做不會發揮作用的。」

而後新冠疫情來臨、喬治．弗洛伊德在明尼亞波利斯被殺、世界各地湧現抗議活動，接著是二〇二〇年的大選。人們的記憶很自然地漸漸淡化，我注意到一些Facebook粉絲頁再次變得極端，包括卡列布的貼文。對抗性的假設又捲土重來，對於許多交流小組的成員來說，這又是一次「我們」和「他們」的遊戲。

衝突工業複合體是強大的，而為了在對抗性的世界中讓衝突保持健康，我們不能結束與他人的接觸。許多研究非常清楚地指出這一點，而密西根—紐約交流團也證實這一點：衝突基礎設施必須由鋼鐵製成，並且必須為長期使用做好準備，否則其效果會隨著時間而減弱，因為每個人都會忍不住回到充滿對抗性的同溫層裡。

但在一個人們越來越窩在政治同溫層中生活、約會和結婚的國家中，要保持對話進行，是巨大的挑戰。與任何種族隔離的社會一樣，人與人之間的接觸不會自然而然地發生。

目前耶書崙會堂依然繼續主動傾身深入於其他衝突中。拉比們開啟了另一個交流計畫，與曼哈頓中央公園另一邊的一座東正教猶太教堂有關。他們希望就以巴衝突和許多支持川普的東正教猶太人，展開一些困難的對話。

與此同時，西蒙也與耶書崙會堂和密西根矯正組織合作，開始了另一項大學生之間的交流活動。二〇二〇年初，來自俄亥俄州自由派歐柏林學院（Oberlin College）的學生，與密西根州一所保守的福音派學校斯普林艾伯大學（Spring Arbor University）的學生進行交流，此外還有其他八所大學正計畫參與這個交流活動。

我上次與瑪莎交談時，她說自己常常想知道卡列布可能在想什麼，每當她讀到有關新型冠狀病毒在監獄中傳播，或密西根州出現抗議活動的新聞時，就會想到他。「卡列布會怎麼看待這一切呢？」瑪莎會問自己。

她知道自己可能不喜歡這些答案，但也不認為自己已經知道卡列布的想法，而這是個巨大的進步。瑪莎學會把這種虛假的自信放在一邊。兩年後，她依然充滿了好奇心。

「我覺得這趟交流，挖掘出我最好的一面。」瑪莎告訴我。我完全明白她的意思，我也有過同樣的感覺，一種在良好衝突中完整展現自己的感覺。爭論、思考、修改想法、意識到我以前不理解的東西，但也沒有放棄我原本所珍視的一切。

一旦你經歷過那種感覺，就會想要再次感受它——那種在良好的衝突中，發現共同人性而產生的驚奇感。瑪莎在密西根和紐約的兩次交流活動中，都體驗到這種感覺，但在正常生活中，這樣的感覺卻變得非常罕見。

「我希望在生命中的任何時刻，都能成為這兩次交流中的自己。」瑪莎說，「投入、開放、能夠對不認識的事物感到驚訝。」

誠心所願。

致謝

在本書成書的過程中，我最感謝的是蓋瑞、柯蒂斯、桑德拉、羅利拉比、卡列布、瑪莎、馬克以及書中的所有衝突倖存者。能將自己從衝突的瀝青坑中拯救出來，並公開講述自己的故事需要一種特殊的力量，而能夠嘗試傳達他們的智慧、脆弱和謙遜則是我的榮幸。

這是我的第三本書，但直到現在我才注意到自己所有著作的共同點：在三本書中，我發現自己都因身為記者時陷入困境，而感到挫折與低落。對我來說，唯一能理解這些挫折的方法，就是依靠在困境中經歷過某種轉變的普通人與我分享他們的經驗。

在報導了恐怖主義和災難之後，各種倖存者教會我他們希望自己當初可以知道的事情，以及他們希望其他人可以明白的一切。這其中不僅關於苦難，同時還有恩典和韌性。開始走教育線之後，到世界上最好的教育體系中就讀的美國青少年們，幫助我從一種客觀的角度，瞭解美國教育系統的問題和可能性。

當然，衝突與教室和颶風都不一樣，衝突是人類處境中一個深刻且神祕的部分。我們雖然可以更加理解衝突，但永遠不能完全勘破。所以這一次我需要很多幫助——一些我現在回過頭來看，似乎多到超出合理範圍的幫助。

愛默生集團的研究計畫給了我財務自由，讓我可以跳進荒謬的兔子洞裡再走出來。這個機會讓我得以從事這些日子裡很少有記者能夠進行的龐大建設性工作，同時也給了我勇氣。與 Laurene Powell Jobs、Stacey Rubin、Peter Lattman、Amy Low 的每一次談話，都促使我進行更遠大的思考，做更有風險、更有創意、更大膽的工作。在記者們承受著不斷縮小思考範圍的壓力時，這種談話充滿奇蹟，能夠顛覆種種局限。我將永遠心存感激。

如果沒有我出色且善良的編輯 Priscilla Painton 和她堅強的同事陣容，包括 Jonathan Karp、Richard Rhorer、Hana Park、Megan Hogan、Phil Metcalf、Jackie Seow、Elise Ringo、Chris Lynch、Christina Zarafonitis、Elizabeth Gay Herman，我一定會在寫作的過程中迷失。我很難解釋這對我來說有多麼重要，因為他們在極其不確定的時間點，竟然願意支持一個公認難以處理的想法。我不敢去問他們當初為什麼願意相信我，但我非常感謝這份信任。

我不斷重新構思傳統新聞業在高衝突中扮演的角色，而在這段過程中，非常感謝解決方案新聞平台的 Samantha McCann、David Bornstein、Hélène Biandudi Hofer、Tina Rosenberg、Michael Davis，他們正與許多勇敢的同事們一起重塑新聞界，使新聞的內容如蓋瑞所說的一樣，「能夠被聽進去」。

在我為這本書的內容進行新聞報導的三年裡，許多有智慧的人幫助我看到什麼是重要的、什麼是不重要的，而其中有許多人我無法在本書正文中提及。感謝 John Paul Lederach、Catherine Conner、Rachel Brown、Andrew Hanauer、Samantha DiScala Iraca 以及一路上慷慨與我分享知識的所有人。

感謝聰穎絕倫的編輯 Robin Dennis，他曾幫助我決定要講哪些故事（最重要的是決定不講哪些故事），並提醒我注意拉布雷亞瀝青坑和許多其他與衝突有關的知識寶藏。我非常感謝我的文學經紀人 Esmond Harmsworth 與我一起構築這個想法，並為這本書找到一個家。我們在紐約一起吃午飯，而你建議我寫一本書好像是昨天才發生的事，感謝你十九年來與我共事，我們一起講述了很多精彩的故事。

這本書需要在加州、伊利諾州、紐約州、密西根州和哥倫比亞進行深入的實地採訪。在所有採訪中，當地的駐地記者、歷史學家和研究人員幫助我找到自己的路。感謝波哥大的 Joe Parkin Daniels 替我找到桑德拉和其他前戰鬥人員，替我們曲折的對話進行引導和翻譯，並找到有關哥倫比亞過去和現在的衝突中，各種問題的答案。我還要感謝 Nicolò Filippo Rosso，這位天才攝影師為本書的哥倫比亞部分拍攝許多照片。在芝加哥，我要感謝 CRED 的所有人以及 Stephanie Kearns，她是一名私家偵探，從未放棄幫我追查久遠的刑事法庭紀錄（在我上次與她聯絡時，她仍在尋找其中一些資料）。還要感謝 David Rugendorf，幫助我理解其中一些法庭紀錄，以及謝謝 Joe Figini，向我解釋了家庭法中的高衝突案件。

感謝 Kim Pate、David Plotz 和 Joan Strickler 協助清理這本書的早期草稿。感謝卡列布·福萊特花了幾個小時審閱這本書的手稿，以幫助我糾正對川普支持者的一些偏見。在幾天的時間裡，我們花了大約十小時在電話上來回討論，試圖相互理解。我們常常大笑，並學到新東西，然後繼續不同意對方的看法，而這一點也沒有關係。謝謝你，卡列布。

感謝《華盛頓郵報》的 Michael Duffy，他是一位優秀的編輯，也是一位可愛的人。他鼓勵我走出自己的洞穴，繼續書寫各式各樣的事情。感謝我的研究助理Emma Francois和Dina Williams在最後幾個月，對本書進行了出色的事實核查和改進工作。我們的Team Conflict虛擬群組讓我在疫情隔離期間最黑暗的日子裡，能夠繼續前進。感謝Leila Bremer幫助我對自身衝突背後的故事感到好奇。

我也要感謝Scott Stossel、Sarah Yager、Ta-Nehisi Coates、Jeff Goldberg、David Bradley、James Gibney、Vernon Loeb、Denise Wills、Don Peck、Vann Newkirk、Adrienne LaFrance以及過去和現在任職於《大西洋》雜誌的所有人，他們在過去十年中，給了我以多面向方式書寫故事的機會。

我的好朋友Lisa Green和她在L&M Policy Research的好同事給了我一個「自己的房間」，這是寫出一本嚴肅書籍的唯一途徑。感謝Russ Tisinger花時間與我談論極端黨派性和媒體現狀，雖然你當時只是想要走去拿影印機上的文件。謝謝Suzy Wagner，你忍受了種種危險並願意戴上口罩，以便為我拍照和與我分享喜悅。非常感謝Jessica Sandham Swope和Sabrina Tavernise，他們犧牲了許多午休時間，與我愉快地就人類的現況進行腦力激盪。

對我親愛的朋友Catherine Brown，我還能說什麼呢？我們周日的慢跑約會支持我完成這本書，就像我上一本書一樣。謝謝妳願意聽我談論如何傾聽，即使妳離我數州之遙，在追逐妳強壯的狗時並不見得想聽我說這些。妳的友誼給了我快樂，打開了我的心扉，幫助我從中學開始就避免在衝突中做出錯誤的決定。

家庭是最容易表現出我們最糟糕（有時也是最好的）衝突本能的地方，感謝我的丈夫John和我的兒子Max，感謝你們忍受很多我的理解迴圈練習，在我無法聆聽的時候原諒了我，並讓我——以及這本書——變得更好。

有些時候，我們家會發生非常良性的衝突，有時我們也會設法對彼此說出嚴酷的事實，帶著好奇心傾聽，並發現一些自己原本不知道的事情。那種被延展並能夠帶著慈悲與恩典從衝突另一頭出來的感覺，是每個人都應該嘗試與體驗的。我想做得更好，也希望餘生都能夠努力做到。

詩人魯米寫道：「當靈魂安棲在那片綠地時，世界的完滿豐富難以言傳。」

附錄一

如何識別世界上的高衝突

聆聽人們的語言：

①人們是否使用籠統、誇張或暴力的語言來描述這場衝突？
②衝突中是否存在謠言、傳說或陰謀論？

注意人們的動作：

①是否因為有人退出衝突，導致出現二元極端的狀況？
②衝突似乎帶有某種自發的動力？

高衝突可以是暴力的，也可以不是；它們可以持續數十年，也能夠短時間就結束；高衝突甚至可以只存在於一個人的腦海中，而另一方毫不知情。儘管高衝突有這麼多不同的種類，但根據我的經驗，高衝突並不難識別。

讓我們用一個發生在歐洲的例子，來理解怎麼使用這套方法識別高衝突：

丹麥境內兩百年以來並沒有狼群的蹤跡，然而在二〇一二年，一些賞鳥者發現一匹狼在鄉間漫步，從德國越過邊界跑到丹麥。在此之後，人們很快又發現了幾匹狼，其中包括一匹母狼。二〇一七年，幾匹小狼出現了，牠們在這片土地上嬉戲，就像自己屬於這裡一樣。現在狼的數量符合了生物學上對「狼群」的定義。

很快地，人們開始因為狼而發生爭執。狼群開始出現在整個北歐大地上，而此處已經很多年沒有見過狼了。農民們因為狼群攻擊羊和牲畜而心生怨恨，獵人也是如此——根據歐盟法律，即使狼殺死了獵犬並與獵人競爭大型獵物，還是禁止獵人捕殺狼。其他人——尤其是（但不完全是）環保主義者——則為狼辯護，反對任何傷害狼群的企圖。他們指出狼很少攻擊人類，而且就統計結果來說，熊對人類構成的危險更大。

這聽起來並不複雜，對吧？就像一場關於自然資源的健康衝突。但事情真的是這樣嗎？

聆聽人們的語言

人們是否使用籠統、浮誇或暴力的語言來描述這場衝突？

還記得蓋瑞如何將自己在梅爾比奇社區的選舉勝利，描述為「前所未有的雪崩式勝利」嗎？用這種詞彙來描述無給職的社區幹部選舉，說實在是挺奇怪的。他的顧問譚雅談到「好人」與「壞人」，也經常和蓋瑞將舊衛隊比作川普，並將新衛隊比作歐巴馬；當蓋瑞的盟友在下一次選舉中落敗時，譚雅用「殺死」和「擊敗」這樣的詞彙來描述這次失利。

聽到似乎與衝突中的實情不成比例的言語描述時，請特別當心。

丹麥社會科學家漢斯．彼得．漢森（Hans Peter Hansen）告訴我，高衝突往往「發揮出超越自身的效應」。一位瑞典的野狼保護倡導者在接受《紐約時報》採訪時，將反狼情緒與種族主義兩相比較：「一切都被放大了：對動物的仇恨、對狼這個物種的仇恨，就像人與人之間的種族主義[1]——這在大腦中絕對是同樣的思考過程。」在法國，農民帶著兩百五十隻羊到艾菲爾鐵塔下以示抗議，一位農民將可能被狼群襲擊的威脅描述為「無所不在且令人覺得受迫[2]」。

我並不是說這些人誇大其詞，他們的情緒是真實的，就像蓋瑞在社區衝突中感受到的一樣。挪威科學家奧爾夫．克蘭奇（Olve Krange）告訴我，在更深的層次上，狼群衝突與人們對世界的感知、自己在世界中所扮演的角色有關：對於某些人來說，狼（以及禁止殺死牠們的規則）不僅破壞了他們的收入來源，還破壞了他們的自我認同——這些人認為他們是自給自足的，因此必須保護自己的土地、牲畜和家庭免受各種自然力量的影響。在他們看來，自然是由人類所控制的，而不是反過來。因此在這種觀點下，對他們而言，保護狼群無非是都市菁英又一次對他們指手畫腳，完全無視他們生活的現實。克蘭奇說：「狼就像拿鐵咖啡和所有類似的象徵一樣，是入侵農村生活的都市力量。」透過這種思維，某些人對狼的看法，就跟另一群人在疫情期間對戴口罩的看法一樣——這是對他們自由的侮辱，甚至是對他們男子氣概的羞辱。「真男人，會射殺狼。」一張寫著這些話的貼紙就貼在挪威某輛車的保險桿上。

然而對於其他人來說，狼代表著大自然的純潔、一個失落的烏托邦。動物返回歐洲這件事提供了一線希望。在這樣的觀點中，這是大地之母可能尚未從人類傷害中恢復過來的跡象。因此任何傷害狼群的企圖，都是人類的傲慢與破壞的另一種表現，就像基因改造作物侮辱了自然神聖性一樣——然而這種想法也與某些更深層次的敘述產生共鳴。在這裡，我們必須留意正反兩方正在編織出完全不同的故事情節，而這正是高衝突的標誌。

衝突中是否存在謠言、傳說或陰謀論？

在丹麥的衝突中，傳言說一輛麵包車從德國越過邊境，故意將狼群放進來；另一個傳言則聲稱這些動物實際上並不是真正的狼，是介於狗和狼之間的混種，因此可以合法槍殺。

高衝突往往在信任度較低的地方暴發。因為當信任度不足時，人們很難就事實達成共識，並變得喜歡懷疑彼此，以至於可以相信任何事情——這使得衝突企業家很容易進一步激化衝突。而每次嘗試結束衝突（例如起訴射殺狼的人），都只會加劇不信任感，這是高衝突的陷阱。

注意人們的動作

是否因為有人退出衝突，導致出現二元極端的狀況？

狼群衝突經常在新聞媒體中被描述為城鄉衝突，但這是種錯誤的二元論。研究人員發現，我們其實可以在農村地區找到不同立場的支持者。這起衝突涉及很多層面，包括身分、資源、尊重和恐懼。

但就像在 Twitter 上，最極端的人往往是最常掌握發言權的人，所以衝突的複雜性崩潰坍縮了，導致對事情最有幫助的人選擇逃離現場。

衝突似乎帶有某種自發的動力？

在挪威，政府決定授權撲殺一些狼隻以保護羊群[3]。而作為回應，大約有一百名抗議者在鄉村建立營地，開始破壞狩獵活動，趕在黎明前用滑雪板在山裡上上下下，以清除雪地上的狼腳印。在這個過程中，正如我們在其他衝突中多次看到的那樣，原先的紛爭漸漸淡去，事情漸漸被「我們」對「他們」的動態所接管。在丹麥，名為「無狼丹麥」的反狼組織負責人在收到死亡威脅後辭職。二〇一五年，五十名憤怒的法國農民綁架一名阿爾卑斯山國家公園的負責人，將他關押了一夜，並要求殺死公園裡的六匹狼[4]。

對狼群的實際意見分歧變得不如衝突本身重要，衝突逐漸變成現實。回到丹麥，二〇一八年，兩名自然愛好者正在遠距離拍攝該國唯一的母狼，此時一名駕車經過的男子從窗戶探出身，射殺了這隻動物[5]。這次事件的影片在網路上瘋傳，引發全世界的憤怒。

這是一場高衝突，而它會掌控一切。

附錄二

如何識別自己內心的高衝突

以下是我在良好、健康的衝突和高衝突中，注意到的一些表現特徵。這不是一張很全面的清單，但能將這些特徵並列出來，對我們會很有幫助，因為這與我們腦海中經常出現的對立情況非常類似。

健康衝突	高衝突
□ 謙遜	□ 確定性
□ 流動性	□ 僵固性
□ 許多不同的情緒	□ 許多相同的情緒
□ 複雜性	□ 簡單性
□ 新奇	□ 可預測性
□ 熱情	□ 正義
□ 壓力荷爾蒙激增，隨後恢復	□ 長期分泌壓力賀爾蒙、進行情緒反芻、引發睡眠障礙
□ 好奇心	□ 假設對方的想法
□ 提出問題	□ 倡導自己的想法
□ 所有人都想要找到解決方案	□ 某一方，甚至所有人都不想解決問題，只想繼續爭執
□ 不好的事情發生在對方身上時會難過	□ 不好的事情發生在對方身上時會高興
□ 非零和思維	□ 零和思維
□ 不太會有暴力行為	□ 常伴隨著暴力行為

這不是一門精確的科學，因為人類是複雜的，但圖表和測驗是某種簡化過的結果。如果你正處於激烈的衝突中，並且想知道這是否可能是場高衝突，這裡列出一些或許可以幫助你辨認衝突性質的問題。提出問題有時可以幫助我們爭取一些時間（但並非每次都奏效），並拉開一小段距離以騰出一些空間去思考面前的衝突。

一、想到這個衝突時，會讓你失眠嗎？
二、當對方發生不好的事情，即使這件事並不會直接使你受益，你依然會感覺良好嗎？
三、如果對方做出一些你認同的事情、一些微小的表態，你會不會覺得難以公開肯定對方？
四、你是否感覺對方被洗腦了，像某種邪教成員一樣，已經超出你道德推理可及的範圍？
五、你是否覺得自己被困住了？你的大腦不停運轉，一遍又一遍地思考同樣的委屈，但沒有發現任何新的見解？
六、當你與立場相同的人談論衝突時，你是不是一遍又一遍說著同樣的話，並在談話結束時，覺得自己的處境更糟糕了？
七、有沒有非常瞭解你的人對你說，他們不太認得現在的你？
八、你是否發現，自己透過指出對方的相同行為（或更糟的行為）來為自己辯護？
九、你認為「另一邊」的所有人，在本質上是相同的嗎？如果這場衝突中的對立方只有一個人，你是否很難想像那個人曾經也是個天真的孩子？
十、在談論衝突時，你是否會使用「總是」「好」「壞」「我們」「他們」或「戰爭」等詞彙？

十一、你是否很難想起，上一次你真正好奇對方的想法、意圖或行動是什麼時候？

如果上述問題中，有五個以上的回答是肯定的，那麼你可能正處於高衝突中。我想你目前的情緒感受，一定是其來有自，但就像我們在蓋瑞的故事中看到的那樣，人類（以及在衝突工業複合體煽動下）的硬體設計，使我們非常難以抵抗高衝突的吸引力。

所以現在要思考的問題是：你想沉浸在高衝突中嗎？有些人的答案會是肯定的。也許對你來說，高衝突是眼前最好的選擇，甚至是唯一的選擇。我們必須注意到這一點，並經常與自己反覆確認，留心高衝突可能對你和你所愛之人造成的損失。列出一張清單，看看自己付出的代價是否依然值得？如果有件事情似乎打斷了衝突的循環，這可能是某種緊急情況，或做出象徵性讓步的機會（就像蓋瑞投票支持對手那樣），請考慮抓住它。

如果你的肯定答案少於四個，那麼你可能並沒有陷入高衝突。這意味著你當下的選擇比以後更多，可以看到事情的可能性以及衝突升級時將遭到淡化的那些細節。這是一份寶貴的禮物，因為這種衝突有可能變成健康的衝突，從而讓我們成為更好的人。一個好衝突，可能比完全沒有衝突更有價值。

試著盡量留在那個空間裡，抓住每一個機會釋出善意，提高神奇比例，就像故事裡的太空人與談判專家尤瑞，去陽台上呼吸點新鮮空氣、抵制二元對立的分類方式，並保持與衝突點火器的適當距離。

附錄三

如何預防高衝突

高衝突是可以擺脫的。我們已經在書中的故事裡看到它一次又一次地發生，但是預防高衝突要比擺脫它來得容易，因此我們需要創造一種具有抗衝突能力的文化。

以下是本書中的衝突倖存者們，發現可以在家庭、社區、猶太會堂和國際太空站中，建造避免衝突的基礎設施的一些方法。

一、調查伏流

慢燉鍋背後究竟藏了什麼故事？除非開始談論衝突的幕後故事，否則很難取得任何進展。

挖掘伏流的方法之一，是找到好的衝突調解師。這些人就像衝突世界的消防員，可以幫助人們保持衝突的健康，並深入瞭解普通對話背後隱藏的思維。

許多城市中都有社區糾紛調解中心，幫助人們管理從噪音投訴、租方糾紛，甚至是人身攻擊等事情。這些調解中心有些合併在法院體系中，有些則是獨立運作的，許多甚至不收取費用。

二〇一七年，漢斯．彼得．漢森和其他幾位社會科學家，在丹麥西部狼群地盤附近的鄉村小鎮上，邀請社區所有人參加一場討論狼群相關議題的會議。五十一人出席，其中包括農民、學生和獵人，眾人的年齡、背景和觀點各不相同。

然後他們一起開始深入挖掘自己觀點背後的伏流。漢森問與會者：有什麼與狼相關的事情讓你們感到困擾？眾人高聲說出他們的每一項不滿：狼正在破壞人們的生計、政客們不瞭解獵人、農民們誇大了危險。漢森和他的團隊在海報紙上用大字寫下每一項抱怨。「我們沒有避免衝突，而是與它直球對決。」漢森說，此時他聽起來就像紐約的羅利拉比。

隨著深入討論，人們開始覺得自己被傾聽，所以他們可以打開耳朵傾聽對方的聲音。重要的是，這場初期會議並沒有邀請專家或政治家，因為那些人在這個階段是不被信任的——普通人就是自己生活的專家，因此這些與會者被要求講述自己的故事，而不是知識性或政治性的敘事。而除了協調人之外，不允許任何人打斷其他人的發言。

每個人在這個過程中都辨認出最困擾自己的一、兩個問題，有助於清除一些衝突中的噪音。人們因此漸漸開始看到慢燉鍋底下的故事：許多人害怕讓他們的孩子在樹林裡玩耍，其他人則擔心地球的未來。「焦慮和恐懼在人們故事中的比重，比我們一開始想像的還要大。」漢森說，而這通常是高衝突中會出現的情況（正如蓋瑞曾教導我的，人們幾乎總是喜歡用責備來掩蓋自己的脆弱）。在這場會議之後，超過八〇%的人登記繼續參與對話，此後這個對話工作坊更被稱為「狼對話[1]」。

（要尋找距離你最近的社區糾紛調解中心[2]，請嘗試在美國全國社區調解委員會的網站上，查看調解會的地址：www.nafcm.org；也可以透過 www.mediate.com 找到私人調解員；有些人則會求助於家庭治療師、神職人員，甚至是共同的朋友來調解家庭衝突。無論你選擇專業調解員或社群中值得信賴的成員，可能都需要多與幾個調解員聊聊，詢問他們的調解方式，是否會讓所有人在同一個房間裡見面。這是蓋瑞發現最有效的方法，但許多調解員並不會這樣做。有關如何選擇調解員的更多資訊，請參閱蓋瑞的書《離婚調解指南》（*A Guide to Divorce Mediation*）。）

二、減少二元對立

盡量不要形成非必要的群體。如果一定得分組，請保證大家有兩個以上的選擇。無論有多少個小組，請記得創造讓不同小組混合的傳統和慣例。

在政治系統中，可以透過優先選擇投票[3]或創造第三勢力；在新聞編輯室裡，記者可以每季與編輯交換一次位置；在學校裡，可以規定校長每學期必須任教一門課，而學生要負責更多校務決定（學生小組之間絕對必須是流動的，閱讀小組中程度最差的孩子應該要隨著進步程度，得以迅速提升到另一個組別中）；在會議中，可以嘗試使用巴哈伊教的諮詢概念，讓任何想法在提出後就是大家「共有」的。

不要讓群體中的複雜性演變為競爭。

如果你注意到有人試圖擺脫高衝突，比如電視名人葛倫．貝克，請理解這個過程有多痛苦。你可能會因為這些人過去的錯誤而想要排斥、懲罰他們，這個想法很誘人，好像可以帶來快感。但是如果你真的想培養良好衝突，並創造能夠持久的變化，請考慮歡迎他們的加入，就像科學家歡迎環保主義者馬克．林納斯一樣。

在丹麥，漢森和同事在開啟「狼對話」工作坊時，提醒所有人的共同身分，以及彼此之間的差異。

「我們都有兩個共同點。」漢森說。

每個人都仔細聆聽，想知道這些共同點究竟是什麼。

「首先，我們共同擁有這片自然，我們都呼吸著同樣的空氣。」沒有人反對。「另一個共同點是未來，我們共同擁有未來。」

大家很難反駁他。人們在參與對話前，可能已經假想厭狼者和愛狼者之間的衝突是二元對立的，但對話使這個假設得以複雜化。這個議題中沒有清楚的對立兩面，而是有很多面向，不同面向彼此之間更存在重疊的部分。

三、將衝突點火器邊緣化

注意周圍那些喜歡衝突的人。誰會因為與某人有共同厭惡的同事，或都討厭自己的岳母，而試圖與對方建立聯繫？在沒有爭執的情況下，哪些領導者使用戰爭語言來激勵他們的追隨者？

我對「溫和的」政客越來越不感興趣，反而更希望知道哪些政客是衝突企業家？哪些喜歡將世界單向劃分為我們與他們、善與惡？哪些將輸球視為恥辱？

請與這些人保持距離，因為他們是衝突點火器。在柯蒂斯的案例中，他決定搬到新公寓，以便從生活中的衝突企業家手上獲得一些空間；在蓋瑞的案例中，他不再依賴譚雅的政治建議；對於其他人來說，這可能意味著尋找新律師，或是開發不同的政治新聞來源。盡量依賴那些不懼怕複雜性的人（和新聞來源），在大多數情況下，他們的好奇心多於自認為正義的感覺。

四、爭取時間、騰出空間

我高中的時候看過小說《蒼蠅王》（*Lord of the Flies*），或許你也讀過這本書。內容描述一群男孩如何在空難中倖存，卻在一個偏遠的島嶼上變得暴力和殘忍。這是本很有說服力的小說。

然而在現實生活中發生了另一個不同的版本。正如羅格．布雷格曼（Rutger Bregman）在他的書《人慈》（*Humankind: A Hopeful History*）中所描述的那樣，一九六五年一群男孩們在波里尼西亞的偏遠島嶼上遭遇海難。而在這個真實的故事中發生了什麼？孩子們挖空樹幹儲存雨水；組隊工作；制定一份家務安排表，以確保園藝、烹飪和警衛工作都能妥善實施。他們生起了火，並在十五個月內保持火源不滅，直到獲救。

他們怎麼能合作得如此出色？因為每當他們發生衝突時，都會舉行一個儀式：雙方會分別去島的兩端讓自己冷靜下來。換句話說，他們創造了時間和空間。然後大約四個小時後，他們會重新聚在一起，並向對方道歉。

這些被孤立於荒島上的男孩還做了別的事，這也許與弭平衝突同樣重要：他們用一塊浮木、一個椰子殼和從壞掉的船上找到的六根鋼絲做了一把吉他，每天都以歌曲和祈禱作為一日的開始與結束。

請回想一下我們在討論衝突復原力時談到的神奇比例。研究結果表示，人們在婚姻中的每一次負面互動，會需要額外的五次正面互動來抵消。同樣的原則也適用於婚姻之外，積極因素必須大於消極因素。這就是為什麼在火星任務模擬中，成年太空人會舉辦睡衣派對並建造床墊堡壘，也是為什麼人類喜歡一起分享一塊麵包的原因。在舉辦丹麥「狼對話」工作坊的幾年內，每次會議前大家都會一起吃晚飯。他們故意設計這樣的環節，因為食物是我們都喜歡的東西，因此這是製造衝突避震器的簡單方法，可以在衝突出現時避免迅速升級。

另一種爭取時間和騰出空間的方法，是透過理解迴圈或其他形式來主動聆聽。如果你有機會接受積極傾聽的培訓，請把握這個機會。我是一個沒有耐心的人，基本上也不喜歡接受訓練，但這訓練是值得的，因為它比我們想像的要更有用。擅長傾聽讓我們變得更加好奇，也會同時增加周遭他人的好奇心。這不僅僅是種技能，還是解開衝突的萬能鑰匙。

「一旦你成功闡明了對方的觀點，他們就會顯得有點驚訝，」前聯邦調查局人質談判代表克里斯·沃斯（Chris Voss）說，「這會讓他們非常想知道你接下來要說什麼[4]。」（有很多關於如何好好傾聽的書籍和文章。在奧斯卡·崔伯利〔Oscar Trimboli〕的網站上，可以找到一份很好的資源列表。崔伯利是專門教人如何聆聽的作家和播客主持人。請參見：www.oscartrimboli.com）

另一種減緩衝突的方法，是在大腦中「去陽台呼吸新鮮空氣」，就像談判代表威廉·尤瑞所做的那樣（或者去小島的另一端走走，如果你碰巧在島上的話）。還記得我們談過的擺脫婚姻衝突妙招嗎？夫妻雙方嘗試從一個中立的第三方角度，撰寫彼此的爭論，從而使兩人關係中的衝突變得更健康。這聽起來很簡單，但這些技巧能夠打斷衝突的螺旋，爭取思考的空間（如果你是家長或老師，請考慮與孩子一起嘗試這個技巧，以培養建立良好衝突的習慣）。

在丹麥的「狼對話」工作坊中，所有人都列出自己的不滿後，被要求想像一個更好的場景。一切皆有可能，越瘋狂越好。你會怎麼做？人們的確提出一些瘋狂的想法：也許他們可以在狼的領地裡蓋一條高空纜車，以生態旅遊賺錢；或者在狼身上植入晶片，這樣當地所有人都可以透過應用程式知道狼群在哪裡；或者他們也許可以說服狼吃素（這是我個人最喜歡的提議），這樣就皆大歡喜！這個對話小組藉由這些討論，創造了一個小小的喘息空間，讓他們在那個領域中可以討論更多建設性的方案，而且他們的確做到了。

人們不必互相喜歡，漢森不斷提醒「狼對話工作坊」的參與者。他們目標是要相互理解，而不是建立友誼，這不必然是同一件事。

想要說服其他人你是對的，而對方是錯的？請停止嘗試在社交媒體上做這種事，也不要透過羞辱或任何媒介這麼做，這只會適得其反。說服需要理解，而理解需要傾聽。

（世界各地都有願意為衝突雙方搭建橋梁的民間調解組織[5]，他們培養出訓練有素的調解員，幫助人們跨越政治、宗教、地理或種族的分歧，彼此進行交流。在國際上，非營利組織「你我都一樣」致力於幫助超過三十個國家結束衝突。而美國國內著名的調解組織包括 Braver Angels、Essential Partners、One America Movement、Resetting the Table 和 Village Square。要瞭解更多資

訊，請上 Bridge Alliance 的網站查詢：www.bridgealliance.us）

五、使敘述複雜化

「要記得懷疑那些太簡單的故事。」經濟學家泰勒．柯文（Tyler Cowen）曾這麼說。在困難的衝突中，簡單會使我們盲目；而根據我的經驗，能治癒衝突的關鍵是好奇心。好奇心具有傳染性，如果你能真正去好奇那些抱持不同意見的人，在某些情況下，這幾乎可以立刻使衝突變得更健康。

好奇心背後當然需要一些基本的安全感作為支撐。我們必須在真實生活中保持人身安全，也必須確實感知到一份安全感，因為當人們覺得備受威脅時，不可能同時保有好奇；好奇心也需要謙虛，而謙虛在當下的世界中尤其罕見。

激發好奇心的其中一種方法，是注意並放大我們在現實生活中看到的矛盾（專職報導各種爭議的記者應該經常這樣做）。在「狼對話」工作坊中，一些參與者告訴組織者，他們不再公開談論與狼相關的議題，因為他們不想被貼上各種標籤。「人們心中產生了一種矛盾心理。」漢森告訴我，而他認為這是一個非常好的跡象。沒有人會完全符合某個群體的要求，因為這是不可能的。

另一種激發好奇心的方法是提問。「狼對話」工作坊的參與者，在交談中收集了他們想要回答的五十道問題清單——關於狼的生物學和行為、相關法律的細節，以及各式各樣的事情。他們自己研究其中一些問題，也同意讓信任的專家來幫助他們找到答案。在理想情況下，當地新聞媒體可以幫助人們回答問題，但這需要信任（Spaceship Media 和 Trusting News 是兩個與新聞編輯室合作的組織，將人們聚在一起，在彼此間建立信任，並協助人們找到問題的答案）。

帶著真正的好奇心提出的問題，可以使衝突瞬間再次變得有趣。以下這份清單，是我在採訪處於各種衝突中的人時，最喜歡提出的一些問題，是許多人（包括本書中出現的人物）的智慧結晶：

一、在這場衝突中，有什麼地方被過於簡化？
二、你想瞭解關於對方的什麼事情？
三、你希望對方瞭解你的什麼事情？
四、如果你一覺醒來，發現這個問題已經解決了，會是什麼感覺？
五、衝突中大家都沒有問的問題是什麼？
六、關於這場爭論，有哪些事情是你尚未瞭解但想知道的？
七、你覺得有哪些地方是難以抉擇的？
八、請告訴我更多。

「狼對話」工作坊開始六個月後，他們組織了一次公開會議，向大眾展示他們的發現。這場活動有一百多人到場，其中包括幾家電視新聞媒體。「活動非常成功，」漢森說，「我們不能說一切都是『和平且協調的』，但我們已經設法找到了前進的道路。」他們不再受困於衝突的瀝青坑中。

接下來，這個工作坊邀請了國家級的決策者與他們會面。中間的協調花了一些時間，但官員們最終還是來到這個偏遠的小鎮上，參加兩次不同的會議。二〇二〇年的丹麥政府正在制訂新的狼群管理計畫，「狼對話」團隊提出的想法已被納入國家政策中。

「狼對話」工作坊的成立從來都不是為了改變人們的想法，而是要在人們意見存在分歧的狀況下，建立針對問題和解決方案的共同責任感。他們的目標是要擺脫高衝突，並提倡良好的健康衝突。

我很想聽聽你最喜歡的問題——以及你調查自身伏流的故事、試圖擺脫（或避免）高衝突的經驗。我最喜歡的書，是那些永遠不會結束的書。

所以，請告訴我更多關於你的故事。你可以透過本書作者介紹上的電子郵件與我聯繫。

註釋

引言

1. 馬克故事裡的細節來自我和其他記者的採訪，以及他多年來發表的著作。我特別推薦他於二〇一八年出版的《科學的種子》（*Seeds of Science*，暫譯），這本書講述馬克自己的故事，並解釋基改作物背後廣泛遭誤解的科學。我很感謝馬克，他不僅勇於反思自己的觀念，並願意公開談論自己想法的變化。
2. 譯註。一種結合美式足球概念與飛盤的體育活動，透過空手跑動和傳接飛盤來移動，並以接盤手進入達陣區取得分數。
3. Lynas, *Seeds of Science*.
4. Storr, "Mark Lynas: Truth, Treachery and GM Food."
5. 高衝突是一個仍在定義中的詞彙。傳統上在家庭治療中，「高衝突」是個形容詞，用來描述特別難相處的人或特別困難的離婚。本書將「高衝突」一詞重新定義為名詞，指的是整個衝突系統。在這個系統中，衝突會自我延續，並癱瘓所有相關人員。一些嚴重的高衝突會被研究人員歸類為「頑固衝突」，意指橫跨數代且無法解決的暴力衝突。但本書中的高衝突比頑固衝突更常見：高衝突不需要世代相傳，也不需要暴力（儘管它很容易變得暴力）。Bar-Tal, *Intractable Conflicts, and Coleman, The Five Percent: Finding Solutions to Seemingly Impossible Conflicts*.
6. 在針對商業領袖的一項調查中，十人中有九人表示，自己在職涯中曾有不得不處理「有毒」高衝突人物的經驗。

Kusy and Holloway, *Toxic Workplace!*

7. Pew Research Center, "Partisanship and Political Animosity in 2016."
8. 這是根據路透社／易普索（Reuters/Ipsos）在選舉後進行的民意調查所得出的估計值。在這項針對六千四百二十六人進行的調查中，一六％的人表示，他們因為選舉而停止與家人或朋友交談。由此推斷，美國成年人口的一六％約為三千八百萬。Whitesides, "From Disputes to a Breakup: Wounds Still Raw After U.S. Election."
9. Swift, "Americans' Trust in Mass Media Sinks to New Low."
10. Kaur-Ballagan et al., "BBC Global Survey: A World Divided? "
11. 同註10。
12. 這句引言出自二〇一八年我在柏林參加由德國《時代周報》（*Zeit Online*）舉辦，名為「My Country Talks」的活動時聽到的演講。
13. 若想知道有關橡樹公園的更多資訊，請參考 Heather McGhee 在TED上的演講「Racism Has a Cost for Everyone」，以及 Scott Merriman 的文章〈Gilmore v. City of Montgomery〉。
14. 這起海綿蛋糕意外可以在 YouTube 上找到紀錄，當時比約恩．隆堡（Bjørn Lomborg）教授正在新書發表會上介紹他的著作《多疑的環保人士》（*The Skeptical Environmentalist*）。馬克後來曾向隆堡教授道歉。
15. Zambia: Paarlberg, *Starved for Science*.
16. 非暴力運動包括抵制、罷工和抗議活動。這類型運動之所以成功，是因為它們吸引了大量不同背景的追隨者，因此有足夠的參與者對權力槓桿，施加持續且有意義的壓力。Chenoweth and Stephan, *Why Civil Resistance Works*.
17. World Health Organization, "Pneumonia of Unknown Cause—China."
18. Rabin, "First Patient with Wuhan Coronavirus Is Identified in the U.S."
19. Associated Press, "China Didn' t Warn Public of Likely Pandemic for Six Key Days."

20. Rauhala, "Chinese Officials Note Serious Problems in Coronavirus Response. The World Health Organization Keeps Praising Them."
21. Carey and Glanz, "Hidden Outbreaks Spread Through U.S. Cities Far Earlier than Americans Knew, Estimates Say."
22. More in Common and YouGov, "COVID 19: Polarization and the Pandemic."
23. Sahoo, "India: Infections, Islamophobia, and Intensifying Societal Polarization."
24. BBC News, "Coronavirus: Trump's WHO Defunding' As Dangerous as It Sounds.' "
25. 編按。nine-alarm fire。美加當地常用多重警報火警（multiple-alarm fire）來替火災嚴重性分類類別，用以進行人員調度。數字越高表示情況越緊急。
26. Hartney and Finger, "Politics, Markets, and Pandemics."
27. World Economic Forum, "Outbreak Readiness and Business Impact."
28. Smith et al., "Global Rise in Human Infectious Disease Outbreaks."
29. Allport, *The Nature of Prejudice*.
30. Fernandez and Burch, "George Floyd, from 'I Want to Touch the World' to 'I Can't Breathe.' "
31. 在本書付梓時，這個數字很難確定。因為很難判斷某些情況下的槍擊事件是否與抗議活動有關。希望隨著時間進展，未來能獲得更有參考價值的數字。Al Jazeera, "Nearly a Dozen Deaths Tied to Continuing Unrest in U.S."
32. Lynas, "GM Won't Yield a Harvest for the World."
33. Lynas, "Lecture to Oxford Farming Conference."

第一章

1. 傑伊和洛娜的故事來自我對蓋瑞進行的採訪，以及蓋瑞出版的兩本書。為維護隱私，文中出現的並非客戶的真實姓名。Friedman, *A Guide to Divorce Mediation*, and Friedman, *Inside Out*.
2. 拉布雷亞瀝青坑的詳細資訊來自瀝青坑博物館的員工、新聞片段，以及非常引人入勝的博物館官方網站（tarpits.org），我建議讀者可以前往查看。
3. Hawkins et al., "Hidden Tribes: A Study of America's Polarized Landscape." 這份由無黨派組織「同大於異」進行的報告，將這群美國人稱為「筋疲力盡的多數人」。這份報告是我見過關於美國政治兩極分化最深思熟慮、最有用的分析之一。
4. Mehari, "The Role of Social Trust in Citizen Mobility During COVID-19."
5. Butler, "A Million Volunteer to Help NHS and Others During Covid-19 Outbreak."
6. 有關對抗主義的局限性和互助主義潛力的一本好書，可參考 Karlberg, *Beyond the Culture of Contest*.
7. 有趣的是，管理學中的最佳實踐（best practices）策略在探討對抗主義的局限性方面，可能比政治戰略發展得更有深度。數十年來，商學院中的教育一直強調，在談判中取得合作，通常會比競爭帶來更好的結果（市面上有很多關於談判的好書，包括羅傑．費雪〔Roger Fisher〕和威廉．尤瑞〔William Ury〕的經典著作《哈佛這樣教談判力》〔*Getting to Yes*〕。我也喜歡威廉．尤瑞的《超越拒絕》〔*Getting Past No*〕和《從說服自己開始的哈佛談判力》〔*Getting to Yes with Yourself*〕）。許多有趣的量化證據支持了這種看法。但本書是為了揭示這種將人們劃分為「我們」與「他們」的心態，往往只會使人們的境況變得更糟。無論就商業、政治、婚姻、疫情應對，或任何生命中真正重要的元素而言都是如此。
8. Margolick, "Burger Says Lawyers Make Legal Help Too Costly."

9. 樂高和日式小炭爐這兩個故事，都是我在二〇一九年從職業衝突調解師那裡聽到的。
10. 二〇〇七年，波士頓一家律師事務所分析了一百九十九起最近處理的離婚案件，並得出結論：調解是迄今為止成本最低的選擇，平均費用約為六千六百美元，而競爭對手提出的離婚協商費用則是兩萬六千八百三十美元。傳統法律系統中，雙方無法達成協議時會啟動全面訴訟（Full-scale litigation），此時平均花費會將近七萬八千美元。因此，在這組特定樣本中，起訴配偶的費用幾乎是調解費用的十二倍（另一種選擇是協議離婚〔collaborative divorce〕，是一種調解離婚的升級版，丈夫和妻子各有自己的律師，根據需求還可能有其他顧問。但每個人都試圖共同努力，找到一個公平的協議。在進行統計的這間律師事務所中，協議離婚的平均成本接近兩萬美元）。但這些調查是建立在雙方都想達成協議的假設之上，如果其中一方並沒有興趣調解，採取訴訟的途徑可能會更便宜，因為其他人（如法官）會決定結果。Crary, "Keen Interest in Gentler Ways to Divorce."
11. 編按。Beatnik。蘇聯人造衛星史普尼克一號（Sputnik 1）發射後六個月，一九五八年《舊金山紀事報》專欄作家埃布．卡（Herb Caen）取用其字根，結合當時不工作、崇尚文藝氣息又不跟隨主流的那群「垮掉的一代」（Beat Generation），創造出這個詞。
12. Gold, "Easy Living in Marin."
13. 譯註。New Age Movement。起源於一九七〇至八〇年，結合西方社會、宗教及靈性運動，吸收東西方的古老精神傳統與宗教實踐，並融合宗教思想與現代科學觀念，特別是心理學與生態學。
14. 蓋瑞曾在一個談判團隊中工作，團隊成員包括來自哈佛法學院的羅勃．努金和勞資關係專家喬爾．卡契．葛申菲爾德（Joel Cutcher-Gershenfeld）。他們的努力得到了休利特基金會的資助。Mnookin et al., "A New Direction: Transforming Relations Within the San Francisco Symphony."
15. 譯註。Taps。美國軍樂中的一支短曲，用以哀悼為國犧牲的將士，正式場合以小號吹奏，實際上可以使用任何樂器演奏。

16. Ulrich and Delgado, "Symphony Musicians Don't Play, but Picket."
17. Mnookin et al., "A New Direction: Transforming Relations Within the San Francisco Symphony."
18. 譯註。repetitive stress injuries。指的是因為重複性的動作而對肌肉、肌腱和神經造成的損害。
19. Singh Ospina et al., "Eliciting the Patient's Agenda."
20. 有關「高品質聆聽的可衡量效果」，其相關研究與資訊請參閱：Guy Itzchakov and Avraham Kluger, "The Listening Circle: A Simple Tool to Enhance Listening and Reduce Extremism Among Employees."
21. Bergeron and Laroche, "The Effects of Perceived Salesperson Listening Effectiveness in the Financial Industry."
22. Guy Itzchakov and Avraham Kluger, "The Listening Circle: A Simple Tool to Enhance Listening and Reduce Extremism Among Employees."
23. Kim et al., "The Effects of Physician Empathy on Patient Satisfaction and Compliance."
24. Gordon and Chen, "Do You Get Where I'm Coming From? "
25. 「理解迴圈」是蓋瑞．佛里曼和傑克．亨默斯坦發名的一種技巧，在他們的著作《挑戰衝突》中有詳細介紹。這個方法聽起來很簡單，但在實際認知上很難做得好（蓋瑞和衝突理解中心的同事，願意為任何有興趣瞭解更多資訊的人提供相關培訓）。
26. 這些引述是基於蓋瑞對交響樂團團員練習「理解迴圈」過程的相關記憶。我自己也曾觀察、觀看、加入或領導了大約十次「理解迴圈」訓練。
27. Mnookin et al., "A New Direction: Transforming Relations Within the San Francisco Symphony."
28. 舊金山交響樂團再次罷工將是十四年之後的事了。相對於該樂團的歷史，十四年可說是一段漫長的和平時期。隨著時間推移，團員和管理層的組成也發生了變化，新來的人沒有與蓋瑞和他的同事一起經歷過調解。如果缺乏練習，處理衝突的肌肉記憶就會消失。

29. 本書中關於理事會活動的大部分細節和引述，來自於梅爾比奇社區服務處網站上公布的錄音、會議紀錄和會議議程。其他細節則是出自我對一些參與者的採訪。
30. Liberatore, "Longtime Residents, Relative Newcomers Vie for Seats on Muir Beach CSD."

第二章

1. Wood, *Friends Divided: John Adams and Thomas Jefferson*; Duverger, "Public Opinion and Political Parties in France" ; and Bober, *Thomas Jefferson: Draftsman of a Nation*.
2. 譯註。民主共和黨（Democratic-Republican Party）是美國建國早期的一個政黨，由美國開國元勳湯瑪斯．傑佛遜和詹姆士．麥迪遜（James Madison）在一七九二年創建，當時的對立政黨是聯邦黨。後來民主共和黨內部分裂，其中一部分成員成立了現在的民主黨，另一部分支持者經過幾次不同的黨派成立，輾轉演變為今日的共和黨。
3. 譯註。美國當時的選舉規則中，並沒有所謂的正副總統候選人。每名有選舉權的成員都可投兩票，候選人中得票總數最多者當選總統，次多的則成為副總統。因此，正副總統有可能分屬不同黨派，彼此意見相左。此次選舉後，美國才通過憲法修正案，修改總統選舉流程。
4. Wood, *Friends Divided: John Adams and Thomas Jefferson*.
5. Allport, *The Nature of Prejudice*.
6. Shultz et al., "Stepwise Evolution of Stable Sociality in Primates."
7. 類別並不只是某種溫和無害的描述方式而已，它們是為了解決某些特定問題而創建的。例如十九世紀時，來自愛爾蘭的美國移民被稱為「愛爾蘭人種」，且通常被認為不如「盎格魯撒克遜人種」。接著還有「義大利人種」和「猶太人種」，則由於不同的原因都被認為是可疑的。即使在所謂「白人」的範疇內，精心設計的種族差異等級，也有助於解釋和維護美國社會的不平等。要深入瞭解身分科學，我推薦大衛．貝瑞比（David Berreby）的著作《我們與他們》（*Us and Them*）。

8. 感謝羅伯．薩波斯基（Robert Sapolsky）在其引人入勝的著作《行為：暴力、競爭、利他，人類行為背後的生物學》（*Behave: The Biology of Humans at Our Best and Worst*）中指出了這一點，並引用了大衛．霍夫斯泰德（David Hofstede）的《決戰猩球：非官方伴侶》（*Planet of the Apes: An Unofficial Companion*）。

9. 我在書中置入兩幅畫作，作為兩位藝術家風格的範例，但我無法確定研究人員在原始實驗中具體使用了哪些畫作。
Tajfel et al., "Social Categorization and Intergroup Behaviour."

10. Newheiser and Olson, "White and Black American Children's Implicit Intergroup Bias."

11. Taub and Fisher, "Why Referendums Aren't as Democratic as They Seem."

12. 同註11。

13. 如果你還沒有親自嘗試過，可以在這裡找到這件洋裝的圖片：https://en.wikipedia.org/wiki/The_dress。有關這起事件背後的科學，請參閱 Wallisch, "Illumination Assumptions Account for Individual Differences in the Perceptual Interpretation of a Profoundly Ambiguous Stimulus in the Color Domain: 'The Dress.'"

14. 有關冥想效果研究的更多資訊，請參閱美國國家替代醫學研究中心所出版的《*Meditation: In Depth*》。如果有興趣嘗試冥想，有許多免費和價格親民的應用程式可以提供幫助與指導。我個人推薦 Headspace，我從蓋瑞舉辦的培訓回家後，就一直使用它。這比嘗試自己開始冥想要容易得多，而且其提供的簡短冥想課程中，包含很多關於正念思考的實用課程。

15. 這次報導的初始專案由解決方案新聞平台（Solutions Journalism Network）委託進行。這是一個非營利組織，培訓記者嚴謹報導不同社群為解決問題所做的努力（而非只報導他們面對的問題）。Ripley, "Complicating the Narratives."

16. Sharfstein, "Saving the Race."
17. Friedman, *Inside Out*.
18. 編按。prep school。指學費高昂的私立菁英機構，錄取標準極其嚴格，辦學目的是讓學生進入知名大學。
19. Bridgeport Post, "Jury Awards $5,500 to Woman in Crash."
20. 研究證實，只要落敗者被視為局外人，幾乎在任何事情上獲勝，都會提高人類的睪固酮。舉例來說，在一項針對加勒比海社群男性骨牌遊戲的研究中，擊敗另一組的人在比賽後不久睪固酮激增；擊敗同組朋友的男性，則沒有表現出這種荷爾蒙變化。Flinn et al., "Hormonal Mechanisms for Regulation of Aggression in Human Coalitions."
21. 這個實驗來自史丹佛大學研究生伊麗莎白．牛頓（Elizabeth Newton）一九九〇年的論文〈從行動到意圖的崎嶇之路〉（The Rocky Road from Actions to Intentions）。有趣的是，牛頓在這個音樂敲擊的實驗中發現了性別差異：雖然所有受試者都過於有自信，而且不切實際地高估自己敲打的節奏可猜測性，但男性受試者更容易給出誇大的評估。
22. 這句名言通常被認為是蕭伯納所說，但在「引述調查員」（Quote Investigator）的網站上找不到任何蕭伯納確實說過這句話的證據。這句名言的起源很難確定，但它似乎出於一篇由記者威廉．懷特（William H. Whyte）一九五〇年發表在《財星》雜誌上的文章，談論企業需要加強內部溝通。文中提出一個類似但用語沒有這麼簡練的觀點。
23. Gilovich et al., "The Illusion of Transparency."
24. 人們身上這種「嚴以待人、寬以律己」的傾向，在心理學中被稱為基本歸因謬誤（fundamental attribution error）。我發明了「白痴駕駛反射」這個名詞，因為我發現大家很難記住與理解「基本歸因謬誤」這個正式術語。
25. Klien, "Muir Beach Election Pits Old Guard Against New."
26. Valentino, "Muir Beach Faces Election Divided by Varying Opinions on Water Hike."
27. Williams and Sommer, "Social Ostracism by Coworkers: Does Rejection Lead to Loafing or Compensation?"; Williams et al., "Cyberostracism: Effects of Being Ignored over the Internet"; and Williams and Nida, "Ostracism: Consequences and Coping."

28. Wesselmann et al., "Adding Injury to Insult: Unexpected Rejection Leads to More Aggressive Responses."
29. DeBono and Muraven, "Rejection Perceptions: Feeling Disrespected Leads to Greater Aggression than Feeling Disliked."
30. Parker, "Lexington Came Together After the Red Hen Incident. Can America Do the Same? "
31. 截至二〇一八年，超過八〇％的民主黨與共和黨支持者都表示，他們的對手是「充滿仇恨的」：民主黨人說共和黨人是「種族主義者」，共和黨人對民主黨人也是如此。Yudkin et al., "The Perception Gap."
32. Giles, "Maths Predicts Chance of Divorce."
33. 根據哈佛大學學生媒體《哈佛深紅報》（*The Harvard Crimson*），哈佛大學二〇一九年錄取率為四．五％。
34. 這句話引用自我對布基的採訪。
35. 這句話引用自我對賓斯泰的當面採訪。
36. 譯註。Deep Space。通常指稱地球—月亮系統以外的太空，NASA的深空計畫主要以探索火星為主。
37. Basner et al., "Psychological and Behavioral Changes During Confinement in a 520-Day Simulated Interplanetary Mission to Mars."
38. 這段對話節錄自 Gimlet podcast 節目〈The Habitat〉中的一集。
39. Halperin, *Emotions in Conflict*.
40. Ahler and Sood, "The Parties in Our Heads."
41. Yudkin et al., "The Perception Gap."
42. Moore-Berg et al., "Exaggerated Meta-Perceptions Predict Intergroup Hostility Between American Political Partisans."
43. Geiger, "For Many Voters, It's Not Which Presidential Candidate They're for but Which They're Against."
44. Yudkin et al., "The Perception Gap."
45. 譯註。美國開國元勛、憲法起草人之一，也是美國首任財政部長與《紐約郵報》創始人。

46. Chernow, *Alexander Hamilton*.

47. 這段話引用自華盛頓對美國人民的告別演說，建議完整閱讀這篇文稿。各位將震驚地發現當前的政治病態，在許久以前就早已昭然預示了。可以在許多地方找到這篇文章，包括美國參議院的網站：www.senate.gov（這件事真是諷刺）。

48. Ferguson, "War Is Not Part of Human Nature."

49. Christakis, *Blueprint: The Evolutionary Origins of a Good Society*.

50. Drutman, *Breaking the Two-Party Doom Loop: The Case for Multiparty Democracy in America*.

51. 同註50。

52. Fischer et al., "The Impact of Electoral Systems and Outcomes on Mass Attitudes: Experimental Attitudes."

第三章

1. 關於哈特菲爾德家族和麥考伊家族的不和，可以找到許多情緒化的描述。我參照了一個證據較為充分的版本，來自於歷史學家阿爾蒂娜．沃勒（Altina Waller）所著的書籍：Feud: *Hatfields, McCoys, and Social Change in Appalachia, 1860–1900*.

2. Hatfield, "Letter to the Editor."

3. 我最初是在舊金山的一次活動中認識柯蒂斯的，該活動由愛默生集團（Emerson Collective）所組織，是一家投資於新聞、教育和其他問題的企業，試圖從中創造正面影響力。我當時是愛默生集團的研究員，而柯蒂斯在芝加哥「創造真實經濟命運」中工作，該組織由愛默生集團資助。我在愛默生集團的研究計畫已經結束，從未與柯蒂斯或該組織有任何財務往來，但我非常感謝愛默生集團讓我們認識彼此。

4. 譯註。Animation。街舞中的一種動作，充滿像是將動畫逐幀播放的卡頓感，是街舞中一種比較難的技巧。
5. 學者班納迪克・安德森（Benedict Anderson）將這種民族認同感稱為「想像的共同體」，即我們覺得與自己有某種聯繫的一群人。*Imagined Communities: Reflections on the Origins and Spread of Nationalism*.
6. Sapolsky, *Behave*.
7. Hirt et al., "Costs and Benefits of Allegiance: Changes in Fans" Self-Ascribed Competencies After Team Victory Versus Defeat."
8. Carlson, "Nixon Daughters Bury the Hatchet."
9. Stewart et al., "Adult Sibling Relationships: Validation of a Typology."
10. 尼克森基金會沒有回應我直接與姐妹兩人交談的請求，所以我的資料來源主要是許多關於這場糾紛的新聞剪報。如果有一天姐妹倆願意分享的話，我很想聽聽她們從自己的角度談論這個故事。Carlson, "Nixon Daughters Bury the Hatchet."
11. Martelle et al., "Bequest Leads to Deep Rift for Nixon Kin."
12. Pfeifer et al., "Views Emerge in Rift Between Nixon Sisters."
13. Dahlburg and Pfeifer, "For Feuding Nixon Sisters, Finally a Peace with Honor."
14. Associated Press, "Nixon Sisters Debate Library Fund."
15. 黑石幫最早由尤金・公牛・赫爾斯頓（Eugene "Bull" Hairston）和傑夫・福特於一九六〇年代初創立，並多次更名。關於傑夫・福特的詳細訊息來自我對柯蒂斯的採訪，以及新聞剪報和書籍。Moore and Williams, *The Almighty Black P Stone Nation: The Rise, Fall, and Resurgence of an American Gang*.
16. Smothers, "Jeff Fort: A Gangster Who Survives."

17. Fisher, "The One Map That Shows Why Syria Is So Complicated."
18. Shadid, "Syrian Unrest Stirs New Fear of Deeper Sectarian Divide."
19. Bass, "What Really Causes Civil War?"
20. Dagher, *Assad or We Burn the Country*.
21. 想知道更多關於如何抵抗身分認同操縱的資訊，請參考 Klein, *Why We're Polarized*.
22. Sherman, "Grit Turns Warehouse into School of Winners."
23. Reardon, "Redlining Drains City, Aids Suburbs."
24. Greater Chatham Initiative, "History: Auburn Gresham."
25. Davidson and Recktenwald, "Bullets End Benjy's Fight to Be the Best."
26. Associated Press, "Rev. Jesse Jackson Eulogizes Ben Wilson."
27. Lindner, "Genocide, Humiliation and Inferiority."
28. Lindner, "Making Enemies Unwittingly."
29. Friedman, "The Humiliation Factor."
30. Gilligan, *Violence: Reflections on a National Epidemic*.
31. Lindner, "Making Enemies Unwittingly."
32. Frijda, "The Lex Talionis: On Vengeance."
33. CNN.com, "N. Ireland Process: Where Did It Go Wrong? "
34. 譯註。safe spaces。美國大學專門設計出一個空間，讓少數群體可以聚在一起討論特定有爭議性的議題。
35. Barrett, *How Emotions Are Made*. 建議讀者同時參考全國公共廣播電台製作的 podcast〈Invisibilia〉中，「情緒」單元裡面的精彩故事（二〇一七年六月二十二日播出）。

36. Briggs, *Never in Anger: Portrait of an Eskimo Family*.
37. UPI, "Swift Justice Sought for Wilson Attackers."
38. 比利是門徒幫的成員，請不要將其與其他敵對組織（如黑徒幫〔Black Disciples〕）混淆。柯蒂斯通常將比利的組織稱為「門徒幫」，而我在撰寫時選擇跟隨他的稱呼方式。
39. Hedges, *War Is a Force That Gives Us Meaning*.
40. 學術上將這種現象稱為「群際情緒理論」（intergroup emotions theory），指的是人類會代表其他群體成員，間接且代理性地體驗情緒。此理論是由社會心理學家黛安・麥基（Diane M. Mackie）和艾略特・史密斯（Eliot R. Smith）提出。Mackie et al., "Intergroup Emotions Theory."
41. Twain, *Adventures of Huckleberry Finn*.
42. Halperin, *Emotions in Conflict*.
43. 編按。Chuck Taylor，或稱 Converse All Stars，始於一九一七年，由籃球員查克・泰勒代言後，成為該公司的經典鞋款。
44. 譯註。penny loafers。又稱懶人鞋，指不用繫鞋帶的男用皮鞋。
45. 關於石頭幫和門徒幫如何區分敵我的描述，來自我對柯蒂斯的採訪，而這些細節在門徒幫的成員（和其他石頭幫的成員）的回憶中，一定會有不盡相同之處。
46. 譯註。蓋爾人（Gaels）是一支古老的凱爾特民族，分布於愛爾蘭、蘇格蘭和曼島。
47. 關於北愛爾蘭人如何「目測一下」的部分，來自這篇引人入勝的論文：Meagan Anne McGuire: "Verbal and Visual Symbolism in Northern Irish Cultural"
48. Ahler and Sood, "The Parties in Our Heads."
49. Lee, "How the Politicization of Everyday Activities Affects the Public Sphere."

50. 推薦關於復仇的好文章。心理學家弗里達寫道：「復仇是社會中一架沒有中心正義的社會權力調節器。」參見 Frijda, "The Lex Talionis: On Vengeance."
51. 此番發言是從相關媒體報導上翻譯成英文。
52. Wang, "National Humiliation, History Education, and the Politics of Historical Memory: Patriotic Education Campaign in China."
53. Rovenpor et al., "Intergroup Conflict Self-Perpetuates viaMeaning."
54. Fearon, "Civil War and the Current International System."
55. Widmer and Pavesi, "Monitoring Trends in Violent Deaths."
56. 根據聯邦調查局的數據，二〇一八年，聖路易的兇殺率為每十萬人中有六十起謀殺案，芝加哥則為每十萬人二十一起。全球兇殺案率數據來自：El Consejo Ciudadano para la Seguridad Pública y la Justicia Penal, "Metodología del Ranking (2018) de las 50 Ciudades Más Violentas del Mundo."
57. 有關群體多樣性與戰爭相關性的更多資訊，請參閱政治科學家詹姆士·費倫（James Fearon）和大衛·雷汀（David Laitin）對一九四五年至一九九九年間發生的一百二十七場內戰分析。Fearon and Laitin, "Ethnicity, Insurgency and Civil War."
58. Ingraham, "There Are More Guns than People in the United States, According to a New Study of Global Firearm Ownership."
59. OECD, "Better Life Index."
60. Roman, "The Puzzling Relationship Between Crime and the Economy."
61. 譯註。complicit state。指國家成為某種犯罪行爲或惡行的共謀。
62. Kleinfeld, *A Savage Order*.
63. 譯註。Ballot stuffing。一種選舉作票方式，在票匭中放入超過合法投票人數的選票。

64. Grossman et al., *The Encyclopedia of Chicago*.
65. Lesy, *Murder City: The Bloody History of Chicago in the Twenties*.
66. Simpson et al., "Continuing Corruption in Illinois."
67. 此數據來自一九七六至二〇一八年之間的資料。Simpson et al., "Continuing Corruption in Illinois."
68. 芝加哥庫克郡的法官湯瑪斯．馬勒尼（Thomas J. Malone）於一九九三年因收受數千美元為代價，操縱三起謀殺案和另一起重罪案件的判決而被判有罪。其中一筆賄賂來自石頭幫的一個分支魯肯幫（柯蒂斯當時是該幫派一個相對較資淺的成員）。馬勒尼在監獄中服刑十二年，並於二〇〇八年去世。Jensen, "Thomas J. Maloney: 1925–2008."
69. Mitchell, "Chicago's Dismal Murder Solve Rate Even Worse When Victims Are Black."
70. Jones, "Illinois Residents Least Confident in Their State Government."
71. 有關芝加哥幫派暴力現今狀況的更多資訊，請參閱：Hagedorn et al., "The Fracturing of Gangs and Violence in Chicago."
72. 關於柯蒂斯的繼父沃特．韓德森（Walter Henderson），其毒癮的詳細資訊來自對柯蒂斯的採訪，以及韓德森代表自己所遞交的法庭文件。
73. 關於柯蒂斯的母親麗塔．韓德森（Rita Henderson）遭謀殺的細節資訊，來自她的死亡證明、庫克郡法院關於起訴她丈夫沃特．韓德森的紀錄，以及韓德森隨後嘗試上訴的文件。
74. Morrison, *The Bluest Eye*.
75. Moore and Williams, *The Almighty Black P Stone Nation*.
76. 這起事件的細節和本章其他兩次逮捕細節，來自對柯蒂斯的採訪以及庫克郡的法庭紀錄。

第四章

1. 譯註。Crack cocaine。古柯鹼的游離鹼形式，熔點比純古柯鹼低很多，更容易揮發和在人體中產生效果，因此受到古柯鹼吸食者的青睞。
2. 譯註。美國有些地方的小學是四年制，學生畢業時大約十歲，接著進入中學就讀。
3. Chicago, "You're the Inspiration."
4. Torres, *Rido: Clan Feuding and Conflict Management in Mindanao*.
5. Wood, *Friends Divided: John Adams and Thomas Jefferson*.
6. Milbank, *Tears of a Clown*.
7. 譯註。Joseph Goebbels。納粹德國時期的國民教育與宣傳部部長，擅長演講與煽動人心，被稱為「宣傳的天才」，以鐵腕捍衛希特勒政權和維持第三帝國的體制。
8. Beck, Interview on *Fox & Friends*. 關於更多由葛倫．貝克觀點陳述的故事，我推薦閱讀二〇一八年出版的 *Addicted to Outrage*。
9. Beck, Interview by Megyn Kelly, *The Kelly File*.
10. Schmidle, "Glenn Beck Tries Out Decency."
11. 同註10。
12. 譯註。在美國娛樂圈擁有龐大影響力，其脫口秀以大膽用語、暴怒氛圍嘲諷時事。
13. 貝克在薩曼莎．比的節目《Full Frontal with Samantha Bee》中受訪時的發言。
14. 譯註。美國資深媒體人，主持多項廣播節目，曾得到美國人權獎章。
15. 貝克在克麗絲塔．蒂皮特的節目《On Being with Krista Tippett》中受訪時的發言。

16. 貝克在彼得・卡夫卡（Peter Kafka）的節目《Recode Media with Peter Kafka》中受訪時的發言。

17. CBSDC, "Glenn Beck Says Media Are 'Rat Bastards,' Obama Is a Dictator."

18. 貝克在克麗絲塔・蒂皮特的節目《On Being with Krista Tippett》中受訪時的發言。

19. Leach, "Glenn Beck Dons MAGA Hat: I Will 'Gladly' Vote for Trump in 2020."

20. Bond, "Glenn Beck's TheBlaze to End on Linear TV."

21. 編按。perpetual motion machine。不需輸入能量或僅有單一熱源條件，便能永不間斷地向外界輸出能量的機械。

22. 瑞秋・克萊菲爾德在她的書《野性的秩序》（*A Savage Order*）中描述了像喬治亞這樣的國家，如何找到擺脫地方性暴力的辦法。政府採取的第一步是與軍閥討價還價，透過提供游擊隊金錢和政治權力換取短暫的和平，以爭取時間。克萊菲爾德稱這些做法為「骯髒的交易」，而這就像芝加哥幫派之間的「和平協議」，並不是為了買到和平，「他們這麼做是為了購買時間」。

23. Hoffman, "All You Need Is Love."

24. Woodson, *The Mis-Education of the Negro*.

25. 普弗萊格神父是一位迷人的芝加哥人物，我在有限的篇幅中無法完全呈現他的魅力。要瞭解更多普弗萊格神父的故事，請參考歐逸文二〇一六年在《紐約客》人物專欄撰寫的〈麥克神父〉（Father Mike）一文。

26. Butigan, "Chicago's South Side Rises Up Against Gun Violence."

27. 編按。Nation of Islam。成立於一九三〇年，是非裔美國人的伊斯蘭新興宗教主義組織。

28. 譯註。General Educational Development。美國的一個考試機構，認證高中同等學力。

29. 關於比利觀點的部分來自新聞報導、我自己對比利・摩爾的親身採訪，以及比利尚未出版的自傳《直到獅子開口說話》（*Until the Lion Speaks*）——這本自傳寫於二〇一九年，比利在同年九月分享給我。這是他根據自己的記憶，描述比利版本的事件經過，而由於不同證人曾經給出不同的陳述，因此我們無法確定那天究竟發生了什麼事。本吉的女友在審判中作證，表示奧馬爾．迪克森抓住本吉並討錢，而後叫比利射殺本吉，但奧馬爾和比利都否認了這一說法。

30. 譯註。security blanket。指的是用來提供心理慰藉的物品。許多孩童在年幼時會擁有安全毯，有些人則到成年時依然保持這個習慣。

31. 在審判中，這位檢察官的證詞表示，比利簽署的聲明中只包含比利自己告訴他的內容。這位檢察官後來成為一名法官，但我無法與他核對比利的故事版本，因為他已去世。請同時參考：Myers, "A Bump, a Taunt— then Death."

32. Myers, "2 Teens Convicted in Murder of Ben Wilson."

33. Pettigrew and Tropp, "A Meta-Analytic Test of Intergroup Contact Theory"; Vezzali and Stathi, eds., Intergroup Contact Theory.

34. Abrams et al., "Does Terror Defeat Contact? Intergroup Contact and Prejudice Toward Muslims Before and After the London Bombings."

35. *Oxford Mail*, "Science Writer Wins Award."

36. Lynas, "Lecture to Oxford Farming Conference."

37. Mussen, "Some Personality and Social Factors Related to Changes in Children's Attitudes Toward Negroes."

38. Allport, *The Nature of Prejudice*.

39. 若想知道更多關於人們被氣候變化相關的末日敘事所誘惑的故事，我推薦閱讀：Michael Shellenberger, *Apocalypse Never: Why Environmental Alarmism Hurts Us All*。

40. Pyrooz et al., "Criminal and Routine Activities in Online Settings: Gangs, Offenders, and the Internet."

41. 譯註。此處應是指某人過世後，親友會將其相片印在T恤上做紀念。

42. 心理學家詹姆士．格羅斯（James Gross）辨認出人們用來調節情緒的五種策略。有關更多資訊，請參閱：Gross, ed., *Handbook of Emotion Regulation*，尤其是這本書的第一章。

43. Ury, "2016 Dawson High School Graduation Talk." See also Ury, *Getting to Yes with Yourself*.
44. Finkel et al., "A Brief Intervention to Promote Conflict Reappraisal Preserves Marital Quality over Time."

第五章

1. 在針對世界各地暴力衝突的研究中，哥倫比亞大學的彼得．柯爾曼教授（Peter T. Coleman）觀察到這種模式一次又一次地出現。根據他的評估，大約四分之三的棘手衝突會在下一次政治衝擊事件發生後的十年內結束。舉例來說，美國上一次像現在這樣在政治上兩極分化，是在南北戰爭後，而那段兩極分化的時代大約在一九二〇年代結束——也就在第一次世界大戰的衝擊重新為世界洗牌的十年之後。更多資訊請參閱 Coleman, "COVID Could Be the Shock That Ends Our Deep Divisions.
2. Sadat, "73 Statement to the Knesset."
3. 譯註。David Camp。美國總統專屬的渡假場所，位於華盛頓特區附近。此處也經常作為美國總統與他國領導人之間正式或非正式會談的地點。
4. Gottman with Silver, *Why Marriages Succeed or Fail*.
5. Edholm and Gunderson, eds., *Polar Human Biology*.
6. 這些問題不是蓋瑞原創的。作家賈斯汀．巴瑞索（Justin Bariso）在其著作《可以柔軟，不代表你必須一再退讓》（*EQ Applied*）中提過這一系列問題，並將其最初的來源歸功於喜劇演員，同時也是電視節目主持人的克雷格．費格森（Craig Ferguson），但這些問題也可能還有其他來源。
7. Feinberg and Willer, "From Gulf to Bridge: When Do Moral Arguments Facilitate Political Influence?"

8. 值得注意的是，如果蓋瑞是位國家級的政治人物，他完全有理由為此召開一次特別會議，因為這會立即產生競選捐款和社交媒體關注。現在的政治狀態中，高調的政客有太多的動機使用自己支持者的道德語言，而不是他們當選後應該服務者的語言。
9. Stewart, "Expand the Pie Before You Divvy It Up." 本書中引用了尤瑞這句話。
10. King, *Mindful of Race*.

第六章

1. 譯註。Demobilization。指的是讓戰鬥組織中的成員解除武裝、回歸民間的程序，反義詞為動員。
2. Humphreys and Weinstein, "Demobilization and Reintegration."
3. Felter and Renwick, "Colombia's Civil Conflict."
4. Jewish Virtual Library, "Vital Statistics: Total Casualties, Arab-Israeli Conflict."
5. United Nations, "4 Out of 10 Child Soldiers Are Girls."
6. Fattal, *Guerrilla Marketing*.
7. 軍方殺害平民的行為在哥倫比亞被稱為「誤報」醜聞。請參見 Parkin Daniels, "Colombian Army Killed Thousands More Civilians than Reported, Study Claims."
8. UNHCR, "Colombia."
9. 胡安．帕布羅．阿帕里西奧的想法變成了二〇二一年的一份工作底稿，隨後他與麥克．傑特（Michael Jetter）、克里斯多福．帕森斯（Christopher Parsons）合著成論文〈For FARC's Sake: Demobilizing the Oldest Guerrilla in Modern

History〉。這篇論文尚未通過同儕審查，他先分享一份初稿給我。
10. Yanagizawa-Drott, "Propaganda and Conflict: Evidence from the Rwandan Genocide."
11. Aparicio et al., "For FARC's Sake."
12. 桑德拉復員時，針對哥倫比亞重返社會服務網站的描述，來自我對桑德拉的採訪以及該網站的網頁庫存檔，我在二〇二〇年透過網站時光機（Wayback Machine）看到該庫存檔。當桑德拉造訪該網站時，該網站的名稱是「共和國總統府社會經濟復員高級委員辦事處」（Alta Consejería para la Reintegración Social y Económica de la Presidencia de la República）。在此之後的一年內，該辦公室更換了名稱，成為一個成熟完整的機構。然而遺憾的是，此庫存檔不包括二〇一〇年桑德拉訪問時的版本，但它包含了一個二〇〇九年的版本，而兩者應該非常相似。
13. Mandela, *Long Walk to Freedom: The Autobiography of Nelson Mandela*.
14. 譯註。Associate's degree。一種美加大學制中的初級學位，在社區或專科學院修讀兩年後可獲得，其等級與台灣的專科文憑相近。
15. McDermott, "Criminal Activities of the FARC and Rebel Earnings."
16. Nussio and Ugarriza, "Why Rebels Stop Fighting."
17. 人類學家金伯利．泰登（Kimberly Theidon）採訪了一百一十二名哥倫比亞衝突中的前戰鬥人員，其中有超過一半的人告訴她，他們因為游擊隊的生活「太累且太令人厭倦」而放棄戰爭。泰登寫道，這些前戰鬥人員抱怨生活「飢腸轆轆」，往往數天甚至數周無法睡，生病時也無從獲得醫療護理或藥物。他們一直生活在恐懼和祕密中，不得不進行殺戮或看著別人進行殺戮。Theidon, "Transitional Subjects: The Disarmament, Demobilization and Reintegration of Former Combatants in Colombia."
18. 譯註。60 Minutes。美國知名電視新聞節目，由哥倫比亞廣播公司製作並播出，以對事件深入調查的風格聞名。
19. Kaplan and Nussio, "Explaining Recidivism of Ex-Combatants in Colombia."

20. 在脫離衝突的過程中，找到工作可能不如家庭關係的幫助那麼強大，因為前戰鬥人員透過重返社會計畫，會從政府那裡獲得資金援助。另外值得注意的是，家庭反而有時也會推動人們走向衝突身分，而不是將他們帶出衝突。某些哥倫比亞革命軍成員在孩提時代就加入游擊隊，以逃避自己家庭中的性虐待或身體虐待。衝突中沒有什麼是簡單扁平的。

21. Nussio, "Ex-Combatants and Violence in Colombia: Are Yesterday's Villains Today's Principal Threat? "

22. Gibson, "Reintegration or Segregation? How Perceptions of Ex-Combatants and Civil Society Affect Reintegration (and Peace) in Colombia."

23. 編按。支持者四九．七八%；反對者五〇．二二%。

24. 「你我都一樣」這個組織在布隆迪、獅子山共和國、賴比瑞亞、剛果、安哥拉、印尼、烏克蘭和巴勒斯坦等地還製作了其他受歡迎的節目。請參見 Brusset and Otto, "Evaluation of Nashe Maalo" ; and Estes, "Radio Soap Operas Teach Conflict Resolution."

25. CPP Inc., "Workplace Conflict and How Businesses Can Harness It to Thrive."

26. Sofield and Salmond, "Workplace Violence: A Focus on Verbal Abuse and Intent to Leave the Organization."

27. Pillemer, *Fault Lines*.

28. 「高衝突離婚」在《美國家庭治療雜誌》（*American Journal of Family Therapy*）上發表的一篇文章中，被定義為「在敵對、不安全、情緒化的環境中，普遍存在的負面交流」。請參見 Anderson et al., "Dsefining High Conflict," and Whiteside, "The Parental Alliance Following Divorce: An Overview."

29. 每年高衝突離婚的數字是我自己的估計。計算基礎是美國疾病控制和預防中心二〇一八年的離婚數據，取其數字的四分之一。

第七章

1. 譯註。Synagogue。詞源為「聚會」之意，因此一般譯為「會堂」而非「教堂」，此處的耶書崙猶太教會堂，本書將簡稱為耶書崙會堂。
2. 我要感謝「重啟談話」組織（Resetting the Table）的梅麗莎．溫特勞布（Melissa Weintraub），是她在羅利拉比的許可下告訴我，耶書崙會堂可能是一個很好的典範，顯示出組織能如何改變得更具抗衡突能力。讀者可以在以下網站瞭解有關這個組織的更多資訊：www.resettingthetable.org
3. 譯註。聯合國在會員國之外，另設有觀察員制度，邀請國際組織、非政府組織、政治實體參與聯合國事務。觀察員有權在聯合國大會上發言，但是不允許參與會議中的投票。
4. 譯註。Rabbi。猶太人的特別階層，主要是有學問的學者及宗教領袖，在猶太社群中的地位十分尊崇。
5. Matalon et al., "B' nai Jeshurun Leadership E-mail on Palestine."
6. 譯註。歐洲中世紀常見的曲頸撥弦樂器，被認為是吉他的前身。
7. Otterman and Berger, "Cheering U.N. Palestine Vote, Synagogue Tests Its Members."
8. Matalon et al., "Second B'nai Jeshurun Leadership E-mail on Palestine."
9. Rosenblatt, "Fuel for Debate over Rabbis' Role."
10. 同註9。
11. Cohen and Gitlin, "Reluctant or Repressed? "
12. 我最初在「解決方案新聞平台」的支持下，針對這個議題寫了一篇與媒體業有關的專題文章。Ripley, "Complicating the Narratives."
13. 想瞭解更多關於「困難對話實驗室」的資訊與柯爾曼和他同事們引人入勝的研究，請參閱 Coleman, *The Five Percent:*

Find Solutions to Seemingly Impossible Conflicts.

14. 對想要知道如何在工作上採用更好聆聽方式的記者，我有兩個建議：首先，考慮邀請「解決方案新聞平台」到你的新聞編輯部中，教授「複雜敘事」的技巧（請前往這裡瞭解更多訊息：solutionsjournalism.org）。由於海倫．荷夫（Hélène Biandudi Hofer）設計的課程，可以讓記者在極短的時間內學會理解迴圈，並以能夠重振好奇心的方式報導衝突。其次，你可以參考「Hearken」的服務。這是一家幫助組織以系統性方式傾聽目標群眾意見的公司，由珍妮佛．布蘭德（Jennifer Brandel）共同創立（她受到本書前述的巴哈伊信仰部分原則所啟發）。Hearken 幫助記者轉向為公眾服務，而不是告訴公眾該怎麼思考，他們的座右銘是「以謙遜的姿態從事新聞工作」，而這似乎正是我們如今所需要的。請前往官網上查看更多訊息：weareearken.com

15. 衝突第三個悖論的靈感來自於我與凱瑟琳．康納的談話，她是加州出身的調解員、教師和律師，告訴我她在自己的客戶身上發現了類似的悖論。這個現象與完形療法（Gestalt therapy）中的「矛盾的變化理論」有關。該理論認為，一個人越是積極地試圖改變自己，成為與自己不同的樣子，就越容易保持不變。根據這個理論，人必須先接受自己的本來面目，才可能進行改變。類似的事情也發生在衝突中，除非我們感覺自己被理解，否則往往會抵制變革。要瞭解更多相關資訊，請參考：Arnold Beisser, "The Paradoxical Theory of Change." Joen Fagan and Irma Lee Shepherd, *Gestalt Therapy Now*。

16. 感謝《華盛頓郵報》記者伊拉荷．伊札地（Elahe Izadi）推薦我閱讀約翰．富蘭克林（Jon Franklin）的書《為故事寫作》（*Writing for Story*），富蘭克林在這本優秀的著作中拓展了此一重要觀點。

17. 經濟學家泰勒．柯文（Tyler Cowen）在二〇〇九年一場ＴＥＤ演講中警告：「要記得懷疑太簡單的故事」。我特別喜歡他這句話：「想像一下，你每次講述一個簡單的善惡對立故事，基本上就是在將自己的智商降低十分甚至更多。」

18. 「重啟談話」組織重返此處，為他們設計了第二輪的調解計畫，而後組織調整顧問雅典娜．菲利普斯（Adena

Philips）接手了大部分的計畫執行。

19. New York Daily News, "Clown Runs for Prez."

20. Haberman and Lipton, "Nobody Waved Goodbye."

21. 譯註。一般人習慣將矯正人員稱為獄警，但他們並不具有警職，服務範圍也不一定在監獄內。在美國，甚至有接受政府標案提供矯正服務的私人企業，台灣的矯正人員則隸屬於法務部矯正署。

22. 編按。Smith College。美國頗負盛名的頂尖文理學院之一。

23. 譯註。女性主義的理論概念之一，用於理解由多個個人身分的組合（例如黑人同性戀婦女）所引起的特殊歧視和壓迫。

24. 譯註。kosher。符合猶太教飲食規定的食材，其種類受《舊約聖經》限制，肉類屠宰及烹調方式亦受嚴格規範。

25. 我在耶書崙會堂和密西根矯正工會的交流期間，採訪並觀察了本章中出現的所有參與者，包括明蒂．弗羅曼。明蒂針對這段經歷也寫了一篇文章，並與小組中的每個人分享，這篇文章非常誠實（也很有趣），給了我很多助益。

26. 譯註。Amish。基督新教重洗派門諾會中的一個分支，以拒絕汽車及電力等現代設施，過著遺世獨立的簡樸生活而聞名。

27. 另一派說法是，共和黨是在此事件發生的兩個月前，成立於威斯康辛州的里彭。共和黨真正的發源地存在一些爭論，但密西根州有很多人堅持認為共和黨的成立是在傑克森公園。我們在那裡看到了紀念碑。大英百科全書在其關於共和黨成立的條目中，將這兩個地方都列舉出來。

28. 一九七三年，大約有五四%的新婚夫婦擁有相同的政治背景。二〇一四年，新婚夫婦政治立場一致的比例為七四%。Iyengar et al., "The Home as a Political Fortress: Family Agreement in an Era of Polarization."

29. Pettigrew, "European Attitudes Toward Immigrants."

30. Iyengar et al., "The Home as a Political Fortress."

31. 想知道政治多樣性如何讓每個人的生活都更充實，請參閱我二〇一九年在《大西洋》（*Atlantic*）雜誌中撰寫的故事：〈美國政治偏見最少的地方〉（The Least Politically Prejudiced Place in America）。

32. 譯註。紐約的唐人街位於曼哈頓下城，緊鄰被稱為「小義大利」的義大利移民街區。而義大利奶油捲（cannoli）則是一種經典義大利點心，在烤脆的捲筒餅皮中擠入奶油、堅果、巧克力與水果等，非常受歡迎。

33. 基於美國人口普查局的數據，蘭辛市二〇一八年的人口數為十一萬八千，當年記錄在案的兇殺案有八起，兇殺率相當於每十萬人中六．八人（Berg, "With Homicide Rates Down, Here's Where Each Lansing-Area Case Stands"）。而同年，紐約市擁有八百三十萬人口，發生了兩百九十五起兇殺案（NYPD, "Historical Crime Data: Seven Major Felony Offenses），這樣的兇殺案等於是每十萬人中三．六人。

34. 譯註。Tenement Museum。位於紐約市曼哈頓的下東城區，包含兩座歷史悠久的廉租公寓建築，在一八六三年至二〇一一年間，曾陸續成為二十多國、約一萬五千人抵達紐約的家。此博物館提倡對於移民體驗的寬容，並以歷史的視角探討紐約移民現象。

35. 讀者能以「B'nai Jeshurun November 10, 2018」為關鍵字搜尋，找到安迪．波特與同事在耶書崙會堂朗讀這封信的影片。

附錄一

1. Castle, "Wolves, Resurgent and Protected, Vex Swedish Farmers."
2. Agence France-Presse, "Sheep Flock to Eiffel Tower as French Farmers Cry Wolf."
3. Wheat, "Crying Wolf."

4. Todd, "French Farmers Take Park Boss Hostage over Wolf Attacks."
5. Taylor, "Wild Wolf Shot and Killed in Denmark."

附錄三

1. 透過對漢斯．彼得．漢森的採訪，我認識了這個工作坊，他慷慨地將我介紹給該工作坊的參與者。我同時還借鑒了安妮．凱瑟琳．蒙克．施羅德（Anne Cathrine Munch Schrøder）針對這個專案所撰寫的精彩論文，論文題目為〈在狼群甦醒之時〉（In the Wake of the Wolf）。
2. 編按。台灣目前針對民事事件、刑事告訴乃論案件，提供鄉鎮市調解委員會的服務，勸導雙方互相讓步，以終止爭執。依據〈鄉鎮市調解條例〉的規定，鄉、鎮、市、區都設有調解委員會。目前除金門縣烏坵鄉人口過少未設置委員會，全台共有三百六十七個調解委員會。當事人到調解委員會進行調解原則上是免費的。除勘驗費應由當事人核實開支，調解委員會不得徵收任何費用，或以任何名義收受報酬。如欲聲請調解，可逕行洽詢各鄉、鎮、市、區公所調解委員會。
3. 編按。ranked-choice votinge。也稱為複選式排序投票。此方法允許選民依個人偏好順序選擇候選人，而非只有一個選擇。
4. Voss is quoted in Bernstein, "Worried About a Difficult Conversation? " For more, see Voss, *Never Split the Difference*.
5. 編按。「中華民國仲裁協會爭議調解中心」為台灣目前唯一的民間調解機構，相關資料可上該中心官網查詢：www.arbitration.org.tw

參考資料

- Abrams, Dominic, Julie Van de Vyver, Diane Houston, and Milica Vasiljevic. "Does Terror Defeat Contact ? Intergroup Contact and Prejudice Toward Muslims Before and After the London Bombings." *Peace and Conflict Journal of Peace Psychology* 23, no. 3 (2017).
- Agence France-Presse. "Sheep Flock to Eiffel Tower as French Farmers Cry Wolf." *Telegraph*, November 27, 2014.
- Ahler, Douglas J., and Gaurav Sood. "The Parties in Our Heads." *Journal of Politics* 80, no. 3 (July 2018).
- Al Jazeera. "Nearly a Dozen Deaths Tied to Continuing Unrest in U.S." June 3, 2020.
- Allport, Gordon W. *The Nature of Prejudice*. Cambridge: Addison-Wesley, 1954.（中譯本：《偏見的本質》，2020 年 10 月，九州出版社，簡體本）
- Anderson, Benedict. *Imagined Communities: Reflections on the Origin and Spread of Nationalism*. London: Verso, 2006.（中譯本：《想像的共同體》，2010 年 05 月，時報出版，台北）
- Aparicio, Juan P., Michael Jetter, and Christopher Parsons. "For FARC's Sake: Demobilizing the Oldest Guerrilla in Modern History." Forthcoming 2021. Working paper shared privately with author in August 2020.
- Associated Press. "China Didn't Warn Public of Likely Pandemic for Six Key Days." April 15, 2020.

  ______. "Nixon Sisters Debate Library Fund." *Florida Today*, August 7, 2002.

  ______. "Rev. Jesse Jackson Eulogizes Ben Wilson." *Rock Island Argus*, November 25, 1984.

■ Bar-Tal, Daniel. *Intractable Conflicts*. Cambridge: Cambridge University Press, 2013.

■ Barrett, Lisa Feldman. *How Emotions Are Made*. Boston: Houghton Mifflin Harcourt, 2017.（中譯本：《情緒跟你以為的不一樣》，2020年3月，商周出版，台北）

■ Basner, Mathias, David F. Dinges, Daniel J. Mollicone, Igor Savelev, Adrian J. Ecker, Adrian Di Antonio, Christopher W. Jones, Eric C. Hyder, Kevin Kan, Boris V. Morukov, and Jeffrey P. Sutton. "Psychological and Behavioral Changes During Confinement in a 520-Day Simulated Interplanetary Mission to Mars." PLOS ONE 9, no. 3 (2014).

■ Bass, Gary J. "What Really Causes Civil War? " *New York Times Magazine*, August 13, 2006.

■ BBC News. "Coronavirus: Donald Trump Wears Face Mask for the First Time." July 12, 2020.

_____. "Coronavirus: Trump's WHO De-funding 'as Dangerous as It Sounds.' " April 15, 2020.

■ Beck, Glenn. *Addicted to Outrage*. New York: Threshold Editions, 2018.

_____. "Glenn Beck Doesn't Care if He Alienates Trump Voters." Interview by Peter Kafka. *Recode Media with Peter Kafka*. Vox, March 10, 2017.

_____. Interview by Megyn Kelly. *The Kelly File*, Fox News, January 21, 2014. _____. Interview by Samantha Bee. *Full Frontal with Samantha Bee*. TBS, December 19, 2016.

_____. Interview on *Fox & Friends*. Fox News, July 28, 2009.

_____. "What You Do Will Be a Pivot Point." Interview by Krista Tippett. *On Being with Krista Tippett*. The On Being Project, May 11, 2017.

■ Beisser, Arnold. "The Paradoxical Theory of Change." *In Gestalt Therapy Now*, edited by Joen Fagan and Irma Lee Shepherd. Palo Alto: Science and Behavior Books, 1970.

■ Berg, Kara. "With Homicide Rates Down, Here's Where Each Lansing-Area Case Stands." *Lansing State Journal*, January 2,

2019.

- Bergeron, Jasmin, and Michel Laroche. "The Effects of Perceived Salesperson Listening Effectiveness in the Financial Industry." *Journal of Financial Services Marketing* 14, no. 1 (2009).
- Bernstein, Elizabeth. "Worried About a Difficult Conversation? " *Wall Street Journal*, June 14, 2020.
- Berreby, David. Us and Them. Chicago: University of Chicago Press, 2008. Bober, Natalie S. *Thomas Jefferson: Draftsman of a Nation*. Charlottesville: University of Virginia Press, 2007.
- Bond, Paul. "Glenn Beck's The Blaze to End on Linear TV." *Hollywood Reporter*, November 6, 2019.
- Bregman, Rutger. *Humankind: A Hopeful History*. New York: Little, Brown, 2019.（中譯本：《人慈》，2021年8月，時報出版，台北）
- Bridgeport Post. "Jury Awards $5,500 to Woman in Crash." May 11, 1973.
- Briggs, Jean L. *Never in Anger: Portrait of an Eskimo Family*. Cambridge: Harvard University Press, 1971.
- Brusset, Emery, and Ralf Otto. "Evaluation of Nashe Maalo." Channel Research, December 23, 2004.
- Butigan, Ken. "Chicago's South Side Rises Up Against Gun Violence." *Waging Nonviolence*, June 28, 2013.
- Butler, Patrick. "A Million Volunteer [sic] to Help NHS and Others During Covid-19 Outbreak." *The Guardian*, April 13, 2020.
- Carey, Benedict, and James Glanz. "Hidden Outbreaks Spread Through U.S. Cities Far Earlier than Americans Knew, Estimates Say." *New York Times*, April 23, 2020.
- Carlson, Margaret. "Nixon Daughters Bury the Hatchet." *Time,* May 6, 2002.
- Castle, Stephen. "Wolves, Resurgent and Protected, Vex Swedish Farmers." *New York Times*, August 15, 2015.
- CBS DC. "Glenn Beck Says Media Are 'Rat Bastards,' Obama Is a Dictator." April 3, 2014.
- Chenoweth, Erica, and Maria J. Stephan. *Why Civil Resistance Works*. New York: Columbia University Press, 2011.

- Chernow, Ron. *Alexander Hamilton*. New York: Penguin, 2004.
- Chicago. "You're the Inspiration." By Peter Cetera and David Foster. Recorded 1983–1984. Track 7 on *Chicago* 17. Full Moon/Warner Brothers.
- Christakis, Nicholas A. Blueprint: *The Evolutionary Origins of a Good Society*. New York: Little, Brown Spark, 2019.
- CNN.com. "N. Ireland Process: Where Did it Go Wrong? " October 22, 2003. Cohen, Steven, and Jason Gitlin. "Reluctant or Repressed? " Jewish Council for Public Affairs, October 8, 2013.
- Coleman, Peter T. "COVID Could Be the Shock That Ends Our Deep Divisions." *Daily Beast*, June 7, 2020.

  ______. *The Five Percent: Finding Solutions to Seemingly Impossible Conflicts*. New York: PublicAffairs, 2011.
- Conti, Richard P. "Family Estrangement: Establishing a Prevalence Rate." *Journal of Psychology and Behavioral Science* 3, no. 2 (2015).
- Corkery, Michael, and Annie Karni. "Trump Administration Restricts Entry into U.S. from China." *New York Times*, January 31, 2020.
- Cowen, Tyler. "Be Suspicious of Simple Stories." Filmed November 2009 at TEDxMidAtlantic.
- CPP Inc. "Workplace Conflict and How Businesses Can Harness It to Thrive." Global Human Capital Report, CPP, July 2008.
- Crary, David. "Keen Interest in Gentler Ways to Divorce." *Pantagraph*, December 18, 2007.
- Dagher, Sam. Assad or We Burn the Country. New York: Little, Brown, 2019. Dahlburg, John-Thor, and Stuart Pfeifer. "For Feuding Nixon Sisters, Finally a Peace with Honor." *Los Angeles Times*, August 9, 2002.
- Davidson, Jean, and William Recktenwald. "Bullets End Benjy's Fight to Be the Best." *Chicago Tribune*, November 22, 1984.
- DeBono, Amber, and Mark Muraven. "Rejection Perceptions: Feeling Disrespected Leads to Greater Aggression than Feeling Disliked." *Journal of Experimental Social Psychology* 55 (November 2014).

■ Drutman, Lee. *Breaking the Two-Party Doom Loop: The Case for Multiparty Democracy in America*. New York: Oxford University Press, 2020.

■ Duverger, Maurice. "Public Opinion and Political Parties in France." *American Political Science Review* 46, no. 4 (1952).

■ Edholm, O. G., and E. K. E. Gunderson, eds. *Polar Human Biology*. Sussex: William Heinemann Medical Books, 1973.

■ El Consejo Ciudadano para la Seguridad Pública y la Justicia Penal (The Citizen Council for Public Security and Criminal Justice). "Metodología del Ranking (2018) de las 50 Ciudades Más Violentas del Mundo." March 12, 2019.

■ Estes, Carol. "Radio Soap Operas Teach Conflict Resolution." *Yes!*, May 3, 2006.

■ Fattal, Alexander L. *Guerrilla Marketing*. Chicago: University of Chicago Press, 2018.

■ FBI: UCR. "Crime in the United States: Table 6." Uniform Crime Reporting Program, 2018.

■ Fearon, James D. "Civil War and the Current International System." *Daedalus* 146, no. 4 (2017).

■ Fearon, James D., and David D. Laitin. "Ethnicity, Insurgency, and Civil War." *American Political Science Review* 97, no. 1 (2003).

■ Feinberg, Matthew, and Robb Willer. "From Gulf to Bridge: When Do Moral Arguments Facilitate Political Influence?" *Personality and Social Psychology Bulletin* 41, no. 12 (2015).

■ Felter, Claire, and Danielle Renwick. "Colombia's Civil Conflict." *Council on Foreign Relations*, January 11, 2017.

■ Ferguson, R. Brian. "War Is Not Part of Human Nature." *Scientific American*, September 1, 2018.

■ Fernandez, Manny, and Audra D. S. Burch. "George Floyd, from 'I Want to Touch the World' to 'I Can't Breathe.' " *New York Times*, July 29, 2020.

■ Finkel, Eli J., Erica B. Slotter, Laura B. Luchies, Gregory M. Walton, and James J. Gross. "A Brief Intervention to Promote Conflict Reappraisal Preserves Marital Quality over Time." *Psychological Science* 24, no. 8 (August 2013).

- Fischer, Sean, Hye-Yon Lee, and Yphtach Lelkes. "The Impact of Electoral Systems and Outcomes on Mass Attitudes: Experimental Attitudes." Draft submission to the *British Journal of Political Science*, Cambridge University Press, 2020.
- Fisher, Max. "The One Map That Shows Why Syria Is So Complicated." *Washington Post, August* 27, 2013.
- Fisher, Roger, and William Ury. *Getting to Yes*. New York: Penguin, 1981.（中譯本：《哈佛這樣教談判力》，2013年7月，遠流出版，台北）
- Flinn, Mark V., Davide Ponzi, and Michael P. Muehlenbein. "Hormonal Mechanisms for Regulation of Aggression in Human Coalitions." *Human Nature* 23, no. 1 (March 2012).
- Franklin, Jon. *Writing for Story*. New York: Plume, 1994.
- Friedman, Gary. *A Guide to Divorce Mediation*. New York: Workman Publishing Company, 1993.

  ______. *Inside Out*. Chicago: American Bar Association, 2014.
- Friedman, Gary, and Jack Himmelstein. *Challenging Conflict*. Chicago: American Bar Association, 2008.
- Friedman, Thomas L. "The Humiliation Factor." *New York Times*, November 9, 2003.
- Frijda, Nico H. "The Lex Talionis: On Vengeance." *In Emotions: Essays on Emotion Theory*, edited by Stephanie H. M. van Goozen, Nanne E. Van de Poll, and Joseph A. Sergeant. New York: Psychology Press, 2014.
- Geiger, A. W. "For Many Voters, It's Not Which Presidential Candidate They're for but Which They're Against." Pew Research Center, September 2, 2016.
- Gibson, Sam Ling. "Reintegration or Segregation? How Perceptions of Ex-Combatants and Civil Society Affect Reintegration (and Peace) in Colombia." MA diss., University of London, April 15, 2016.
- Giles, Jim. "Maths Predicts Chance of Divorce." Nature, February 14, 2004. Gilligan, James. Violence: *Reflections on a National Epidemic*. New York: Vintage, 1997.

■ Gilovich, Thomas, Kenneth Savitsky, and Victoria Husted Medvec. "The Illusion of Transparency." *Journal of Personality and Social Psychology* 75, no. 2 (1998).

■ Gold, Herbert. "Easy Living in Marin." *New York Times*, October 7, 1984.

■ Gordon, Amie M., and Serena Chen. "Do You Get Where I'm Coming From? Perceived Understanding Buffers Against the Negative Impact of Conflict on Relationship Satisfaction." *Journal of Personality and Social Psychology* 110, no. 2 (February 2016).

■ Gottman, John, with Nan Silver. *Why Marriages Succeed or Fail*. New York: Simon & Schuster, 1994.

■ Greater Chatham Initiative. "History: Auburn Gresham." Chatham Center Chicago. Accessed August 27, 2020.

■ Griffin, Dale W., and Lee Ross. "Subjective Construal, Social Inference, and Human Misunderstanding." *Advances in Experimental Social Psychology* 24 (1991).

■ Gross, James J., ed. *Handbook of Emotion Regulation*. New York: Guilford Press, 2014.

■ Grossman, James R., Ann Durkin Keating, and Janice L. Reiff, eds. *The Encyclopedia of Chicago*. Chicago: University of Chicago Press, 2004.

■ *The Guardian*. "Text: Bin Laden's Statement." Translated by the Associated Press. October 7, 2001.

■ Haberman, Maggie, and Eric Lipton. "Nobody Waved Goodbye." *New York Times*, November 2, 2019.

■ *The Habitat*. "Episode 3: Why Are We Like This? " Gimlet, April 18, 2018.

■ Hagedorn, John, Roberto Aspholm, Teresa Córdova, Andrew Papachristos, and Lance Williams. "The Fracturing of Gangs and Violence in Chicago: A Research-Based Reorientation of Violence Prevention and Intervention Policy." Great Cities Institute at the University of Illinois at Chicago (January 2019).

■ Haidt, Jonathan. *The Righteous Mind*. New York: Vintage, 2013.（中譯本：《好人總是自以為是》，2015年3月，大塊文化，

台北）

■ Halperin, Eran. *Emotions in Conflict*. New York: Routledge, 2016.

■ Hartney, Michael T., and Leslie K. Finger. "Politics, Markets, and Pandemics: Public Education's Response to COVID-19." *EdWorkingPaper* 20–304 (October 2020).

■ Hatfield, Capt. Anse. "Letter to the Editor." *The Tennessean*, March 23, 1891.

■ Hawkins, Stephen, Daniel Yudkin, Míriam Juan-Torres, and Tim Dixon. "Hidden Tribes: A Study of America's Polarized Landscape." More in Common, 2018.

■ Hedges, Chris. *War Is a Force That Gives Us Meaning*. New York: PublicAffairs, 2014.

■ Hirt, Edward R., Dolf Zillmann, Grant A. Erickson, and Chris Kennedy. "Costs and Benefits of Allegiance: Changes in Fans' Self-Ascribed Competencies After Team Victory Versus Defeat." *Journal of Personality and Social Psychology* 63, no. 5 (November 1992).

■ Hoffman, Bruce. "All You Need Is Love." *Atlantic*, December 2001.

■ Hofstede, David. *Planet of the Apes: An Unofficial Companion*. Toronto: ECW Press, 2001.

■ Humphreys, Macartan, and Jeremy M. Weinstein. "Demobilization and Reintegration." *Journal of Conflict Resolution* 51, no. 4 (2007).

■ Illinois Medical Examiner-Coroner. "Death Certificate for Rita Henderson." File 605962, March 24, 1989. Copy in possession of author.

■ Ingraham, Christopher. "There Are More Guns than People in the United States, According to a New Study of Global Firearm Ownership." *Washington Post*, June 19, 2018.

■ Itzchakov, Guy, and Avraham N. Kluger. "The Listening Circle: A Simple Tool to Enhance Listening and Reduce Extremism

Among Employees." *Organizational Dynamics* 46, no. 4 (June 2017).

■ Iyengar, Shanto, Tobias Konitzer, and Kent Tedin. "The Home as a Political Fortress: Family Agreement in an Era of Polarization." *Journal of Politics* 80, no. 4 (2018).

■ Jamieson, Alison. *The Heart Attacked: Terrorism and Conflict in the Italian State*. London: Marion Boyars, 1989.

■ Jensen, Trevor. "Thomas J. Maloney: 1925–2008." *Chicago Tribune*, October 22, 2008.

■ Jewish Virtual Library. "Vital Statistics: Total Casualties, Arab-Israeli Conflict." Last updated April 27, 2020.

■ Jones, Jeffrey M. "Illinois Residents Least Confident in Their State Government." Gallup, February 17, 2016.

■ Kaplan, Oliver, and Enzo Nussio. "Explaining Recidivism of Ex-Combatants in Colombia." *Journal of Conflict Resolution* 62, no. 1 (2016).

■ Karlberg, Michael. *Beyond the Culture of Contest*. Oxford: George Ronald Publisher, 2004.

■ Kaur-Ballagan, Kully, Gideon Skinner, and Glenn Gottfried. "BBC Global Survey: A World Divided? " Ipsos MORI Social Research Institute, April 22, 2018.

■ Kiernan, Samantha, Madeleine DeVita, and Thomas J. Bollyky. "Tracking Coronavirus in Countries With and Without Travel Bans." *Think Global Health*, April 7, 2020.

■ Kim, Sung Soo, Stan Kaplowitz, and Mark V. Johnston. "The Effects of Physician Empathy on Patient Satisfaction and Compliance." *Evaluation & the Health Professions* 27, no. 3 (September 2004).

■ King, Ruth. *Mindful of Race*. Boulder: Sounds True, 2018.

■ Klein, Ezra. *Why We're Polarized*. New York: Avid Reader Press, 2020.

■ Kleinfeld, Rachel. *A Savage Order*. New York: Pantheon, 2018.

■ Klien, Gary. "Muir Beach Election Pits Old Guard Against New." *Marin Independent Journal*, October 15, 2017.

■ Kugler, Katharina G., and Peter T. Coleman. "Get Complicated: The Effects of Complexity on Conversations over Potentially Intractable Moral Conflicts." *Negotiation and Conflict Management Research* (2020).

■ Kusy, Mitchell, and Elizabeth Holloway. *Toxic Workplace*! San Francisco: Jossey-Bass, 2009.

■ Leach, Katie. "Glenn Beck Dons MAGA Hat: I Will 'Gladly' Vote for Trump in 2020." *Washington Examiner*, May 19, 2018.

■ Lee, Amber Hye-Yon. "How the Politicization of Everyday Activities Affects the Public Sphere." *Political Communication* (2020).

■ Lesy, Michael. *Murder City: The Bloody History of Chicago in the Twenties*. New York: W. W. Norton, 2008.

■ Liberatore, Paul. "Longtime Residents, Relative Newcomers Vie for Seats on Muir Beach CSD." *Marin Independent Journal*, October 23, 2015.

■ Lindner, Evelin G. "Genocide, Humiliation, and Inferiority." *In Genocides by the Oppressed*, edited by Nicholas A. Robins and Adam Jones. Bloomington: Indiana University Press, 2009.

______. "Making Enemies Unwittingly." Human Dignity and Humiliation Studies, 2005.

■ Lynas, Mark. "GM Won't Yield a Harvest for the World." *The Guardian*, June 19, 2008.

______. "Lecture to Oxford Farming Conference." Filmed January 3, 2013, at Oxford Farming Conference, Oxford, England.

______. *Seeds of Science*. London: Bloomsbury Sigma, 2018.

■ Mackie, Diane M., Angela T. Maitner, and Eliot R. Smith. "Intergroup Emotions Theory." *In Handbook of Prejudice, Stereotyping, and Discrimination*, edited by Todd D. Nelson. New York: Psychology Press, 2016.

■ Mandela, Nelson. *Long Walk to Freedom: The Autobiography of Nelson Mandela*. New York: Little, Brown, 1994.（中譯本：《漫漫自由路》，2014年9月，廣西師範大學出版社，簡中本）

■ Margolick, David. "Burger Says Lawyers Make Legal Help Too Costly." *New York Times*, February 13, 1984.

▣ Martelle, Scott, Stuart Pfeifer, and Jerry Hicks. "Bequest Leads to Deep Rift for Nixon Kin." *Los Angeles Times*, March 15, 2002.

▣ Matalon, Roly, Marcelo Bronstein, Felicia Sol, Hazzan Ari Priven, Jeannie Blaustein, Steve Goldberg, and Orli Moss. "B'nai Jeshurun Leadership E-mail on Palestine." Reprinted in *New York Times*, December 4, 2012.

▣ Matalon, Roly, Marcelo Bronstein, and Felicia Sol. "Second B'nai Jeshurun Leadership E-mail on Palestine." Reprinted in *New York Times*, December 6, 2012.

▣ McDermott, Jeremy. "Criminal Activities of the FARC and Rebel Earnings." *InSight Crime*, May 21, 2013.

▣ McGhee, Heather C. "Racism Has a Cost for Everyone." Filmed December 2019 at TEDWomen, Palm Springs, California.

▣ McGuire, Meagan Anne. "Verbal and Visual Symbolism in Northern Irish Cultural Identity." Thesis, Washington State University, May 2004.

▣ Mehari, Yeabsira. "The Role of Social Trust in Citizen Mobility During COVID-19." SSRN, May 20, 2020.

▣ Merriman, Scott. "Gilmore v. City of Montgomery." *Encyclopedia of Alabama*, July 9, 2015.

▣ Milbank, Dana. *Tears of a Clown*. New York: Doubleday, 2010.

▣ Mitchell, Chip. "Chicago's Dismal Murder Solve Rate Even Worse When Victims Are Black." NPR, October 9, 2019.

▣ Mnookin, Robert, with Gary Friedman and Joel Cutcher-Gershenfeld. "A New Direction: Transforming Relations Within the San Francisco Symphony." *Harmony* 13 (October 2001).

▣ Moore, Billy. *Until the Lion Speaks*. Not-yet-published memoir shared privately with the author in December 2019.

▣ Moore, Natalie Y., and Lance Williams. *The Almighty Black P Stone Nation: The Rise, Fall, and Resurgence of an American Gang*. Chicago: Lawrence Hill Books, 2011.

▣ Moore-Berg, Samantha L., Lee-Or Ankori-Karlinsky, Boaz Hameiri, and Emile Bruneau. "Exaggerated Meta-Perceptions

Predict Intergroup Hostility Between American Political Partisans." *Proceedings of the National Academy of Sciences* 117, no. 26 (June 2020).

▣ More in Common and YouGov. "COVID-19: Polarization and the Pandemic." Hidden Tribes, April 3, 2020.

▣ Morrison, Toni. *The Bluest Eye*. New York: Vintage, 2007.（中譯本：《最藍的眼睛》，2005 年 11 月，南海出版公司，簡中本）

▣ Muir Beach Community Services District. Accessed website for audio recordings, board minutes, and meeting agendas. Last updated 2020.

▣ Mussen, Paul H. "Some Personality and Social Factors Related to Changes in Children's Attitudes Toward Negroes." *Journal of Abnormal and Social Psychology* 45, no. 3 (1950).

▣ Myers, Linnet. "A Bump, a Taunt—then Death." *Chicago Tribune*, October 10, 1985.

______. "2 Teens Convicted in Murder of Ben Wilson." *Chicago Tribune*, October 12, 1985.

▣ National Center for Complementary and Integrative Health. "Meditation: In Depth." Last modified April 2016.

▣ Newheiser, Anna-Kaisa, and Kristina R. Olson. "White and Black American Children's Implicit Intergroup Bias." *Journal of Experimental Social Psychology* 48, no. 1 (2012).

▣ Newton, Elizabeth Louise. "The Rocky Road from Actions to Intentions." PhD diss., Stanford University, 1990. (Accessed October 27, 2020, through the Internet Archive's Wayback Machine.)

▣ *New York Daily News*. "Clown Runs for Prez." June 17, 2015.

▣ Nussio, Enzo. "Ex-Combatants and Violence in Colombia: Are Yesterday's Villains Today's Principal Threat? " *Third World Thematics*: A TWQ Journal 3, no. 1 (2018).

▣ Nussio, Enzo, and Juan E. Ugarriza. "Why Rebels Stop Fighting. Organizational Decline and Exit from Colombia's

Insurgency." *International Security*. Forthcoming (2021).

■ NYPD. "Historical Crime Data: Seven Major Felony Offenses," 2000–2019.

■ OECD. "Better Life Index." Accessed December 3, 2019.

■ Otterman, Sharon, and Joseph Berger. "Cheering U.N. Palestine Vote, Synagogue Tests Its Members." *New York Times*, December 4, 2012.

■ *Oxford Mail*. "Science Writer Wins Award." June 27, 2008.

■ Paarlberg, Robert. *Starved for Science*. Cambridge: Harvard University Press, 2009.

■ Parker, Nealin. "Lexington Came Together After the Red Hen Incident. Can America Do the Same? " *Washingtonian*, June 21, 2019.

■ Parkin Daniels, Joe. "Colombian Army Killed Thousands More Civilians than Reported, Study Claims." *The Guardian*, May 8, 2018.

■ Pillemer, Karl. *Fault Lines: Fractured Families and How to Mend Them*. New York: Avery, 2020.

■ People of the State of Illinois v. Walter Henderson, Indictment for First Degree Murder, Circuit Court of Cook County, Criminal Division, No. 89 CR 8361, April 19, 1989. Copy in possession of author.

■ Pettigrew, Thomas F. "European Attitudes Toward Immigrants." *In Identity Matters: Ethnic and Sectarian Conflict*, edited by James L. Peacock, Patricia M. Thornton, and Patrick B. Inman. New York: Berghahn Books, 2007.

■ Pettigrew, Thomas F., and Linda R. Tropp. "A Meta-Analytic Test of Intergroup Contact Theory. *Journal of Personality and Social Psychology* 90, no. 5 (2006).

■ Pew Research Center. "Partisanship and Political Animosity in 2016." June 22, 2016.

■ Pfeifer, Stuart, John J. Goldman, and Phil Willon. "Views Emerge in Rift Between Nixon Sisters." *Los Angeles Times*, March

20, 2002.

▣ Post-Conviction Petition and Order re: People of the State of Illinois v. Walter Henderson, Circuit Court of Cook County, Illinois, Criminal Division, No. 89 CR 8361. Petition filed *pro se on* September 23, 1993. Copy in possession of author.

▣ Pyrooz, David C., Scott H. Decker, and Richard K. Moule Jr. "Criminal and Routine Activities in Online Settings: Gangs, Offenders, and the Internet." *Justice Quarterly* 32, no. 3 (2015).

▣ Rabin, Roni Caryn. "First Patient with Wuhan Coronavirus Is Identified in the U.S." *New York Times*, January 21, 2020.

▣ Rauhala, Emily. "Chinese Officials Note Serious Problems in Coronavirus Response. The World Health Organization Keeps Praising Them." *Washington Post*, February 8, 2020.

▣ Reardon, Patrick. "Redlining Drains City, Aids Suburbs." *Chicago Tribune*, August 11, 1986.

▣ Ripley, Amanda. "Complicating the Narratives." Solutions Journalism Network, June 27, 2018.

______. "The Least Politically Prejudiced Place in America." *The Atlantic*, March 4, 2019.

▣ Roman, John. "The Puzzling Relationship Between Crime and the Economy." CityLab, September 24, 2013.

▣ Rosenblatt, Gary. "Fuel for Debate over Rabbis' Role." *New York Jewish Week*, February 24, 2014.

▣ Rovenpor, Daniel R., Thomas Christopher O'Brien, Antoine Roblain, and Laura De Guissmé. "Intergroup Conflict Self-Perpetuates via Meaning." *Journal of Personality and Social Psychology* 116, no. 1 (2017).

▣ Sadat, Anwar. "73 Statement to the Knesset." Translated by the Office of the President of Egypt. From Israel Ministry of Foreign Affairs, Historical Documents, Volumes 4–5: 1977–1979, November 20, 1977.

▣ Sahoo, Niranjan. "India: Infections, Islamophobia, and Intensifying Societal Polarization." Carnegie Endowment for International Peace, April 28, 2020.

▣ Sánchez, Miguel García, Juan Carlos Rodríguez-Raga, and Mitchell A. Seligson. "Cultura Política de la Democracia en

Colombia, 2013." USAID, Vanderbilt University, May 2014.

■ Sapolsky, Robert M. *Behave*. New York: Penguin, 2017.（中譯本：《行為》，2019 年 4 月，八旗文化，台北）

■ Schmidle, Nicholas. "Glenn Beck Tries Out Decency." *The New Yorker*, November 7, 2016.

■ Schrøder, Anne Cathrine Munch. "In the Wake of the Wolf." PhD diss., Aarhus University, 2018.

■ Shadid, Anthony. "Syrian Unrest Stirs New Fear of Deeper Sectarian Divide." *New York Times*, June 13, 2011.

■ Sharfstein, Daniel J. "Saving the Race." *Legal Affairs*, 2005.

■ Shellenberger, Michael. Apocalypse Never: *Why Environmental Alarmism Hurts Us All*. New York: HarperCollins, 2020.

■ Sherman, Ed. "Grit Turns Warehouse into School of Winners." *Chicago Tribune*, March 26, 1984.

■ Shultz, Susanne, Christopher Opie, and Quentin D. Atkinson. "Stepwise Evolution of Stable Sociality in Primates." *Nature* 479 (2011).

■ Simpson, Dick, Thomas J. Gradel, Marco Rosaire Rossi, and Katherine Taylor. "Continuing Corruption in Illinois." Anti-Corruption Report Number 10, University of Illinois at Chicago, May 15, 2018.

■ Smith, Katherine F., Michael Goldberg, Samantha Rosenthal, Lynn Carlson, Jane Chen, Cici Chen, and Sohini Ramachandran. "Global Rise in Human Infectious Disease Outbreaks." *Journal of the Royal Society Interface* 11, no. 101 (December 2014).

■ Singh Ospina, N., Phillips, K.A., Rodriguez-Gutierrez, R., et al. "Eliciting the Patient's Agenda—Secondary Analysis of Recorded Clinical Encounters." *Journal of General Internal Medicine* 34 (2019).

■ Smothers, David. "Jeff Fort: A Gangster Who Survives." UPI, November 12, 1981.

■ Sofield, Laura, and Susan W. Salmond. "Workplace Violence. A Focus on Verbal Abuse and Intent to Leave the Organization." *Orthopedic Nursing* 22, no. 4 (2003).

■ Stewart, Doug. "Expand the Pie Before You Divvy It Up." *Smithsonian Magazine*, November 1, 1997.

- Stewart, Robert B., Andrea L. Kozak, Lynn M. Tingley, Jean M. Goddard, Elissa M. Blake, and Wendy A. Cassel. "Adult Sibling Relationships: Validation of a Typology." *Personal Relationships* 8, no. 3 (2001).
- Storr, Will. "Mark Lynas: Truth, Treachery, and GM Food." *The Guardian*, March 9, 2013.
- Swift, Art. "Americans' Trust in Mass Media Sinks to New Low." Gallup, September 14, 2016.
- Tajfel, Henri, M. G. Billig, R. P. Bundy, and Claude Flament. "Social Categorization and Intergroup Behaviour." *European Journal of Social Psychology* 1, no. 2 (1971).
- Taub, Amanda, and Max Fisher. "Why Referendums Aren't as Democratic as They Seem." *New York Times*, October 4, 2016.
- Taylor, Matthew. "Wild Wolf Shot and Killed in Denmark." *The Guardian*, May 1, 2018.
- Theidon, Kimberly. "Transitional Subjects: The Disarmament, Demobilization and Reintegration of Former Combatants in Colombia." *International Journal of Transitional Justice* 1, no. 1 (2007).
- Todd, Tony. "French Farmers Take Park Boss Hostage over Wolf Attacks." *France 24*, September 2, 2015.
- Torres, Wilfredo Magno III, ed. *Rido: Clan Feuding and Conflict Management in Mindanao*. Quezon City: Ateneo de Manila University Press, 2014.
- Twain, Mark. *Adventures of Huckleberry Finn*. New York: Dover, 1994.（中譯本：《赫克歷險記》，2021年3月，聯經出版，台北）
- Ulrich, Allan, and Ray Delgado. "Symphony Musicians Don't Play, but Picket." *San Francisco Examiner*, December 6, 1996.
- UNHCR. "Colombia." Accessed August 2020.
- United Nations. "4 out of 10 Child Soldiers Are Girls." February 12, 2015. UPI. "Swift Justice Sought for Wilson Attackers." *Daily Dispatch*, November 27, 1984.
- Ury, William. *Getting Past No*. New York: Bantam, 1991.

______. *Getting to Yes with Yourself*. New York: HarperOne, 2015.

______. "2016 Dawson High School Graduation Talk." Speech to Dawson High School, June 12, 2016.

▣ Valentino, Silas. "Muir Beach Faces Election Divided by Varying Opinions on Water Hike." *Point Reyes Light*, October 26, 2017.

▣ Vezzali, Loris, and Sofia Stathi, eds. *Intergroup Contact Theory*. London: Routledge, 2017.

▣ Voss, Christopher. *Never Split the Difference*. New York: HarperCollins, 2016.（中譯本：《FBI談判協商術》，2016年8月，大塊文化，台北）

▣ Waller, Altina L. *Feud: Hatfields, McCoys, and Social Change in Appalachia*, 1860–1900. Chapel Hill: University of North Carolina Press, 1988.

▣ Wallisch, Pascal. "Illumination Assumptions Account for Individual Differences in the Perceptual Interpretation of a Profoundly Ambiguous Stimulus in the Color Domain: 'The Dress.' " *Journal of Vision* 17, no. 4 (April 2017).

▣ Wang, Zheng. "National Humiliation, History Education, and the Politics of Historical Memory: Patriotic Education Campaign in China." *International Studies Quarterly* 52 (2008).

▣ Washington, George. "Washington's Farewell Address to the People of the United States. "First appeared in the *Philadelphia Daily American Advertiser* and then in newspapers nationwide, September 19, 1796. (Accessed through www.Senate.gov on October 28, 2020.)

▣ Wesselmann, Eric D., Fionnuala A. Butler, Kipling D. Williams, and Cynthia L. Pickett. "Adding Injury to Insult: Unexpected Rejection Leads to More Aggressive Responses." *Aggressive Behavior* 36, no. 4 (2010).

▣ Wheat, Sue. "Crying Wolf." *The Guardian*, March 14, 2001.

▣ Whiteside, Mary F. "The Parental Alliance Following Divorce: An Overview." *Journal of Marital and Family Therapy* 24, no. 1

(1998).

- Whitesides, John. "From Disputes to a Breakup: Wounds Still Raw after U.S. Election." Reuters, February 7, 2017.
- Widmer, Mireille, and Irene Pavesi. "Monitoring Trends in Violent Deaths." *Small Arms Survey Research Notes* 59 (September 2016).
- Williams, Kipling D., and Kristin L. Sommer. "Social Ostracism by Coworkers: Does Rejection Lead to Loafing or Compensation? " *Personality and Social Psychology Bulletin* 23, no. 7 (1997).
- Williams, Kipling D., Christopher K. T. Cheung, and Wilma Choi. "Cyberostracism: Effects of Being Ignored over the Internet." *Journal of Personality and Social Psychology* 79, no. 5 (2000).
- Williams, Kipling D., and Steve A. Nida. "Ostracism: Consequences and Coping." *Current Directions in Psychological Science* 20, no. 2 (2011).
- Wood, Gordon S. *Friends Divided: John Adams and Thomas Jefferson*. New York: Penguin, 2017.
- Woodson, Carter G. *The Mis-Education of the Negro*. Washington: Associated Publishers, 1933.
- World Economic Forum. "Outbreak Readiness and Business Impact," January 2019, http://www3.weforum.org/docs/WEF%20HGHI_Outbreak_Readiness_Business_Impact.pdf.
- World Health Organization. "Pneumonia of Unknown Cause—China." January 5, 2020.
- Yanagizawa-Drott, David. "Propaganda and Conflict: Evidence from the Rwandan Genocide." *Quarterly Journal of Economics* 129, no. 4 (2014).
- Yong, Ed. "How the Pandemic Defeated America." *The Atlantic*, August 4, 2020.
- Yudkin, Daniel, Stephen Hawkins, and Tim Dixon. "The Perception Gap." More in Common, June 2019.

國家圖書館出版品預行編目 (CIP) 資料

修復關係的正向衝突：走進離婚、派系鬥爭與內戰，找到擺脫困境的解方 / 亞曼達．瑞普立 (Amanda Ripley) 著；Geraldine Lee 譯．
-- 初版．-- 臺北市：今周刊出版社股份有限公司，2022.03
400 面；14.8x21 公分．--（社會心理 ；31）
譯自 ：High conflict : why we get trapped and how we get out
ISBN 978-626-7014-44-8(平裝)

1.CST: 衝突 2.CST: 人際衝突 3.CST: 衝突管理

541.62 111001324

社會心理 31

修復關係的正向衝突

走進離婚、派系鬥爭與內戰，找到擺脫困境的解方

作　　者　亞曼達・瑞普立（Amanda Ripley）
譯　　者　Geraldine Lee
副總編輯　鍾宜君
主　　編　蔡緯蓉
行銷經理　胡弘一
企畫主任　朱安棋
行銷企畫　林律涵
封面設計　兒日設計
內文排版　陳姿仔
校　　對　許訓彰

發 行 人　梁永煌
社　　長　謝春滿
副 總 監　陳姵蒨

出 版 者　今周刊出版社股份有限公司
地　　址　台北市中山區南京東路一段 96 號 8 樓
電　　話　886-2-2581-6196
傳　　真　886-2-2531-6438
讀者專線　886-2-2581-6196 轉 1
劃撥帳號　19865054
戶　　名　今周刊出版社股份有限公司
網　　址　http://www.businesstoday.com.tw

總 經 銷　大和書報股份有限公司
製版印刷　緯峰印刷股份有限公司
初版一刷　2022 年 4 月
定　　價　460 元